KB211871

돈에서 해방된 교회

일러두기

본문에 인용한 성경은 대한성서공회에서 펴낸 새번역판을 따랐다. 다른 역본을 인용할 때는 따로 표기하였고, 다른 책을 인용하는 대목에 등장하는 성경은 원래의 인용문 그대로 두었다.

돈에서 해방된 교회

박득훈 지음

1판 1쇄 발행 2014. 4. 21. | **1판 4쇄 발행** 2019. 3. 26. | **발행처** 포이에마 | **발행인** 고세규 | **등록번호** 제300-2006-190호 | **등록일자** 2006. 10. 16. | 서울특별시 종로구 북촌로 63-3 우편번호 03052 | 마케팅부 02)3668-3260, 편집부02)730-8648, 팩시밀리02)745-4827

값은 뒤표지에 있습니다. ISBN 978-89-97760-78-7 03230 | **독자의견 전화** 02)730-8648 | **이메일** masterpiece@poiema.co.kr | 좋은 독자가 좋은 책을 만듭니다. | 포이에마는 독자 여러분의 의견에 항상 귀를 기울이고 있습니다.

이 도서의 국립중앙도서관 출판시도서목록(CIP)은 서지정보유통지원시스템 홈페이지(http://seoji.nl.go.kr)와 국가자료공동목록시스템(http://www.nl.go.kr/kolisnet)에서 이용하실 수 있습니다.
(CIP제어번호: CIP2014011891)

교묘한 맘몬 숭배에서 벗어나는 길

돈에서 해방된 교회

박득훈

포이에마
POIEMA

어떤 점에서 이 책은 교회와 맘몬의 문제를 오랫동안 천착해온 저자의 조용한, 그러나 정직하고도 통렬한 선지자적 외침이다. 자본주의가 무서운 것은 그것이 부동의 체제로서 우리에게 내면화돼서 어느 누구도 그것에 대해 심각한 문제제기를 하지 않는다는 점이다. 그러나 성경은 지금 이 순간에도 자본주의의 경쟁과 시장논리가 터 잡고 있는 돈의 위력과 물질의 기만적 성격에 대해, 가령 간음이나 동성애보다 수십 배 더한 빈도와 강도로 우리에게 경고하고 있다. 부디 이 책이 특히 재물의 획득과 사용과 관련하여 반쪽 진리가 횡행하는 한국 교회를 깨우는 데 우레와 같은 울림을 줄 수 있기를 바란다. **_고세훈(고려대학교 공공행정학부 교수)**

누구나 맘몬을 말하지만 맘몬을 이 시대의 자본주의와 연결시켜 풀이하는 이들은 많지 않다. 몰라서 그렇기도 하지만, 막상 자본주의의 맨얼굴에 직면하기 두렵기 때문이기도 할 것이다. 사탄을 대적하는 기도를 하는 이들은 많지만, 어떻게 사탄이 이 시대를 장악하고 주장하는지 풀이하는 이들은 거의 없다. 이 책은 공중의 권세 잡은 이가 자본주의를 매개로 어떻게 세상을 그 수하에 두고 있는지를 보여준다. 나아가, 어떻게 이 자본주의 체제 속에서 그리스도인으로 살아갈 수 있을지에 대한 내용도 책 곳곳에서 다루어지고 있다. 믿음으로 굳게 서서 맘몬을 대적하며 이제껏 살아오신 저자의 삶을 깊이 존경하지만, 이 책이 지닌 가치는 저자 개인과는 비교할 수 없을 정도로 중요하다고 확신한다. **_김근주('기독연구원 느헤미야' 전임 연구위원, 《특강 예레미야》 저자)**

저자 박득훈 목사는 내가 가장 신뢰하고 존경하는 개혁적 목회자요, '하나님나라' 관점에서 교회와 사회를 통섭적으로 꿰뚫어 보는 신학자요 설교가다. 그의 기독교적 지성은 신학과 사회과학을 현실 상황에까지 적용하고 있으며, 열정적이면서도 냉철하고 예리한 그의 비판은 사유와 행동에 고루 미친다. 이 책은 한국 교회를 지극히 사랑하는 목회자로서 맘몬(자본)에 찌든 한국 기독교를 치유, 회생시키기 위해 오랫동안 고민, 실천하면서 이룩한 저자의 지적 결실이다. 독자들은 이 책을 통해 복음과 사회과학을 넘나드는 실천적인 기독교 지성을 경험함과 동시에 이 시대 그리스도인이 취해야 할 당위적인 행동 방향도 가늠하게 될 것이다. 무엇보다 하나님께 무릎 꿇은 저자의 예언자적 울부짖음에 동참하게 된다면, 한국 교회는 새로운 개혁의 서광을 맞을 수도 있을 것이다. **_이만열(전 국사편찬위원회 위원장)**

이제껏 우리는 한국 교회의 부끄럽고 딱한 현실의 원인을 교회 안에 만연한 성장주의, 번영신학 등에서 찾았다. 하지만 이 책은 그것들이 본질이라기보다는 겉모양의 현상일 뿐이며, 자본주의가 교회 안에 깊게 뿌리내린 결과임을 설득력 있게 보여준다. 그렇다, 문제는 자본주의의 탐욕과 경쟁이다. 이렇게 교회 속 자본주의의 문제를 근본부터 성찰한 책은 없었다. 깊은 비판적 성찰 없이 그저 프로테스탄티즘이 자본주의의 정신이라고 겉핥기로만 이해하고 있는 이들에겐, 자본주의의 정신이 맘몬주의이며 교회가 맘몬 숭배에 빠져 있다는 저자의 주장이 걸림돌*skandalon*로 여겨질 것이다. 하지만 "과연 그러한가" 하고 현실과 대비하면서 이 책을 꼼꼼하게 읽는 이들은 한국 교회에 어두운 그늘을 드리우고 복음의 본질을 훼손하는 이 괴물의 정체를 파악하는 눈뜸의 기쁨을 갖게 될 것이다. 맘몬의 비대한 살집에 짓눌린 한국 교회가 회생할 수 있을까? 이 책에서 지적한 것들을 마중물 삼아 논의와 실천을 이어가야 한다. 깊은 통찰과 경건으로 귀한 선물을 제공한 저자에게 고마움을 전한다. **_한완상(전 통일부총리, 《한국 교회여, 낮은 곳에 서라》 저자)**

차례

2부 맘몬에서 해방되는 길

망가져가는 한국 교회의 모습을 깊이 성찰하며 치유와 갱신의 길을 제시한 좋은 책들이 이미 여럿 출판되었다. 저자들 대부분은 내가 좋아하고 존경하는 분들이다. 그러기에 또 하나의 책을 더하는 것이 그동안 못내 망설여졌다. 게다가 독자들을 위해 글맛을 내는 데 별 자신이 없어 부담감이 가중되곤 했다. 그러던 중 수년 전 '하나님나라의 경제윤리'라는 주제로 기독연구원 느헤미야에서 강의할 때였다. 마침 수강생 중 당시 포이에마 직원이었던 한 자매가, 내 강의를 책으로 출판하면 어떻겠느냐고 제안했다. 그 제안이 자극과 격려가 되어 결국 이렇게 글을 쓰게 되었다. 먼저 그녀에게 고마운 마음을 전하고 싶다.

원래는 하나님나라의 경제윤리 전체를 한 책으로 내고 싶었지만 너무 방대하고 복잡하다는 생각이 들었다. 하여 우선 맘몬중독증에 걸린 한국 교회를 성찰하고 그 해독解毒의 길을 개괄적으로 제시하기로 마음을 먹었다. 굳이 이 책의 차별성을 들자면 한국 교회의 모든 문제의 근원에 맘몬 숭배가 있다는 점, 그리고 맘몬은 자본주의를 매개로 삼아 한국 교회 안으로 잠입해 들어왔다는 점을 천착하여 회생의 길을 모색하는 데 있지 않을까 생각한다.

돌이켜보면 원래 나의 주된 관심사는 한국 교회 개혁이 아니었다. 나는 10대 후반부터 한국 사회를 병들게 하는 빈부격차를 줄여보고 싶다는 열망을 갖게 되었다. 20, 30대를 거치면서 우여곡절이 있었지만 결국엔 '경제정의와 기독인의 실천'이라는 주제로 씨름을 하며 마음을 굳혔다. 1983년부터 1997년까지 영국에서 목회와 신학수업을 했기에 깊은 부채의식을 마음에 간직하고 다시 돌아왔다. 경제정의 실현을 위한 기독인의 실천에 몸을 던지고 싶었다.

그런데 나를 향하신 하나님의 마음과 뜻은 다른 데 있었던 모양이다. 하나님께선 교회가 심각하게 썩어 있는데 그리스도인이 무슨 낯으로 세상을 변화시키겠느냐고 생각하신 듯하다. 지금은 고인이 된 한 탁월한 신학자를 통해 기독교윤리실천운동에 연결되더니 급기야 2000년엔 광림교회 담임목사직 세습반대 운동에 참여하게 되었다. 물론 그 이후에도 사회변혁 운동과 무관하게 산 것은 아니었지만 교회개혁실천연대를 중심으로 한 교회 개혁 운동에 훨씬 더 깊이 몸담게 되었다. 10여 년 동안 신앙의 동역자들과 함께 한국 교회를 위해 슬피 울고, 기도하고, 외칠 수밖에 없었다.

하나님께 등 떠밀리다시피 하며 교회 개혁 운동의 한 모퉁이를 감당해오는 과정에서 앞서 언급한 한국 교회의 비극적 실상을 깊이 깨닫게 되었다. 치명적인 암세포 같은 맘몬이 자본주의 등 뒤에 숨어 교회 안으로 잠입해 들어와 여기저기 전이되고 있다는 점 말이다. 물론 한국 교회 전체가 그런 지경에 처해 있다는 이야기가 아니다. 두뇌나 심장과 같이 인체의 주요 부위에 해당하는 소위 주류 교회들이 대부분 그렇다는 것이다. 이는 매우 위험한 상황이다. 아무리 건강했던 사람도 치명적인 부위 한 곳에 암세포가 자리 잡으면 매우 위험한 것과 매한가지다. 초기에 발견하여 제거하지 않으면 결국 죽음에 이르게 된다.

특히 암이 무서운 것은 죽음 직전에 이르러서야 증상이 느껴지기 시작하며, 그때는 이미 치료가 불가능한 경우가 많기 때문이다. 한국 교회의 개혁이 힘겨운 것도 막상 암에 걸려 있는 교회들이 아직도 증상을 자각하지 못하고 있기 때문이다. 그도 그럴 것이 한국 교회가 쇠퇴하고 있다고는 하지만 대형교회들은 별 영향을 받지 않거나 아직도 교인들을 흡수하여 성장하고 있기 때문이다. 아마도 그들은 한국 교회가 쇠퇴하는 것은 다른 교회들이 고집과 자만에 매여 자기들을 본받지 않으려 하거나 본받을 능력이 없기 때문일 거라고 생각하는 듯하다. 이들은 교회 개혁을 호소하는 이들을, 극히 일부의 잘못을 전부의 잘못인 양 둔갑시켜 거기에 병적으로 집착하는 편집증 환자 정도로 간주한다. 아니면 부정적 사고와 자기 의라는 유전자 때문에 중증 예언자 콤플렉스에 시달리고 있다고 본다.

게다가 맘몬에겐 마약처럼 교회를 유혹할 수 있는 달콤한, 그래서 치명적인 매력이 있다. 마약에 일단 중독되면 이러다 죽겠구나, 하는 생각이 들어도 포기하지 못한다. 아니 더 강한 자극을 경험하기 위해 더 깊이 빨려 들어가기 십상이다. 맘몬 중독도 매한가지다. 한국 교회 교인 중에 누가 하나님과 맘몬을 동시에 섬길 수 있다거나 그래도 된다고 생각하고 있을까? 그러다간 결국 맘몬 숭배에 빠져 파멸의 길로 들어서게 된다는 것쯤은 적어도 머리론 다 안다. 그럼에도 맥없이 그 길로 빨려들고 있는 것은 그만큼 맘몬이 뿜어내는 매력이 상상을 초월할 정도로 강력하다는 증거이다.

오늘 한국 교회의 모습은 구약의 유다 역사 말기를 떠올리게 한다(대하 36:1–16). 당시 남유다는 백성의 총체적 부패, 즉 우상숭배와 사회적 불의로 말미암아 나라 자체가 내리막길을 치닫고 있었다. 애굽과 바벨론의 왕들이 유다 왕들을 폐위시켜 포로로 잡아가고 새 왕을 세우는가 하면 자기들 입맛대로 왕의 이름을 바꾸기도 하였다. 바벨론은 여호와의 전을 유린하여 성전 기구들을 자기 나라로 가져가 신전에 두기까지 했다. 이쯤 되면 당연히 회개하고 싶은 생각이 들었어야 하지 않을까?

그러나 요지부동이었다. 마지막 왕 시드기야는 여호와 앞에 여전히 악을 행했다. 하나님은 눈물의 선지자 예레미야를 보내셨지만, 시드기야는 고집을 부리며 조금도 뉘우치지 않았다. 하나님은 이스라엘 백성과 성전을 아끼는 마음으로 자기 백성에게 예언자들을 부지런히 보내셨다. 경고에 경고를 거듭하셨다. 하지만 아무런 소용이 없었다. 이스라엘 백성은 끈질기게 하나님의 특사들을 조롱하고 하나님의 말씀을 무시하고 예언자들을 비웃었다. 마침내 역대기 저자는 이스라엘의 마지막 모습을 '치유 불능'이라고 묘사한다(대하 36:16). 그 글을 쓸 때 저자의 심정은 어땠을까?

오늘 한국 교회가 혹시 '치유 불능'의 상황 직전에 와 있는 것은 아닐까? 과연 한국 교회에 치유와 갱신의 길이 다시 열릴 수 있을까? 주님만이 아실 것이다. 한국 교회의 회복은 궁극적으로 주님의 은혜롭고 자비로운 손에 달려 있다. 우리로선 숨을 쉴 수 있는 한 우리가 할 수 있는 모든 것을 다해야 할 것이다. 가장 먼저 해야 할 일은 시인처럼 주의 백성들이 주님의 말씀을 지키지 못함을 인해 눈물을 시냇물처럼 흘리는 일일 것이다(시 119:136). 다만 한 사람이어도 좋다. 하나님은 그 한 사람 때문에라도 자기 백성을 용서하시고 멸망에서 건져낼 만큼 사랑이 많으시기 때문이다(렘 5:1; 겔 22:30). 실제로 느헤미야 한 사람이 예루살렘의 비참한 상황을 보고 눈물을 흘리며 희망을 붙들고 기도하는 마음으로 일어섰을 때, 하나님은 그를 통해 이스라엘을 회복시켜주시는 역사를 이루셨다. 나는 그런 희망을 품고 눈물을 담아 이 책을 쓰고 싶었다.

이제 이 책의 흐름과 내용을 간단히 소개하고자 한다. 제1부에서는 자본주의가 한국 교회를 어떻게 뒤틀어왔는가를 살펴본다. 이를 위해 먼저 1장에서는 이 책에서 이해하는 자본과 자본주의의 기본적 성격과 정신을 설명한다. 이는 다음 장들을 제대로 이해하는 데 꼭 필요한 내용이기는 하지만, 한국 교회의 문제 자체에 곧바로 집중하고 싶은 독자는 바로 2장으로 넘어가도 괜찮겠다. 2장은 자본주의적 흐름이 교회 안에 잠입해 들어오는 게 그렇게 낯선 것이 아님을 고흐의 아픈 경험에서 확인하고 그런 일이 한국 교회에 일어나게 된 역사적 맥락을 간략하게 짚어본다. 3장과 4장은 자본주의 정신이 교회 안에 남긴 흉측한 자국들을 드러낸다. 3장에서는 뒤틀린 신앙의 모습을 살펴본다. 그 내용은 성경을 뒤트는 해석, 다양한 버전의 기복신앙, 값싼 은혜와 죽은 믿음이다. 뒤틀린 신앙이 무서운 것은 하나님나라의 두 기둥, 즉 하나님에 대한 전폭적인 사랑과 진실한 이웃 사랑을 무너뜨리기 때문이다. 4장은 교회의 부패상을 다룬다. 그 핵심은 개교회성장주의에 집착하는 바람에 교회가 강도의 소굴로 전락하여 급기야는 빗나간 정치 참여에 발을 딛게 되었다는 데 있다.

제2부에서는 교회가 자본주의의 배후세력인 돈의 신, 즉 맘몬에게서 어떻게 해방될 수 있는지를 성찰한다. 우선 5장에서는 돈의 본질과 정체를 밝혀 돈이 축복이 되는 경우와 우상이 되는 경우를 분석한 다음, 돈의 신인 맘몬을 근원적으로 이기려면 참된 구원을 경험해야 함을 밝힌다. 6장에서는 자본주의 사회를 강력하게 지지하는 맘몬과의 지속적인 싸움을 승리로 이끌어가려면 자본주의 사회에서 발생하는 다양한 경제 문제들이 사실은 믿음 문제라는 것을 확실히 인식해야 한다는 점을 이야기한다. 이를 위해 경제 문제의 구조적 성격, 정교분리 원칙에 대해 바른 이해, 기독교 신앙에 내장된 통합적인 세계관, 하나님나라의 총체적 복음에 담긴 주요 신학적 주제들을 다룬다. 7장은 경제 문제에 대한 신앙적 확신이 반드시 정의로운 경제적 실천으로 표현되어야 맘몬을 이길 수 있다는 점에 주목한다. 그 실천의 핵심 기준인 정의와 공의를 설명한 다음 실천의 내용으로 청지기 경제활동, 나눔의 삶, 보다 정의로운 경제제도의 추구를 다룬다.

예언서를 읽다 보면 하나님은 자기 백성의 비극적 멸망을 예고

하시면서 그들을 완전히 포기하신 것처럼 이야기하는 대목을 종종 발견한다. 그러나 그 순간에도 하나님은 그들을 향한 사랑과 희망의 끈을 결코 놓지 않으신다. "내가 잠시 너를 버렸으나 큰 긍휼로 너를 모을 것이요 내가 넘치는 진노로 내 얼굴을 네게서 잠시 가렸으나 영원한 자비로 너를 긍휼히 여기리라"(사 54:7-8상). 그런가 하면 나라를 잃고 모든 이에게 외면당하는 비극적인 자리에 놓인 이스라엘 백성을 향해 따뜻한 위로의 말씀을 건네신다. "내가 너의 상처로부터 새 살이 돋아나게 하여 너를 고쳐주리라"(렘 30:17).

한국 교회는 지금 내부적 부패로 말미암아 만신창이가 되어 사회로부터 외면당하고 있다. 하나님은 이런 한국 교회를 향해 무서운 경고의 말씀을 부지런히 보내오셨다. 하지만 그 와중에도 하나님의 마음 중심에는 언제나 한국 교회를 향한 깊은 사랑이 넘쳐흐른다. 한국 교회가 이런 하나님의 애틋한 마음을 읽어 하루 속히 하나님께로 다시 돌아갈 수 있다면 얼마나 기쁘고 행복할까? 이 부족한 글이 그런 기쁨의 날을 앞당기는 데 작은 밑거름이 될 수 있길 간절히 바라는 마음으로 감히 한국 교회 앞에 내놓는다.

1부

교회를 뒤틀어온 자본주의

1장

자본주의란 무엇인가

지금의 한국 교회가 얼마나 추한 모습을 하고 있는지 확인하기 위해 굳이 거울을 들여다볼 필요는 없을 것 같다. 이미 다양한 경로를 통해 부끄러운 자화상을 확인했기 때문이다. 지금 더 절실한 것은 모든 문제의 근원을 찾아 진정한 치유와 회복의 길을 열어가는 것이다. 물론 겉으로 드러난 심각한 증상 자체를 누그러뜨리는 대증요법에도 일정한 의미가 있겠지만, 이는 임시변통에 지나지 않는다. 그 증상들을 불러일으키는 근원을 찾아 해결하는 원인요법에 진정한 해답이 있다.

프롤로그에서 간략하게 밝힌 것처럼 나는 한국 교회 부패의 근원엔 교회 내에 깊숙이 잠입해 들어와 똬리를 틀고 있는 자본주의적 요소가 있다고 본다. 이는 한국 교회에서만 일어날 수 있는 유별나고 낯선 일이 아니다. 이미 1937년 본회퍼가 자신이 몸담아 섬기던 독일 교회의 모습을 성찰하면서 가슴 아프게 발견한 바이기도 하다.

> 그러면[값싼 은혜를 따르면] 부르주아의 세속적인 삶의 방식을 꼭 붙잡고 예전처럼 그대로 살아갈 수 있다. 게다가 하나님의

> 은혜가 나를 엄호해주리라는 확신까지 덤으로 얻게 된다. 바로 이런 종류의 '은혜'가 미치는 영향력에 힘입어 세상은 소위 '기독교적'이 되었다. 하지만 그 대가로 기독교는 일찍이 경험해본 적이 없을 정도로 세속화돼버렸다. 그것으로 그리스도인의 삶과 존경받는 부르주아 신분의 삶 사이에 존재하던 대립 관계는 끝나버렸다.[1]

이미 본회퍼 시대에 교회는 '값싼 은혜'와 부르주아적 삶의 방식으로 대변되는 자본주의적 가치가 서로 친화적 관계를 맺고 있었다. 같은 맥락에서 자크 엘륄은 교회사 2,000년 동안 교회가 자주 주변의 이념과 사상 그리고 그에 바탕을 둔 정치·경제체제와 밀착하는 바람에 기독교 진리가 뒤틀려온 사실에 주목했다. 그중 하나가 바로 자본주의 체제임을 언급하며 다음과 같이 말한다.

> 교회는 자본주의 체계와 더불어 부르주아가 되고 도시가 되고 돈 있는 곳이 되었으며… 기독교는 계속되는 문화들이 제멋대로 아무것으로나 채우는 빈 병이 된다.[2]

슬프게도 본회퍼와 엘륄의 진단이 오늘 대다수의 한국 교회에 그대로 적용되는 현실을 우리는 목도하고 있다. 한국 교회가 다시 참된 정체성을 회복하려면 교회 안에 들어와 있는 자본주의적 요소를 정확하게 발견하고 세밀하게 도려내는 뼈아픈 작업을 수행해야 한다.

이를 위한 준비 작업으로 본 장에선 우선 두 가지 질문에 답해 보고자 한다. 과연 한국 사회를 자본주의 사회라고 규정할 수 있는가? 자본과 자본주의의 기본적 성격은 무엇인가? 이 질문에 심도 있게 답하려면 그것만으로도 따로 책 한 권이 필요할 것이다. 그러나 이 책의 목적은 교회 회복에 있기에, 꼭 필요하다고 생각되는 정도만 간략하게 다루고자 한다.

한국 사회는 자본주의 사회다

아나톨 칼레츠키는 《자본주의 4.0》이라는 책에서 자본주의를 역사적 발전단계에 따라 네 종류로 분류하였다.[3] 자본주의 1.0은 애덤 스미스와 알렉산더 해밀턴에서 블라디미르 레닌, 허버트 후버, 히틀러 시기까지의 자유방임 고전자본주의를, 자본주의 2.0은 프랭클린 루스벨트와 존 메이너드 케인스에서 리처드 닉슨과 지미 카터 시기까지의 정부주도 수정자본주의를, 자본주의 3.0은 마거릿 대처, 로널드 레이건, 밀턴 프리드먼에서 조지 W. 부시, 헨리 폴슨, 앨런 그린스펀 시기까지의 시장주도 신자유주의를 말한다. 자본주의 4.0은 2008년 미국의 금융위기로 촉발된 신자유주의의 위기에 직면하여 패러다임의 변화를 추구하는 자본주의를 의미한다. 그 골자는 이윤과 성장을 추구하는 기업과 시장의 원리를 유지하되 기업의 사회적 연대의식, 즉 사회적 책임을 중시함으로써 경제 생태계 곳곳이 고루 혜택을 보는 지속가능한 경제, 지속가능한 복지를 달성하겠다는 것이다. 그래서 자본주의 4.0을 주장하는 사람들은 이를 '따뜻한 자본주의' 혹은 '복지 자본주의'라고 부르기를 선호한다.[4] 논란의 여지가 전혀 없는 것은 아니겠지만 대체로 적절한 분류라 볼 수 있다.

이 분류에 따르자면 한국 사회는 해방 이후 미국의 영향 아래 자본주의 체제를 선택한 후 수출 중심의 국가주도 자본주의와 천민자본주의 단계를 거쳐[5] 1997년 외환위기와 IMF 관리체제를 겪으면서 확실하게 자본주의 3.0, 즉 신자유주의에 편입되었다.[6] 이는 정리해고를 수월하게 만들어주어 비정규직 노동자를 양산시키는 노동시장의 유연성, 공기업의 민영화 압력의 증가, 공공선에 입각한 기업규제의 철폐 추세, 무역자유화로의 신속한 이행 압박이라는 결과를 낳았다. 그리고 결정적으로 2012년 3월 한미 FTA가 발효되면서 신자유주의 체제는 더욱 공고화되었다. 물론 2012년 후반 대선국면에서 경제민주화와 복지가 여야 주요 후보들이 모두 지지하는 국가경영 비전 및 정책 방향으로 등장하면서 그 기세가 꺾이고 자본주의 2.0 아니면 4.0으로 나아갈 것처럼 보였다. 그러나 새누리당의 박근혜 정부가 들어서고 경제민주화와 복지 관련 공약들이 다시 유야무야되면서 적어도 상당 기간 동안 자본주의 3.0에 그대로 머물 것이라는 전망이 우세해지고 있다. 그러니까 해방 이래 한국 사회는 본질적인 면에서 줄곧 자본주의 사회였다고 말할 수 있다.

앞서 언급한 것처럼 여러 형태의 자본주의가 있을 수 있지만 자본주의의 본래적 성격은 자본주의 1.0과 3.0에서 찾을 수 있다.

그 기저에는 경제를 자본과 자본이 지배하는 자유시장이 주도하도록 가만 놔둘 때 가장 바람직한 결과를 낳는다는 절대적 신념이 자리 잡고 있다. 경제정의, 경제민주화, 복지 혹은 동반성장의 이름으로 자본의 이익을 위협하거나 시장을 규제하는 것을 용납하지 않는다. 이런 자본주의는 칼 폴라니가 말한 시장사회, 즉 자본주도하의 시장이 정치, 사회 그리고 문화 영역까지 실질적으로 지배하는 사회를 끊임없이 추구한다.

이는 2011년 3월 중순 정운찬 당시 동반성장위원장이 제시한 초과이윤공유제에 대해 삼성 이건희 회장이 공적으로 강력히 반발한 데서 적나라하게 드러났다. 그는 평소 과묵한 사람으로 정평이 나 있었지만 그가 이해하는 자본주의의 핵심을 건드리는 사안이 터지자 공적으로 확실하게 자신의 입장을 밝힌 것이다. 그는 초과이윤공유제를 일컬어 “사회주의 용어인지 공산주의 용어인지 자본주의 용어인지 도무지 들어본 적이 없는 말”이라고 폄하했다. 그런가 하면 “어릴 때부터 기업가 집안에서 자라 경제학 공부를 해왔으나 이익공유제라는 말은 들어보지도 못했고 이해도 안 가고 도무지 무슨 말인지를 모르겠다”며 “부정적이다 긍정적이다를 떠나 경제학 책에서 배우지도 못했고 누가 만들어낸 말인지도 모르겠다는 뜻”이라고 목청을 높였다.[7]

이는 그가 배워온 경제학의 유일한 연구대상은 긍정적으로 해석되고 분석되는 자본주의밖에 없다는 뜻이다. 초과이윤공유제는 그런 자본주의 경제학에서는 들어본 적도 없으니 틀림없이 사회주의나 공산주의적 발상에서 나온 것이라는 점을 에둘러서 표현한 셈이다. 그는 한국 사회와 경제는 자신이 옹호하고 있는 자본주의에서 한 치라도 벗어나선 절대 안 된다는 입장과 의지를 아주 강력하게 표현한 것이다.

설사 한국 사회가 이런 강력한 저항에도 불구하고 앞으로 자본주의 2.0이나 4.0으로 나아감으로써 자본과 시장의 힘이 다소 약해진다 해도 자본주의에 대한 비판적 성찰과 경계가 더 이상 필요 없어지는 것이 아니다. 두 가지 이유에서다. 첫째, 자본과 시장엔 자신의 힘과 영향력을 끊임없이 확장해나가려는 속성이 내재해 있기 때문이다. 앞서 대선 전후의 변화에 대해 언급한 바와 같이 자본 권력은 경제민주화와 복지를 열망하는 시민의 여론에 밀려 잠시 뒤로 물러섰다가도 기회만 되면 다시 전면에 나선다. 둘째, 자본과 시장이 어느 정도 통제되는 경제체제가 세워진다 해도 그것이 역사의 종착역은 아니기 때문이다. 하나님나라의 비전을 품고 보다 정의롭고 평화로운 세상을 향해 나아가야 하는 그리스도인에게는 더욱 그러하다. 자본주의 4.0조차도 뛰어넘는 하나님나라의 전망을 지니고 있기 때문이다. 그 전망을 가슴에 품고 사는 사람은 하나님나라가 완성되기 전까지는 자본주의에 대한 비판적 성찰과 변혁적 실천을 게을리해서는 안 된다. 그래야 교회가 자본주의의 포로가 되는 일을 막아낼 수 있다.

그렇다면 그리스도인들이 이렇게 경각심을 갖고 예의 주시해야 할 자본과 자본주의의 기본적 성격은 도대체 무엇인가? 이를 제대로 파악하기 위해선 우선 우리 앞에 놓여 있는 걸림돌을 잘 넘어가야 한다.

자본주의 이해의 걸림돌

자본과 자본주의의 기본적 성격을 제대로 이해하는 것은 결코 쉬운 과제가 아니다. 독일의 진보 지식인이자 원로 사회학자인 엘마 알트파터가 잘 지적했듯이 사회과학 담론에서 개념은 '통찰력과 세계에 대한 시야'를 열어주기도 하지만, 바로 그런 역할 때문에 사회주도권을 장악하기 위해 다양한 그룹들이 전투를 벌이는 장이기도 하기 때문이다.[8] 특정 개념을 자신에게 유리하도록 정의하고 이에 대하여 공통의 이해를 갖고 있는 사람은 동지로 포용하고 그렇지 않은 사람은 적으로 배제한다. 때로는 주요 개념을 아예 이해 불가능한 용어로 전락시켜서, 대척점에 있는 그룹이 더 이상 그 개념을 무기 삼아 자신을 공격하지 못하도록 만들어버리기도 한다.

'자본'과 '자본주의'야말로 그러한 치열한 전투의 상흔을 갖고 있는 개념들이다. 현대 자본주의 사회와 경제를 지배하는 그룹은 '자본'이란 개념을 자신에게 유리하도록 정의한다. '자본주의'라는 단어 역시 앞서 이건희 회장의 언급에서 볼 수 있듯이 자신들의 사회·경제적 입장에 우호적인 개념으로 사용한다. 다른 뜻으로 사용하지 못하도록 개념 자체를 정복해버리는 것이다. 그런가 하면 '자본주의'라는 단어를 인간의 개념세계에서 아예 폐기해버리고 그 대신 단순히 '시장체제' 혹은 '시장경제'라는 표현을 즐겨 사용하는 전략을 구사하기도 한다.[9] '자본주의'란 단어를 자본 권력을 공격하는 언어적 무기로 더 이상 사용하지 못하게 만들기 위함이다. 그런 점에서 얼마 전 마이클 무어 감독이 신작 다큐멘터리에 굳이 '자본주의: 러브스토리'라는 제목을 붙인 것은 이런 분위기에 대한 하나의 도전이라고 볼 수 있다. 그는 자본주의는 여전히 생생하게 살아 있을 뿐 아니라 새로운 사회주의에 의해 극복되어야 할 체제임을 말하고 싶었던 것이다.

게다가 한국 사회에는 어려움을 더욱 가중시키는 요소들이 있다. 이를 잘 파악하고 극복해나가야만 비로소 우리는 열린 마음으로 자본과 자본주의에 대하여 허심탄회하게 논의할 수 있을 것이므로, 그 점을 먼저 간략하게 다루고자 한다.

남북 분단의 트라우마

첫째 요인은 남북 분단의 비극적 역사가 남긴 깊은 트라우마이다. 일제로부터의 해방을 자력으로 성취하지 못한 탓에, 불행히도 한반도는 38선을 중심으로 남북이 나뉘었다. 북의 강경세력은 사회주의의 맹주인 소련을, 남의 강경세력은 자본주의와 자유민주주의 맹주인 미국을 각각 등에 업었다. 이 두 진영 사이에 중도 혹은 중립지대란 존재하기 어려웠다. 결국 전쟁이 일어나 수백만 명이 목숨을 잃었고 분단체제가 고착화됨으로써 냉전은 끈질기게 지속되었다. 해방 후 68년이란 긴 세월이 흘렀고 지구적인 냉전시대는 역사의 뒤안길로 사라졌건만 한반도엔 아직 남북 간 증오와 불신의 골이 깊이 패어 있다.

여전히 남한에선 자본과 자본주의를 정면으로 비판하면 '사회주의'란 말은 꺼내보기도 전에 이미 '친북', 더 심하면 '종북' 세력으로 몰리기 십상이다. "자본주의가 싫으면 북한에 가서 살라"고 호통을 친다. 합리적인 대화와 토론 자체가 불가능해진다. 물론 비극적인 동족상잔의 전쟁 경험과 분단체제가 남긴 깊은 트라우마를 감안할 때 충분히 이해되는 면이 있다. 하지만 이 트라우마와 증오·불신 사이에 존재하는 악순환의 고리를 결코 그대로 방치해선 안 된다. 각종 병폐로 얼룩진 기존의 자본주의를 더욱 공고히 하려는 정치권, 자본, 학계 그리고 언론의 동맹세력이 기회만 있으면 악용하려들기 때문이다. 이는 한국전쟁 후 오늘에 이르기까지 종종 목도해온 바이다.

누가 이 치명적인 트라우마를 치료하여 악순환의 고리를 끊어낼 수 있을까? 모든 적대 관계를 해소하고 평화를 꽃피우기 위해 이 땅에 친히 오신 예수님을 믿는 그리스도인들이라면, 더구나 그분으로부터 평화를 만들어가라는 사명을 부여받은 그리스도인이라면 이 과제를 온몸으로 끌어안아야 하지 않겠는가? 예수님께서 병든 자들의 상처를 만져주셨듯 우리들의 트라우마를 어루만지며 많은 눈물을 쏟아야 한다. 상처들이 아물어 마음을 열고 서로 용서하고 대화할 수 있는 길이 열리길 간절히 기도해야 한다. 우리만 옳다 할 것이 아니라 우리 가운데 스며들어 있는 불의를 발견하고 겸허하게 고쳐나갈 수 있어야 한다.

그런데 정말 가슴 아픈 일은 상처에 소금을 뿌리듯 오히려 적지 않은 기독교 지도자들이 종종 나서서 증오와 불신을 증폭시키는 역할을 한다는 점이다. 2003년 1월 11일 '나라와 민족을 위한 평화기도회'를 필두로 해서 종종 서울 시청 앞 광장에 교인들을 불러 모아놓고 북한에 대한 증오심과 적개심에 불을 지르는 설교 아닌 설교를 하곤 했다. 급기야는 2010년 6월엔 임기 중 전쟁을 두 번이나 일으켜 수많은 사람을 사지로 몰아간 조지 W. 부시 전 미국 대통령을 '6·25 60주년 평화기도회' 주강사로 초청하기도 했다.

이런 현실을 경험하다 보면 목회와 유학을 위해 머물렀던 영국 사회가 종종 떠오른다. 영국 사회 역시 많은 문제를 안고 있지만 그래도 한 가지 부러운 것이 있기 때문이다. 그건 '기독교'란 단어와 '사회주의'란 단어를 병렬해서 사용하는 것이 전혀 문제가 되지 않는 사회적 분위기다. 1993년에 《지반地盤을 되찾자》는 책이 출판되었다.[10] 그 책의 부제는 '기독교와 사회주의'였다. 필진 중 대표적인 인물은 당시 영국노동당 당수였던 존 스미스인데, 그는 기독교사회주의운동의 회원이자 스코틀랜드교회 교인으로 소개되었다. 바로 그의 글 제목이 책 제목으로 채택되었다. 그리고 그 책의 권두언은 한국에도 잘 알려진 토니 블레어 전 영국 수상이 썼다. 그는 당시 노동당의 국회의원으로 그림자 내각 내무부 장관이었는데 영국성공회 교인이자 기독교사회주의운동의 회원으로 소개되었다.

그 책의 요지인즉 노동당 창시자들의 기독교 신앙이 여전히 지속적인 가치를 지니고 있으니 거기에 기반을 둔 급진적 비전을 다시 찾자는 것이다. 그 비전이야말로 정의, 가난, 부의 창출, 그리고 국가의 역할 등의 문제를 잘 다루고 있다는 믿음을 다시 회복하자는 것이다. 국민들의 표를 항상 의식해야 하는 대표적인 야당 지도자들이 마음 놓고 자신들을 기독교사회주의운동의 지지자로 소개할 수 있다는 것이 정말 부러웠다. 영국노동당은 현재까지도 당헌 제4조 1항에 자신을 '민주적 사회주의 정당'으로 떳떳이 규정하고 있다.[11] 나는 한국 사회에도 이럴 수 있는 날이 속히 오길 간절히 기도하는 마음을 이 책에 진실하게 담아내고 싶다.

사회과학적 냉소주의

한국 사회에서 자본과 자본주의에 대한 열린 토론이 유별나게 더 어려운 둘째 요인은 사회과학적 냉소주의가 그 어떤 사회에서보다도 강하다는 점이다. 좀 더 구체적으로 말하자면 마르크스 경제학을 비롯한 자본주의에 대해 비판적인 진보적 사조와 사회과학적 분석에 대한 냉소주의이다. 거기엔 물론 그럴 만한 이유가 있다. 마르크스 자신이 이미 생전에 '나는 마르크스주의자가 아니다'라고 했다지만, 마르크스주의를 표방하면서도 마르크스를 왜곡해온 세력이 역사적으로 결정적 오류들을 범하면서 처참하게 실패했기 때문이다. 물론 이는 마르크스가 오류를 일절 범할 수 없는 전능자였다는 이야기가 아니다. 다만 구소련과 구중공 그리고 북한 등 현실사회주의 국가들이 보여준 다양한 오류들이 너무나 치명적이었다는 점을 강조하고자 함이다. 현실사회주의 국가들의 붕괴가 가져다주는 충격과 여파는 특히 우리에게 더욱 강할 수밖에 없었다. 한반도야말로 이데올로기 때문에 비참한 동족상잔의 전쟁을 유일하게 경험한 지역인데다 냉전의 최전선

중 하나였기 때문이다. 현실사회주의 국가들의 붕괴로 말미암아 우리나라에는 마르크스 경제학은 말할 것도 없고 모든 진보적 경제학에 대한 냉소주의가 그 어느 나라보다도 더 강하게 뿌리내리게 되었다.

물론 지금에 와서 그들 국가는 진정한 의미에서 마르크스가 기대한 사회주의 국가가 아니었고 오히려 국가자본주의를 추구했을 뿐이라고 이야기하면서 너무 쉽게 마르크스를 다시 불러들이려 해서는 안 될 것이다. 이는 마치 그리스도인들이 타락한 교회들을 보면서 그 교회들은 예수 그리스도의 정신과 무관하다는 한마디로 그냥 넘어갈 수 없는 것과 같은 이치일 것이다. 자본과 자본주의에 대하여 비판적이었던 이들은 현실사회주의 국가들의 오류와 실패에 대한 공동의 책임의식을 갖고 처절하게 반성하는 성찰의 시간을 가져야 한다. 그럴 때 비로소 마르크스를 다시 불러들일 수 있는 신뢰와 공감대를 얻을 수 있을 것이다. 그런 겸허한 마음으로 오늘 다시 마르크스 경제학과 그에게 영향을 받은 진보적 경제학을 긍정적으로 살펴보는 것은 매우 유익한 일이라고 생각한다.

얼마 전 영국의 세계적 문학비평가인 테리 이글턴의 《왜 마르크스가 옳았는가》라는 책을 읽으면서 그런 생각을 더욱 굳히게 되었다.[12] 리처드 도킨스와 크리스토퍼 히친스의 무신론적 기독교 비판에 맞서 진정한 기독교 신앙을 설득력 있게 증언한 그의 전작 《신을 옹호하다》를 읽으면서 그에게 호감을 갖고 있던 터라 더욱 신뢰가 가고 반가웠다.[13] 그의 의도는 마르크스 사상의 '완벽성'을 증명하기 위함이 아니라 그 '신빙성'을 제시하려는 데 있다. 그는 마르크스의 공헌을 한마디로 다음과 같이 묘사한다.

> 아이작 뉴턴이 중력의 법칙으로 알려진 보이지 않는 힘을 발견하고 프로이트가 무의식으로 알려진 보이지 않는 현상의 작용을 밝혀냈듯이, 마르크스도 우리의 일상생활의 가면을 벗겨 자본주의적 생산양식으로 알려진 감지할 수 없는 실체를 드러냈다.[14]

하여 그는 자본주의 사상 최악의 위기 가운데 하나를[15] 겪은 이후에 마르크스와 그의 이론을 이제 안전하게 묻어버릴 수 있다고 생각하는 것은 참 이상한 일이라고 말한다.[16] 물론 이글턴은 마르크스 경제학 자체에 대하여 자세히 언급하지는 않는다. 그러나 곳곳에서 현재의 자본주의의 본질을 정확하게 이해하고 극복해 나가는 데 여전히 유효적절하다는 점을 강조한다. 그는 마르크스주의가 주변부로 밀쳐진 이유는 자본주의 사회 질서가 '더 온건하고 자애로워지기는커녕 예전보다 한층 더 무자비하고 극단적인 것이 되었기 때문'이라고 진단한다. 그 예로 '전 지구적 규모에서 자본은 전보다 더 집중되고 약탈적이며 노동계급은 사실상 양적으로 늘어났다'는 점에 주목한다.[17] 자본주의가 자체 내의 뛰어난 역동성과 유연성 때문에 여러 형태로 변형되어왔지만 그 '체제의 근저에 깔린 논리는 사뭇 고정적'이라고 예리하게 지적한다. 바로 이런 점들 때문에 자본주의에 대한 '마르크스주의 비판

은 대체로 여전히 타당할 수 있다'고 설득력 있게 주장한다.[18]

부디 한국의 그리스도인들이 주님의 은혜를 힘입어 남북 분단이 남긴 트라우마를 잘 치유받을 뿐 아니라 마르크스·진보 경제학에 대한 냉소주의까지 극복할 수 있게 되길 진심으로 바란다. 그럴 때 비로소 자본과 자본주의를 합리적으로 성찰할 수 있는 길에 들어설 수 있기 때문이다.

자본을 보는 두 가지 시각

위험을 무릅쓰고 단순화하자면 자본에 대한 이해는 크게 둘로 나눌 수 있다. 하나는 주류 경제학의 긍정적 입장이고 다른 하나는 마르크스 경제학 혹은 진보 경제학의 비판적 입장이다.

주류 경제학의 입장

주류 경제학에선 통상적으로 자본을 토지와 노동과 더불어 기본적 생산요소 중 하나로 간주한다. 자본과 노동 사이에 존재하는 협상력의 비대칭적 관계, 그리고 그로 말미암은 억압과 착취의 관계에 대하여 주목하지 않을 뿐 아니라 그 실체 자체를 인정하지 않으려 한다. 오히려 각 생산요소는 시장의 자유롭고 공정한 작동의 결과로 생산에 기여한 바에 따라 정당한 대가를 받는다고 설명한다. 즉, 자본은 이윤을, 토지는 지대를, 노동은 임금을 받는다.

게다가 신고전주의-신자유주의가 등장하면서 인적 자본이란 개념이 새롭게 인정받게 됨으로써 상황은 더 악화되었다. 인적 자본이란 한 나라의 모든 노동자들의 습득된 자질과 능력, 즉 전문지식과 기술을 의미한다. 인적 자본 역시 기본적으로 수익을 위한 자본이라는 점에서 물적 자본, 부동산 자본, 자연 자본, 사회 자본 등과 다를 바가 없다. 경제적 합리성이라는 원칙에 의해 생산과정에 투입될 때 경제성장을 가져오는 중요한 요소가 된다.

인적 자본에 대한 이러한 이해는 밀턴 프리드먼을 비롯한 소위 '시카고 보이'들에 의해 경제학을 넘어 대중화되었다.[19] 대중들 스스로 노동을 자본의 일종으로 보는 데 익숙해진 것이다. 그와 더불어 노동이나 자본이나 동일한 원리에 의해 그 대가를 받는다는 인식은 더욱 강화되고 보편화되었다. 이로써 자본은 엄청난 영업수익을 올리는 한편 열악한 비정규직 노동자들은 오히려 양산되는 역설적 상황을 일상적으로 경험하게 되었다. 하지만 인적 자본이란 개념은 그런 현상을 자연스럽게 받아들이게 만든다. 그러한 결과가 노동과 자본 사이에 실질적으로 존재하는 불평등한 관계에서 비롯된다는 점을 파악할 수 없게 만든다. 일종의 착시 현상을 불러일으키는 것이다.

한 걸음 더 나아가 민주적 자본주의를 신봉하는 경제학자이면서 가톨릭 신학자인 마이클 노박은 '자본capital'의 라틴어 어원인 '카푸트*caput*'에 주목하여 그 개념에 새로운 의미를 부여한다.[20] 카푸트는 원래 문자적으로 가축의 머리head를 말한다. '자본'이 이 단어에서 유래한 것은 양자의 두 가지 연관관계 때문으로 보인다. 하나는 머리가 가축의 가장 중요한 곳을 뜻한다는 점이고, 다른 하나는 가축이 과거에 화폐 역할을 했다는 점이다.[21] 그런데 노박은 새로운 해석을 내놓는다. 카푸트를 발명, 발견 그리고 혁신을 가능케 하는 '머리mind'로 이해하는 것이다. 그리고 이 머리가 부를 창출해내는 데 가장 중요한 원천이라는 사실을 근간으로 경제사회가 조직되었다는 점이야말로, 자본주의를 과거의 경제체제와 확연하게 구별시키는 요인이라고 주장한다. 이로 말미암아 사람들은 부를 창출하기 위해 땅, 금을 비롯한 사물이나 무역이나 상업에서 관심을 돌려 사회적으로 유용하면서 특허를 얻어낼 수 있는 아이디어에 더 집중하게 되었다. 이를 통해 획기적인 기술들이 발견되었고 자본주의는 역동성을 갖게 되었다는 것이다.

그 대표적인 예로 애플의 스티브 잡스를 들 수 있을 것이다. 그는 생전에 유명한 스탠퍼드 대학교 졸업축사에서 자기 인생을 회상하며 대학을 중퇴한 것이 가장 훌륭한 결정이 되었으며, 자신이 만든 회사 애플에서 해고당한 것이야말로 자기 인생에서 일어날 수 있었던 최고의 사건이 되었다고 말했다. 그 이유는 동일하다. 둘 다 자신에게 창의적인 삶을 살 수 있는 길을 열어주었기 때문이다. 즉, 대학 중퇴 후엔 매킨토시 컴퓨터의 서체를 창안해낼 수 있었고, 해고된 후엔 자신의 삶에서 가장 창조적이었던 시기로 들어갈 수 있는 자유를 얻었기 때문이다. 그는 젊은이들에게 "도그마에 갇히지 말고 … 용감하게 자신의 마음과 직관을 따라가라"고 권했다.[22] 실로 그는 창의적인 아이디어를 바탕으로 한 새로운 전자제품들을 고안해내면서 엄청난 부를 축적할 수 있었고, 결과적으로 미국 경제에도 활력을 불어넣어주었다. 그가 세상을 떠나자 애플은 공식성명에서 이렇게 말했다. "애플은 명확한 비전과 창의성을 지닌 천재를 잃었습니다."[23]

주류 경제학은 이렇게 다양한 논리로 자본을 매우 긍정적으로 평가한다.

진보적 경제학의 입장

그러나 마르크스 경제학 혹은 진보적 경제학은 자본을 비판적 관점에서 이해한다. 자본주의의 특수한 성격을 규정하는 자본은 오늘날 기업가의 조상이라 할 수 있는 선대제先貸制 상인을 통해 출현했다는 점에 주목한다. 선대제 상인은 화폐가 지닌 사회적 권력을 십분 활용한다. 수공업 장인들에게 원료나 반제품 그리고 도구를 선불하는 대신에 생산활동을 조직, 지휘, 그리고 통제한다. 그들은 그 대가로 이윤을 획득하고 상품을 직접 생산하는 수공업 장인들은 일정한 보수를 수수료, 즉 임금의 형태로 받는다. 이렇게 화폐가 생산활동 과정에서 형성되는 사회적 관계를 유지하고 지배하는 힘을 지니게 될 때, 화폐는 자기 스스로 가치를 증식시키는 자본이 된다. 그 과정에서 인간의 노동력은 자본에 의해 구매되어 고용된 일종의 상품으로 전락한다.

오랜 시간 노동 문제를 천착해온 경영학자 강수돌은 이것을 '세계사적 사건'이요 가히 '코페르니쿠스적 대전환'이라고 명명하고, 그런 변화가 확대되는 역사적 과정은 결코 자연발생적으로 진행된 것이 아니라 강제와 폭력이 동반된 유혈적 과정이었음을 밝힌다.[24] 예컨대 초기 자본주의가 형성되던 15세기 말과 16세기에 걸쳐 서유럽 전역에선 부랑자를 노동자로 강제하는 피의 입법이 실시되었다. 여기서 부랑자란 공유지를 사유지로 전환시키는 소위 인클로저 운동 때문에 자신들의 생계수단이었던 토지에서 내쫓겨 떠돌아다니게 된 사람들을 의미한다. 이 사람들이 부랑자가 된 것은 한편으론 이들이 새로 생겨난 공장들이 미처 흡수할 수 없을 정도로 너무나 빠른 속도로 양산되었기 때문이었고 다른 한편으론 당시 공장노동의 엄한 규율에 쉽게 길들여질 수 없었기 때문이었다. 국가권력은 이들을 고용노동의 규율에 길들이기 위해 잔혹한 부랑아 처벌법을 시행하였다. 영국 헨리 8세의 경우 건장한 부랑자는 피가 나도록 매를 맞는 태형에 처하고 고향 혹은 최근 3년 동안의 거주지로 돌아가 "노동에 종사하겠다"는 맹세를 하게 한 후 풀어주었다. 두 번째 걸리면 다시 태형에 처하고 한쪽 귀를 잘랐고, 세 번째 체포되면 아예 공동체의 적으로 간주하여 사형시켰다. 당시 이렇게 '유랑죄'로 처형된 사람만 무려 7만 2천 명이 되었다고 한다. 에드워드 6세 치하에선 자본가의 통제하에 노동하길 거부하면 그를 게으름뱅이라고 고발하는 사람의 노예가 되었다. 만약 노예가 도주한 지 2주일이 넘어 잡히면 종신노예로 선고하고 그의 이마와 등에 'S'자 불도장을 찍었다. 그럼에도 다시 달아나 잡히면 반역자로 간주하여 사형에 처했다. 이런 관점에서 보자면 자본은 억압과 착취의 주체이다.

얼핏 보면 주류 경제학자들의 자본에 대한 이해는 객관적이고 중립적으로 보이는 반면, 마르크스 혹은 진보적 경제학자들의 자본에 대한 이해는 노동 편을 드는 당파적 입장으로 보인다. 그래서 그리스도인들은 전자를 수용하는 경향이 많다. 그러나 문제는 전자가 결코 중립적이지 않다는 데 있다.

물론 주류 경제학자들은 화폐(임금)와 상품(노동력)이 일종의 사물事物로서 시장에서 경쟁을 통해 자유롭고 공평하게 교환되기 때문에 생산활동의 결과로 자본과 노동에 각각 돌아가는 몫은 합리적이고 정당하다고 주장한다. 이는 객관적인 서술인 것 같지만 그렇지 않다. 자본과 노동 사이에 존재하는 소위 갑을관계를 외면 내지 은폐하기 때문이다. 자본은 노동에 대해 훨씬 강한 협상력을 갖고 있다. 노동조합이 발달되지 못한 사회일수록 더욱 그러하다. 한 노동자가 자본이 제시하는 조건이 적절하지 않다고 거부하면 자본은 대체 노동자를 큰 어려움 없이 고용할 수 있다. 그만한 조건에서라도 일하고 싶어 하는 노동자들이 줄지어 서 있기 때문이다. 게다가 노동자가 갖고 있는 것이라고는 노동력밖에 없기 때문에 자본에 고용되지 못하면 당장 생계의 위협을 받는다. 개별 노동자는 자본이 제시하는 조건을 어쩔 수 없이 수용할 수밖에 없는 경우가 허다하다. 예컨대 앞서 언급한 애플의 경우 아이폰과 아이패드를 생산하는 중국 하청업체 공장 폭스콘과 페가트론에서 노동착취와 인권유린이 계속 발생해 도마에 오르곤 했다.[25]

그렇다 쳐도 그건 자본을 탓할 일이 아니라 자본을 축적하지 못한 노동자 자신의 무능 혹은 게으름을 탓할 일이라고 혹자는 일축하려 할지 모른다. 그러나 문제는 자본과 노동의 현재 분포

상태가 정의롭다는 것을 역사적으로, 도덕적으로 입증하는 것은 거의 불가능하다는 데 있다. 그 부당성을 입증하는 것이 상대적으로 훨씬 수월할 것이다. 이미 축적된 자본의 정당성이 흔들린다면 그에 동반되는 강한 협상력도 정당성을 상실하게 된다. 이런 궁지에서 벗어나는 유일한 길은 기왕에 축적된 자본을 정의로운 것이라고 전제하는 것이다. 그러나 이는 얼마나 부당한 가정인가?[26]

이런 상황에서 벌어지는 임금과 노동력의 교환을 자유롭고 평등하다고 주장한다면 이는 마치 60킬로그램급 권투선수와 90킬로그램급 권투선수를 겨루게 하면서 똑같은 규정을 적용했으니 공평한 경기라고 말하는 것과 같다. 자본과 노동 사이에 실질적으로 존재하는 지배와 예속의 관계를 외면 내지 은폐한 채, 자본의 긍정적인 측면만 강조하는 주류 경제학적 분석이야말로 사실보다는 이념적 편향성에 기반을 둔 것이라 할 수 있다. 물론 자본과 노동 사이에 존재하는 지배와 예속 관계에 주목하고 그 기반 위에서 경제를 분석한다고 해서 자동적으로 100퍼센트 옳은 결론을 도출해낼 수 있다는 이야기는 아니다. 이론의 논리적 전개, 그리고 이론적 분석과 경제적 현실 사이의 일치라고 하는 사회과학적 연구기준에 부합해야 하는 과제가 남아 있기 때문이다. 그러나 적어도 자본에 대한 주류 경제학의 입장은 객관적이며 진보 경제학의 입장은 당파적인 것이라는 왜곡된 이분법에서 벗어나야 하는 것만큼은 분명하다.

한 걸음 더 나아가 그리스도인은 오늘의 자본에 대해 성찰할 때 성경이라는 중요한 자료를 참조해야 한다. 물론 성경 시대와 우리 시대 사이에는 거대한 역사적 간격이 있기 때문에 자본에 대한 직접적인 판단기준을 찾아내는 것은 무리이다. 하지만 영국의 신학자 리처드 보캄이 잘 표현한 것처럼 성경의 모든 부분은 오늘 우리 시대에도 '교훈적'이다.[27] 즉 문자적으로 적용할 수 있는 '교훈'은 아니더라도 여전히 그 안에서 우리 시대를 위한 일종의 '전형' 혹은 '유비'를 발견할 수 있다는 이야기다. 이는 그 원래의 취지와 의미를 흐트러뜨리지 않으면서 오늘의 형편에 적절하게 변형하여 적용할 수 있는 그 무엇을 의미한다. 이는 꼭 하나님의 백성들의 공동체에만 국한되는 것은 아니다. 하나님은 자기 백성과 세속사회에 각각 다른 윤리적 기준을 제시하는 분이 아니기 때문이다. 물론 세속사회가 안고 있는 윤리적 한계를 감안하여 적용 수위를 조절할 필요는 있겠다.

예컨대 빚을 7년 만에 탕감하는 제도(신 15:1-11), 노예 즉 돈으로 산 동족 품꾼노동자를 7년 만에 해방시키는 제도(출 21:1-6; 신 15:12-18), 50년마다 땅을 원래 주인에게 돌려주는 희년제도(레 25:8-13, 28, 41)를 곰곰이 생각해보자. 물론 이는 모두 고대 농경사회에 하나님의 백성에게 주어진 제도이지만, 그 안에서 오늘 우리 시대를 위한 어떤 전형이나 유비를 발견할 수 있을까? 이는 모두 경제주체 간의 지나친 불균등을 해소하기 위한 장치들이다. 더욱이 중요한 것은 각각의 불균등이 원래 어떻게 생성되었는가를 전혀 묻지 않고 일괄적으로 해소시켜야 한다는 점이다. 오늘 우리의 관점에서 보자면 도덕적 해이를 불러일으키기에 딱 좋은 제도들이다. 하지만 하나님은 도덕적 해이의 발생보다는 각 경우를 엄격하게 심사할 때 경제적 약자들이 겪어야 할 인격적 모멸감, 소위 낙인효과를 더 우려하셨던 것 같다.

이런 관점에서 볼 때 막강한 협상력을 지닌 자본이 소수에게 집중되어 재분배의 부담을 거의 받지 않는 오늘의 상황은 수용하기 어렵다. 각각의 자본이 어떤 과정을 통해 축적되어왔는지 관계없이 말이다. 심각해진 경제주체 간의 불균등 자체가 가장 중요한 판단기준이기 때문이다. 자본을 긍정적으로 보는 주류 경제학보다는 자본을 비판적으로 보는 진보적 경제학을 그리스도인이 일단 더 지지해야 할 이유가 바로 여기에 있다. 오늘의 정치경제적 현실과 그 한계를 감안하여 주류 경제학의 긍정적 주장을 어느 정도 수용할지는 그다음 문제이다.

자본주의를 보는 두 가지 시각

자본주의에 대한 이해 역시 자본에 대한 이해처럼 주류 경제학의 긍정적 입장과 마르크스 경제학이나 진보적 경제학의 비판적 입장으로 나누어진다.

주류 경제학의 입장

주류 경제학자들을 하나로 묶을 수는 없는 노릇이지만 이들은 자본주의에 대하여 일단 긍정적이라는 점에서 공통점을 갖고 있다. 자본주의 1.0에서 4.0 혹은 '민주적 자본주의', '공동체 자본주의'라는 표현을 사용하는 데서 알 수 있듯이 이들은 '자본주의'라는 표현을 적극적으로 사용한다. 그런가 하면 실제로는 자본주의를 지지하면서도 앞서 언급한 바와 같이 '시장체제'나 '시장경제', 혹은 한 걸음 더 나아가 '카탈락시'라는 표현을 사용함으로써 자본주의라는 개념 자체를 아예 폐기시켜버리려고도 한다.[28] 여기엔 앞서 알트파터를 언급하며 주목했듯이 개념의 교란을 통해 자본주의에 대한 공격을 무력화하려는 의도가 담겨 있다.

이들은 용어 사용에서는 서로 차이가 있지만 한결같이 자본주의의 장점을 변호하고 강조한다. 이들은 슘페터가 말한 이른바 '방법론적 개인주의'를 선호한다.[29] 즉, 복잡한 자본주의 경제현상을 분석하고 이해하는 데 있어 그 출발점에 사회로부터 독립되어 아무런 연고 없이 홀로 생각하고 행동할 수 있고 또 그렇게 살아가야 하는 개인을 상정한다. 그 개인이 바로 언제나 최소의 비용으로 최대의 이익을 얻고자 하는 이른바 '경제적 인간*Homo Economicus*'이다. 이는 물론 추상화된 인간이다. 행동경제학자들은 다양한 연구와 흥미로운 실험들을 통해 인간에겐 이기적인 면 못지않게 협동하여 상호유익을 구하고자 하는 심성이 있다는 점을 잘 입증했다.[30]

'경제적 인간'으로 추상화된 인간을 구체적 인간으로 발전시켜 대중화한 사람이 바로 영국 수상으로 강한 영향력을 행사한 바 있는 마거릿 대처다. 그는 1987년 9월에 한 여성 잡지와 인터뷰하면서 유명한 말을 남겼다. "사회라는 건 존재하지 않는다. 다만 개인들과 가정들만이 존재할 뿐이다."[31] 이 말에 담긴 뜻은 개인과 가정의 사고와 행동에 결정적인 영향을 미치거나 혹은 개인과 가정의 삶에 대해 일정한 책임을 져야 하는 사회란 존재하지 않는다는 것이다. 그러니 개인과 가정은 자신들의 경제적 현실에 대해 스스로 책임져야 한다는 것이다. 복지제도란 그 책임을 스스로 감당하지 못한 개인과 가정, 말하자면 실패자들을 최소한으로 보호해주기 위한 시혜적 장치일 뿐이다.

대처의 주장이 그동안 우리 사회에서 얼마나 막강한 영향력을 행사해왔는지를 보여주는 사건이 지난 2월 26일에 발생했다. 세 모녀가 생활고에 시달리다 마지막 집세와 공과금으로 70만 원을 남기고 자살한 슬픈 사건이다. 그들이 남긴 짤막한 유서는 우리로 하여금 실로 많은 것을 생각하게 만들었다.

> 주인 아주머니께… 죄송합니다. 마지막 집세와 공과금입니다. 정말 죄송합니다.[32]

왜 그들은 생을 스스로 마감하는 마지막 순간까지, 자신들의 피와 땀이 서려 있는 70만 원을 고이 남기면서도 그렇게 죄송한 마음에 어쩔 줄 몰라 했던 것일까? 한편으론 그들의 고결한 책임감과 양심에 머리를 숙이게 된다. 그러나 다른 한편으론 가난의 책임을 전적으로 개인과 가정에게 돌리는 데 성공한 자본주의 사회의 냉혹한 진상을 발견하게 된다. 여기서 '그들이 한국의 사회복지제도를 이용할 수 있었을 텐데'라고 생각하는 것은 사태의 본질에서 빗겨 가는 것이다. 문제는 자본주의 사회에서 복지제도란 마땅히 스스로 책임져야 할 바를 책임지지 못한 무능한 개인과 가정에게 경제적 도움을 베풀어주는 시혜제도란 점이다. 세 모녀는 스스로 죽음으로써 마지막 순간까지 자신들의 존엄성을 지켜내려 했던 것이다.

하지만 주류 경제학은 이런 현실을 당연한 것으로 받아들인다. '경제적 인간'이야말로 합리적 개인이라고 가정하고 그 기반 위에서 자본주의 경제현상을 설명하기 때문이다. 자본주의 경제란 각 개인이 시장에서 결정되는 모든 상품의 가격을 통해 주변 환경을 파악하고 그에 따라 자기 이익의 극대화를 꾀하는 경제이다. 그 과정을 통해 개인의 합리성은 경제 전반에 그대로 전가된다. 그런데 놀랍게도 각 개인이 의도적으로 추구할 때보다도 더 효과적으로, 그것도 자주 공공의 이익을 증진시키게 되는 기가 막힌 경제이다. 그 과정을 신비롭게 이끄는 시장체제에 담겨 있는 그 무엇을 애덤 스미스는 '보이지 않는 손'이라고 표현했다.[33]

하여 주류 경제학자들은 어떤 개인이나 집단 혹은 슈퍼컴퓨터로도 도저히 다 파악할 수 없는 수많은 경제 정보들을 가장 합리적으로 처리해주는 기계요 하나의 질서인 시장만이 국가의 부를 증대시키는 데 절대적으로 필요한 합리적 수단이라고 결론을 내린다. 물론 폴 새뮤얼슨같이 온건한 주류 경제학자들은 다양한 시장의 실패에 따른 자본주의 경제의 실질적 문제점들을 솔직하게 인정한다. 여기엔 독점, 환경오염을 비롯한 외부효과들external effects, 도덕적으로 정당화될 수 없는 소득분배의 불균형, 실업 및 경기 순환의 문제점들이 포함된다.[34] 그러나 이러한 문제점들에도 불구하고, 주류 경제학자들은 기존의 자본주의 시장경제체제가 현실 사회에서는 최소한의 해를 끼치는 체제라며 옹호한다.[35] 그리고 한 걸음 더 나아가 자본주의야말로 가난한 자들을 가난에서 해방시킬 수 있는 가장 효율적인 사회경제체제라고 확신 있게 주장한다.[36]

진보 경제학의 입장

마르크스 경제학이나 진보적 경제학은 전혀 다른 관점에서 자본주의를 분석한다. 우선 존 케네스 갤브레이스는 '자본주의' 대신 '시장경제'라는 표현을 쓰려는 경향에 대하여 유작인《경제의 진실》이라는 책에서 신랄한 비판을 가한다.[37] 상인자본주의, 산업자본주의, 금융자본주의는 역사적으로 존재했을 뿐 아니라, 그 표현은 경제체제를 실질적으로 지배하는 힘의 주체가 다양한 형태의 부와 자본이라는 점을 명시한다. 그러나 시장체제라는 새로운 표현은 시장이라는 개념을 활용하여 경제체제에 실제로 존재하고 있는 자본의 권력을 은폐하는 효과를 갖는다. 시장은 소비자들이 제조회사와 자본가들을 충분히 종속시킬 수 있는, 즉 경제민주주의가 실현될 수 있는 교환의 장인 양 미화된다. 하여 갤브레이스는 시장체제를 자본주의에 대한 온화한 대안으로 명명하는 것은 자본권력의 실체를 감추려는 '치사하고 무의미한 변장'에 불과하다고 평하면서 다음과 같이 말한다.

> 시장체제란 표현은 … 자본가 권력의 불미스러운 역사를 감추고 마르크스·엥겔스의 유산과 그들의 열렬하고 뛰어난 추종자들에게서 경제체제를 보호하려는 열망에서 비롯되었다.[38]

그렇기 때문에 그는 자본주의 대신 시장체제라는 개념을 사용하는 것은 결코 무죄일 수 없는 사기행위라고 단도직입적으로 규정한다.

그리고 한 걸음 더 나아가 마르크스 경제학이나 진보적 경제학은 주류 경제학의 방법론적 개인주의를 거부한다. 개인은 홀로 존재할 수 없으며 참된 인간성을 보존하고 실현하기 위해선 그래서도 안 되는 존재이기 때문이다. 하여 자본주의 경제를 분석할 때 추상화된 개인, 즉 경제적 인간에서 출발하지 않고 각 개인들이 처해 있는 자본주의 사회의 구체적 현실에 먼저 주목한다. 그것은 앞서 살펴본 바와 같이 상품을 생산하는 과정에서 협상력이 현저히 떨어지는 노동자가 자본가에게 예속될 수밖에 없는 비대칭적인 사회적 관계이다. 물론 그 사회적 관계를 분석하고 설명하기 위해선 주류 경제학에서처럼 일정한 추상화 작업이 필요하다. 그러나 분석의 출발점으로 추상화된 개인을 상정하는 것과 추상화된 사회적 관계를 상정하는 것은 현격한 차이라 할 것이다.

전통적 마르크스 경제학

마르크스 경제학은 크게 나누어 세 가지 이론으로 구성되어 있다.[39] 첫째는 노동가치설이다. 예컨대 책상과 스마트폰은 사용가치가 전혀 다르다. 하지만 화폐를 매개로 해 일정한 비율로 교환될 수 있다. 그건 두 상품에 무언가 공통적으로 중요한 속성이 담겨 있기 때문이다. 마르크스는 그것을 바로 상품의 '가치'라고 개념화한다. 그 가치는 바로 그 상품을 생산해내는 데 '사회적으로 필요한 노동 시간'의 양에 따라 결정된다는 것이 노동가치설의 핵심이다. 여기서 '사회적으로 필요한 노동 시간'이란 '특정 시기의 평균적 숙련도와 노동 강도'로 상품을 생산하는 데 필요한 노동 시간을 뜻한다. 이는 쉽게 통제하고 규제하기 위해 모든 노동자를 '대체' 가능한 노동자로 만들어야 하는 자본주의 속성에 걸맞은 개념이다.[40]

마르크스의 입장에서 보자면 생산과정에 투입되는 생산수단으로서의 자본, 즉 원자재, 기계 등도 '죽은 노동'에 불과하다. 왜냐하면 그것들 역시 과거에 투입된 노동의 생산물로서 스스로는 가치를 창출하지 못한다는 점에서 죽어 있기 때문이다. '산 노동', 즉 새로운 상품에 가치를 추가하기 위해 노동자가 직접 수행하는 노동이 죽은 노동, 다시 말해 생산수단을 사용할 때, 죽은 노동의 가치가 최종생산물로 이전된다. 이렇게 해서 최종 상품의 가치는 죽은 노동과 산 노동의 총량을 반영한다.[41]

둘째는 자본주의 발전론으로서 잉여가치론이 그 핵심이다. 노동자는 상품생산을 통해 자신이 창출해낸 총가치보다 적은 대가를 임금으로 받는다. 총가치에서 임금에 해당하는 부분을 제하고 남은 가치가 잉여가치이고 자본은 그 잉여가치를 획득함으로써 자본을 더 축적해나간다. 그런 과정의 반복이 자본주의 발전의 원동력이다.

이를 제대로 이해하려면 노동과 노동력의 차이를 구분할 수 있어야 한다. 노동은 실제로 수행되는 노동을 말하고 노동력은 실제 노동으로 구현될 수 있는 역량 자체를 의미한다. 예컨대 노동자는 하루 8시간 노동력을 제공한다는 조건으로 임금이 책정되고 자본에 고용된다. 그러니까 임금이란 실제로 수행되는 노동에 대한 정확한 대가가 아니라 하루 8시간의 노동력을 제공하는 것에 대한 대가이다. 만일 전자에 의해 임금이 책정되어야 한다면 매월 임금이 달라져야 할 것이다. 노동자가 실제로 하루하루 제공하는 노동의 질과 양이 정확히 똑같을 수는 없기 때문이다.

그러니까 자본주의 노동시장에서 실제로 임금과 거래되는 상품은 노동이 아니라 노동력이다. 노동력의 가치는 다른 상품과 마찬가지로 그 노동력을 생산해내는 데 소요되는, 사회적으로 필요한 노동 시간의 양으로 측정된다. 그 시간의 양은, 노동력은 노동자 자신의 일부이기 때문에 결국 자신의 노동력을 지속적으로 공급하는 데 필요한 생계비와 동등하게 된다.[42] 그것이 곧 노동력의 상품가치, 곧 임금이다. 노동자는 노동력이라는 상품을 제공하는 대가로 생계비를 임금으로 받고 노동을 수행한다.

여기서 중요한 사실은 노동력의 가치, 즉 임금은 노동이 실제로 창출해낸 총가치보다 반드시 적을 수밖에 없다는 점이다. 그렇지 않으면 자본은 이윤을 남기지 못해 존재할 수 없기 때문이다. 이는 다시 말해 자신의 생계비를 벌기 위한 노동시간의 양은 실제 노동시간, 즉 8시간보다 짧을 수밖에 없다는 걸 의미한다.

예컨대 그 시간을 4시간이라고 가정해보자. 그러면 자본가는 노동자로부터 8시간 노동에 해당하는 가치를 가져가고, 노동자에게 4시간 노동에 해당하는 가치만 임금 형태로 돌려준다. 즉, 자본가는 그 차이인 4시간의 잉여노동으로 창출된 가치, 즉 잉여가치를 가져간다. 말하자면 노동자는 4시간만 자기를 위해 일하고 나머지 4시간은 자본가를 위해 일하는 격이다. 이는 마치 중세 봉건사회에서 농노들이 일주일에 며칠은 자기와 가정을 위해 일하고 나머지 며칠은 영주를 위해 일하는 것과 흡사하다.

이런 과정을 통해 자본은 증식되며 그것이 바로 자본주의의 발전 동력이다. 그런데 다른 한편, 그 똑같은 현상 때문에 노동자가 대다수인 소비자에겐 돈이 부족하여 생산된 상품이 다 팔리지 않게 된다. 이를 해소하기 위해 해외시장 개척 열기가 일어나게 되고 이것이 제국주의 출현의 원인이 된다.[43]

셋째는 자본주의 위기론으로서, 그 핵심엔 이윤율 저하 경향의 법칙과 경기순환의 가중되는 혹독성이 있다. 시장에서의 경쟁은 자본가 사이의 경쟁도 포함한다. 그 경쟁의 과정에서 이기려면 상품 가격을 낮추어야 하고, 그러려면 기술혁신을 위한 추가적인 자본 투입이 필요해진다. 이런 과정이 반복되면서 이윤율이 저하되는 경향을 띠게 되고 이것이 자본주의의 위기를 낳게 된다.[44]

자본주의를 위기로 몰아가는 또 다른 원인은 갈수록 혹독해지는 경기순환에 있다.[45] 자동차로 말하면 가다 서다 하는 것인데, 이렇게 되는 원인은 외부에 있는 것이 아니라 자본주의 시장경제 체제 자체의 모순에 있다. 자본가들은 이윤 창출과 자본 축적을 위해 치열한 경쟁에 뛰어드는데, 문제는 미래를 정확히 예측할 수 없다는 데 있다. 그래서 호황의 시작이 불황의 조건을 창출하고 불황은 다음 호황이 도래할 조건을 마련하는 과정이 반복된다. 호황이 불황으로 넘어가는 순간은 자본가 중 누군가가 과잉생산을 직시하기 시작할 때이다. 생산을 줄이기 시작하면 그것이 파급효과를 갖게 된다. 이는 미래에 대한 불안을 조성하고 경제활동은 급격히 위축된다. 그 과정에서 기업의 도산과 실업이 발생하고 그 결과로 싼 노동과 싼 자본이 생겨나게 된다. 불황에 살아남은 자본은 그것을 기회로 삼아 투자를 늘리고 다시 호황기로 넘어가게 된다.

이 과정이 단순한 반복이 아니라 갈수록 혹독해지는 원인 역시 자본주의 체제 내부에 있다. 즉, 이윤율을 완전히 회복하려면 매우 심각한 공황이 닥쳐와야 하기 때문이다. 게다가 자본주의가 확대되는 과정에서 기업들이 거대화되기 때문에 한 번 무너지면 2007-2008년 미국 금융위기에서 볼 수 있었던 것처럼 그 파급효과가 더욱 강력해질 수밖에 없다.

분석적 마르크스주의

논란의 대상이 되곤 하는 기존의 노동가치설에 의존하지 않고 자본에 의한 노동의 착취를 새로운 각도에서 설명하려는 이들이 분석적 마르크스주의자들이다. 그 대표적 인물로 제럴드 코헨, 앨런 뷰캐넌과 존 로이머 등을 들 수 있다. 먼저 코헨의 논지를 요약하면 다음과 같다.

1. 노동자만이 생산품을 창조해낸 유일한 당사자이다.
2. 자본가는 그 생산품의 가치의 얼마를 취득한다.
3. 노동자는 자신이 창조한 것의 총가치보다 적은 분량을 취득한다.
4. 자본가는 노동자가 창조한 것의 가치의 얼마를 취득한다.
5. 노동자는 자본가에 의해 착취된다.[46]

코헨은 노동자만이 가치 자체를 창조한다고 주장하지 않고 다만 가치가 있는 생산품을 창조한다고 본다. 물론 자본가도 경영에 참여하면 생산품의 창조활동에 기여하는 것이기 때문에 그에 해당하는 보상을 생산품의 가치 중에서 받을 수 있다. 그러나 단순히 자본을 투자하는 것은 생산품을 창조하는 노동과정에 참여하는 것이 아니다. 그럼에도 자본가는 노동자가 생산해낸 상품의 가치 중 일부를 취득한다. 결과적으로 노동자는 자신이 창조한 것의 총가치보다 적은 분량을 취득하게 되고, 자본가는 노동자가 창조해낸 것의 얼마를 취득하게 된다. 이는 노동자가 자본가에 의해 착취된다는 것을 의미한다.

물론 주류 경제학자들은 창조적인 생산활동에 참여하지 않은 자본가가 취득하는 부분, 즉 이윤을 다양한 논리로 정당화한다. 위험부담을 무릅쓰고 투자한 행위에 대한 대가, 자본을 생산활동에 투자함으로써 다른 것을 즐길 기회를 상실한 것에 대한 대가, 자본을 다시 회수할 때까지 생산활동에 사용할 수 있도록 빌려준 시간에 대한 대가 등으로 설명한다. 그러나 이런 논리들은 두 가지 문제에 봉착한다. 첫째, 앞서 언급한 바와 같이 자본 역시 그 기원을 따져보면 그 전에 수행된 노동에서 얻어낸 잉여가치의 축적물이다. 둘째, 설사 주류 경제학자들의 논리가 맞다 하더라도 자본가들이 노동자에 비해서 왜 그렇게 많은 부분을 취득해야 하는지는 설명할 수 없다. 그것은 결국 자본과 노동 사이에 존재하는 협상력의 비대칭성으로밖에는 설명할 길이 없다.[47]

뷰캐넌은 소외라는 개념에 의존하여 노동에 대한 자본의 착취를 설명한다.[48] 즉 자본주의 사회에서 자본은 노동자들과 어울림을 통해 이익을 얻지만 그 대가로 노동자에겐 '소외된 노동'을 돌려준다는 점에 주목한다. 노동은 두 가지 면에서 소외된다. 첫째, 노동자들은 자신의 생산물로부터 소외된다. 과잉생산으로 불황이 다가오면 노동자들은 해고의 두려움에 시달리면서, 자신들이 생산해낸 상품들이 오히려 자신들의 생존 자체를 위협하는 낯선 것으로 다가오는 것을 경험한다. 또한 자본가를 위한 자신들의 생산물은 결국 자신들을 조직적으로 비하하고 빈곤하게 만드는 자본주의 제도를 재생산하는 데 기여한다. 이 모든 것이 자본의 지시에 따라 열심히 노동한 대가로 주어진다고 생각할 때 노동자는 깊은 소외를 경험한다.

둘째, 노동자들은 노동행위 자체로부터도 소외된다. 뷰캐넌은 이렇게 소외된 노동과 연루되어 있는 8가지 해로운 특징들을 지목한다.

1. 노동은 수많은 프롤레타리아들에게 육체적으로 해로우며

머리를 쓸 필요가 없는 일이다.

2. 노동은 노동 자체와는 무관한 필요를 충족시키기 위한 수단일 뿐이다. 진정으로 인간적인 노동이라는 원래적 필요를 채워주지 못한다.
3. 노동자는 자기 자신과 자신의 노동력을 단지 상품으로 생각한다.
4. 과거엔 자율적이었던 삶의 영역이 왜곡된다. 이는 노동력을 생산해내야 한다는 압박에 시달리기 때문이다.
5. 한 사람의 가치가 그의 노동력의 가치에 의해 결정된다는 생각이 대중화된다.
6. 자본주의 사회에서 소외된 노동은 생산수단을 제어하는 이들에 의한 노동자들의 지배와 연루되어 있다.
7. 자본주의 생산양식을 유지하고 재창조하기 위해선 잉여가치의 형태를 띤 소외된 노동이 요구된다.
8. 노동임금의 계약은 신비화를 유발해서 노동자로 하여금 방금 언급한 7번째 특징을 인지하지 못하게 만든다.

강도의 차이가 있겠지만 이상의 8가지 특징은 오늘 한국 사회에서 노동하는 사람들의 모습에서 여전히 발견된다는 점에서 매우 설득력 있는 분석이라 할 수 있다.

마지막으로 로이머는 '탈퇴의 법칙'이라는 개념을 이용해서 착취론을 정립한다. 노동자들이 자본주의 사회에서 탈퇴하여 자신들에게 더 유리한 사회를 만들어갈 수 있음에도 불구하고 자본주의 사회에 예속된다면 노동자들은 자본에 의해 착취를 당하고 있는 것이라는 주장이다. 이를 논리적으로 정리하면 다음과 같다.

> 다음의 세 가지 조건이 성립되면 S는 자본주의적으로 착취당하고 있다고 말할 수 있다.
>
> 1. S가 사회의 양도 가능한 자산(즉, 생산된 재화와 생산되지 않는 재화) 중 1인당 할당분과 자신의 노동과 기술을 가지고 사회에서 탈퇴한다면, S는 (수입과 여가 면에서) 현재의 배분상태보다 더 이익을 얻게 된다.
> 2. S′가 같은 조건으로 탈퇴하면 S′는 (수입과 여가 면에서) 현재보다 손해를 보게 된다.
> 3. S가 자신의 자질(자신의 1인당 할당분이 아님)을 가지고 사회에서 탈퇴하면 S′는 현재보다 손해를 보게 된다.[49]

이는 자본주의적 착취의 핵심에는 노동자들이 생산수단을 소유할 수 없어 자본가를 위해 노동할 수밖에 없는 현실이 놓여 있다는 점에 착안한 것이다. 노동자들이 그런 상황에서 벗어나 1인당 자산, 노동·기술을 갖고 탈퇴하여 대안적 사회를 만들어 수입과 여가 면에서 더 많은 이익을 누릴 수 있다고 가정해보자. 반면에 자본가들은 똑같은 조건으로 탈퇴해도 오히려 현재보다 더 손해를 보게 된다고 가정해보자. 그리고 마지막으로 노동자들이 자신들의 자질을 갖고 탈퇴하면 자본가들이 현재보다 손해를 본다고 가정해보자. 그런 상황에서 노동자들이 여전히 자본주의 사회에 예속되어 살아가고 있다면 그들은 자본에 의해 착취당하고 있다는 주장이다.

그러므로 로이머의 착취론이 성립하려면 노동자가 자본주의 사회에서 탈퇴하여 새롭게 만들어갈 경제체제가 역사적으로 실현가능하다는 점이 설득력 있게 논증되어야 한다. 하지만 적어도 대안적 사회를 만들어가고자 하는 노동자들이 스스로에게 정당성을 부여할 수 있는 가능성을 열어놓았다는 점에서 중요한 기여를 했다고 할 수 있겠다.

어느 편에 설 것인가

이상의 설명에서 이미 필자가 자본주의에 대한 주류 경제학의 긍정적 입장보다 마르크스 경제학과 진보적 경제학의 비판적 입장을 상대적으로 더 지지할 수밖에 없는 이유를 어느 정도 파악할 수 있었을 것이다. 하지만 간략하게나마 그 이유를 좀 더 명확하게 정리하고자 한다.

첫째, 마르크스 경제학과 진보적 경제학의 비판적 입장이 주류 경제학의 긍정적 입장보다 하나님나라의 관점에 상대적으로 더 가깝다고 생각하기 때문이다. 필자는 마르크스 경제학이나 진보적 경제학이 무오하다거나 기독교 신앙이 추구하는 바와 일치한다고 생각지 않는다. 모든 사회과학 이론에는 나름의 장단점 그리고 심지어 오류가 있고, 기독교 신앙이 제시하는 하나님나라의 비전과 가치는 어떤 사회과학적 이상으로도 만족시킬 수 없기 때문이다.

하지만 기독교인들은 현실 사회 속에서 끊임없이 선택을 요구받으며 살아갈 수밖에 없다. 기계적 중립이나 침묵은 사실상 기독교인으로서의 책임을 방기하는 것이다. 왜냐하면 이는 본인의 의사와는 관계없이 지배적인 사회질서와 구조를 옹호하는 방향으로 효력을 발하게 마련이기 때문이다. 그러므로 책임 있는 그리스도인이 되려면 현실적으로 선택 가능한 것들 중에서 하나님 나라의 비전과 가치에 조금이라도 더 가까운 것을 선택해야만 한다. 필자는 바로 그런 관점에서 마르크스 경제학과 진보적 경제학의 비판적 입장을 상대적으로 더 지지한다.

둘째, 주류 경제학은 자본주의의 '총량적 성장과 효율성'을 설명하는 데 주력하는 반면 마르크스 경제학과 진보적 경제학은 자본주의에서 발생하는 '노동에 대한 자본의 억압과 착취'를 설명하는 데 초점을 맞추고 있기 때문이다. 물론 그리스도인들도 일인당 국민소득, GDP 성장률 등으로 표현되는 총량적 효율성을 전적으로 외면할 수는 없는 노릇이다. 그러나 성경 전체의 흐름을 보면 경제의 총량적 성장보다는 하나님의 형상을 갖고 태어난 한 사람, 그것도 사회적 약자의 경제적 권익에 더 초점이 맞추어져 있는 것을 발견하게 된다.

이스라엘은 결국 당시의 대표적인 사회적 약자인 고아와 과부들 그리고 외국인 노동자들의 권리를 짓밟고도 회개하지 않아 나라를 잃었다. 이는 우상숭배와 더불어 한 동전의 양면이기 때문이다(렘 22:1-9). 경제적으로 가난한 사람들의 권리를 지켜주는 사람이 하나님을 진정으로 아는 사람이다(렘 22:16). 예수님의 가르침에도 이런 정신이 면면히 흐른다. 예수님은 자신의 행동을 하루 한 시간밖에 일하지 않은 사람에게도 하루 임금을 주는 포도원 주인에 비유한다(마 20:1-16). 하루 종일 일하고도 똑같이 하루 임금을 받은 사람들이 불평을 하자, 주인은 그들과 맺은 계약에 충실했다고 냉정하게 밀어붙이면서 그들이 자신의 선한 행동에 항변할 자격이 없다고 말한다.

물론 이 비유의 일차적 목적은 경제적 원리를 보여주는 데 있지 않다. 그렇지만 비유에 스며들어 있는 예수님의 마음을 읽어낼 줄 알아야 한다. 예수님에게 무엇보다도 중요한 것은 일할 기회를 찾지 못해 생존의 위협을 받고 있는 사회적 약자들을 살려내는 것이다. 이런 마음을 읽어낸다면 그리스도인은 당연히 총량적 성장보다는 앞서 언급한 바와 같이 가난한 세 모녀를 죽음으로 몰아간 사회적 현실에 더 깊은 관심을 기울여야 한다. 바로 거기에서 마르크스 경제학과 진보적 경제학의 비판적 입장을 더 지지할 근거를 발견하게 된다.

'총량적 성장과 효율성'을 강조하는 주류 경제학적 분석은 자본주의 시장경제에서 승리가 확실하게 보장된 사람들에겐 매력적이다. 그리고 현실을 제대로 인식하지 못한 채 자기도 승리할 수 있다는 환상에 젖어 있는 사람들에게도 강한 설득력을 행사할 수 있다. 그러나 아무리 노력해도 사회적 상승이 거의 불가능에 가깝다는 것을 이미 알아차린 계층에게는 이는 일종의 지배 이데올로기일 수밖에 없다.[50] 그러므로 사회적 약자의 권리를 강조하는 하나님나라의 경제정의를 실현하기 원하는 그리스도인들이라면 자본주의 사회에서 고통을 겪고 있는 노동자들의 입장에서 자본주의 경제를 분석하고 대안을 찾고자 하는 마르크스 경제학과 진보적 경제학을 상대적으로 더 지지해야 한다. 오늘 한국 교회 안에 자본주의적 폐해가 넘쳐나고 있는 결정적 이유 중 하나가 바로 자본주의에 대한 긍정적 입장을 너무 쉽게 받아들인 데 있다는 점을 직시할 때 더욱 그러하다.

맘몬 숭배, 자본주의의 정신

잘 알려진 대로 막스 베버는 마르크스의 유물론적 역사관을 배격하기보다는 보완하는 면에서 자본주의 발달의 주요 원동력의 하나로 자본주의 정신에 주목하였다. 그는 자본주의를 자본주의답게 만드는 정신을 다음과 같이 규정한다.

> 인간은 돈을 벌고 취득하는 일에 지배당한다. 이는 그의 삶의 궁극적 목적이다. 경제적 취득은 더 이상 인간의 물질적 필요를 만족시키는 수단으로 인간에게 종속되지 않는다.[51]

자본주의 정신이 주도하기 전에 사람들은 경제적 취득 자체를 삶의 궁극적 목적으로 삼지는 않았다. 삶의 궁극적 목적은 자신이 속한 공동체가 추구하는 공동선이었다. 경제적 취득 활동이란 그 공동선을 실현해나가는 삶을 살아가고자 할 때 발생할 수밖에 없는 물질적 필요를 만족시키기 위한 수단으로 간주되었다. 그래서 돈과 부에 대해 경계심을 늦추지 않았다. 수단이 목적을 갉아먹지 않도록 하기 위함이었다. 그런 모습이 보일 때, 가차 없이 돈과 부를 '경제적·도덕적 질서의 파괴자'로 맹렬하게 비판했다.[52]

그러나 자본주의 정신은 수단을 목적으로 뒤집은 것이다. 즉, 돈을 버는 경제적 취득 활동 자체가 이제는 더 이상 수단이 아니라 삶의 궁극적 목적으로 격상된 것이다. 마르크스의 표현을 빌리자면 자본주의와 함께 도래한 "근대 사회는 황금이야말로 자신의 고유한 생활원리를 눈부시게 비쳐주는 화신化身, incarnation으로, 즉 자신의 성배聖杯로서 쌍수를 들고 반긴다."[53] 그래서 사람들은 부를 축적하는 일에 온 힘을 기울이는 것을 삶의 궁극적 목적을 달성할 수 있게 만드는 덕목으로 간주하게 되었다. 부를 축적하기 위해 그들은 사치와 향락에 빠지지 않도록 자신을 절제하고 훈련시키는 삶을 살아갔다. 이런 삶의 태도와 양식을 베버는 세속적 금욕주의라고 명명한다. 그러나 영국 사회주의의 아이콘으로 불리는 영국의 경제사학자 리처드 토니가 잘 지적한 바와 같이 자본주의가 발달하는 과정에서 이러한 두 정신은 그만 분절되고 말았다. 즉, 돈 버는 경제적 취득 활동을 미덕으로 삼는 것은 유지되었지만 검소한 삶을 추구하는 자기 절제와 훈련은 대체적으로 포기되었다.[54] 자본주의 정신의 세속성은 유지되었지만 그 금욕적 경향성은 사라진 것이다.

바로 그 점에서 예나 지금이나 자본주의의 기본정신, 즉 부의 취득을 삶의 궁극적 목적으로 삼아 이를 달성하기 위해 애쓰는 사람을 덕스럽다고 간주하는 정신에는 변화가 없다. 그렇게 덕스럽게 살아 부를 취득한 사람을 비난하거나 경멸하는 것은 열등감과 시기, 질투의 발로라고 간주한다. 지난 두 번의 대통령 선거에서도 잘 나타났듯이 누구보다도 가장 훌륭한 대통령은 경제성장률을 높여 국민들의 호주머니를 가득 채워줄 수 있는 능력이 있는 사람이다. 그 목적만 달성해줄 수 있다면 결정적인 거짓말을 해도, 심지어는 많은 사람의 피로 겨우 성취한 민주주의를 위협해도 큰 결격사유라고 여기지 않는다.

애덤 스미스의 정당화

이런 정신이 현대 자본주의 사회에 깊이 뿌리내릴 수 있게 된 데는 애덤 스미스도 한몫 단단히 했다고 볼 수 있다.[55] 그는 시장에서 자기의 경제적 이익을 극대화하려는 정신을 도덕철학적으로 그리고 경제학적으로 정당화해주었기 때문이다. 영국의 철학자 데이비드 흄은 스미스에 앞서 덕을 자연적 덕과 인위적 덕으로 구분한 바 있다. 스미스는 흄의 표현을 그대로 사용하진 않았지만 그의 구별된 개념을 자신의 도덕철학에 반영한다. 자연적 덕이란 상상에서 우러나오는 자연스러운 동정심에 기반을 둔 덕으로서 특히 친척과 친구를 향한 자애심을 말한다. 인위적 덕이란 기존의 개인 재산과 계약을 보호하는 법과 제도를 사회적으로 직접 경험함에 따라 인위적으로 생겨나는 덕이다. 즉, 타인의 사적 재산을 침해하지 않고 계약을 어기지 않는 것을 정의라고 간주하는 덕을 의미한다. 자연적 덕과 달리 인위적 덕은 사회적 실행을 위해 공권력이 동원되며, 이 덕을 파괴하는 경우 법적 처벌을 받는다.

스미스는 정치경제학이 다루는 분야를 인위적 덕의 영역에 국한시킨다. 즉, 인위적인 덕을 해치지 않는 한 자신의 사적 소유와 이익을 극대화하는 경제적 활동 역시 도덕적인 삶의 한 부분이라고 주장한다. 그런 점에서 그의 유명한 두 저서인 《도덕감정론》과[56] 《국부론》은 충돌하지 않는다. 앞서 언급한 바와 같이 스미스는 《국부론》에서 '보이지 않는 손'이라는 표현을 통해 부의 개인적 축적 활동을 경제학적으로 정당화해주었다. 즉, 각 개인은 사회적 이익을 직접 증진시키려 하기보다는 자기의 이익을 극대화하려고 노력할 때 오히려 더 효과적으로 게다가 자주 사회적 이익을 증진하게 되며, 그 과정을 이끄는 것이 바로 보이지 않는 손이라는 것이다.

이렇게 해서 자본주의 정신과 이념은 강력한 매력을 지니게 된다. 신비롭게도 자신의 개인적 이익의 극대화와 공익의 극대화를 동시에 이룰 수 있다는 생각은 인간의 두 가지 본성인 이기심과 이타심을 동시에 만족시켜줄 수 있기 때문이다. 게다가 사실상 공익을 추구하려는 노력을 의식적으로 할 필요가 없기 때문에 전혀 심적 부담을 주지 않는다. 이렇게 부를 축적하려는 노력을 미화하는 정신 때문에 자본주의는 부의 창출에서 역사적으로 타의 추종을 불허하는 엄청난 역동성을 갖게 되었다. 이는 《공산당 선언》에서 마르크스와 엥겔스조차도 인정하는 바였다.

> 부르주아는 100년도 채 안 되는 그들의 지배기간에 지나간 모든 세대가 창조한 것을 다 합친 것보다도 더 많고 더 거대한 생산력을 창조했다. 자연력의 정복, 기계, 공업과 농업에 화학의 응용, 기선 항해, 철도, 전신, 경작을 위한 전 대륙의 개간, 하천의 운하화, 마치 땅 밑에서 솟아난 듯한 모든 인구—이전의 어느 세기가 이와 같은 생산력이 사회적 노동의 무릎 위에서 잠들어 있음을 예감이라도 했겠는가?[57]

그러나 문제는 이렇게 역동적이고 화려한 부의 창출에 매료된 나머지 자본주의 사회는 부의 창출을 경배하는 맘몬 숭배에 빠질 수밖에 없게 되었다는 점이다.

맘몬 숭배

자본주의 사회에서 신처럼 막강한 힘을 발휘하는 것은 바로 돈과 부의 신, 즉 맘몬이다. 이 점을 파리 제10대학교에서 〈칸트, 콩트, 마르크스의 정치경제학 비판〉으로 경제학박사 학위를 받은 허경회는 너무나 예리하고 적확하게 묘사해준다. 필자로선 지금까지 이보다 더 탁월한 문장을 본 적이 없기에 다소 길지만 그대로 인용하고자 한다.

> 신은 죽었다. 그러나 돈의 신, 맘몬은 예외이다. 우리들 현대인에게 그는 유일하게 현재하는 신이다. 우리들은 '이성 잃은 경제 이성'으로 유일하게 현재하는 신, 맘몬의 영광을 이 땅에

재현하는 거룩한 맘몬의 성도들이다. 우리들 호모 에코노미쿠스는 우리의 생명 그 자체인 노동을 스스로 쥐어짜내며 부를 간구하고 있고, 맘몬은 반색하며 우리에게 '마조히스트의 자학적 풍요'를 하사하고 있다. 또한 우리들은 가난으로 고통받는 다른 우리들에게 등을 돌리며 나의 부를 간구하고 있고, 맘몬은 우리에게 기꺼이 '샤일록의 냉혹한 풍요'를 하사하고 있다. 뿐만 아니라, 우리들은 맘몬에게 우리의 건강과 우리 후손의 멸종 그리고 지구상의 모든 생명의 종식을 번제물로 바치며 부를 간구하고 있고, 맘몬은 우리에게 흔쾌히 '학살자의 잔혹한 풍요'를 하사하고 있다.[58]

이와 유사한 관점에서 테리 이글턴 역시 자본주의 체제는 자신의 본질 때문에 '한결같이 나쁜 방향으로'[59] 무신론적일 수밖에 없다고 평가한다. 물론 적지 않은 이들이 자본주의를 성경과 신학의 용어로 옹호해왔다. 관념과 이론의 세계에서는 가능할지 모르겠다. 하지만 자본주의 사회에서 현실적으로 드러나는 물질적 행태와 거기에 내재된 가치관과 신조들은 신을 실제적으로 부정한다. 이글턴은 자본주의 사회에서 진정한 신학적 사고가 불가능한 이유를 다음과 같이 설명한다.

성취와 충족이 패키지로 거래되고 욕망이 관리되며, 정치마저 경영화되고 소비자중심 경제가 지배하는 깊이 없는 사회에서는 신학적인 문제가 적절하게 제기될 가능성조차 거의 없다.

> 일정 수준 이상으로 심오한 정치적·도덕적 토론조차 배제되기 때문이다. 이런 상황에서 하나님이 무슨 의미가 있겠는가. 기껏해야 이데올로기적 정당화에, 영적인 향수 달래기에, 아니면 무가치한 세계로부터 개인적으로 탈출하는 데나 이용되지 않겠는가.[60]

실로 깊고 예리한 분석이다. 그러나 너무 압축되어 있어서 이해가 어려운 면이 있기에 약간의 설명을 덧붙이고자 한다. 성취와 충족이 패키지로 거래된다는 말은 돈만 있으면 인간의 궁극적 성취와 충족이 간편하게 이루어진다고 믿고 사는 것을 말한다. 욕망이 관리된다는 말은 자본에 의해 소비욕망이 부추겨진다는 뜻이다. 정치마저 경영화된다는 것은 정치의 목적이 공공선이나 사회정의의 실현에 있지 않고 오로지 총량적 경제성장에 있다는 뜻이다. 소비자중심 경제란 말은 '나는 소비한다. 고로 존재한다'는 피상적 철학에 기반을 둔 경제란 말이다.

자본주의 사회란 바로 이런 가치와 태도가 실질적으로 지배하는 사회이다. 그러니 이런 사회에서는 정치적·도덕적 토론조차 배제된다. 한국 사회에서 우리는 "정치 논리로 경제 영역을 재단하지 말라"는 요구를 귀가 닳도록 듣고 있지 않는가? 하이에크는 자본주의 시장경제를 '카탈락시'라는 새로운 용어로 옹호하면서, '사회정의', 즉 '경제정의'는 신기루와 같은 환상이니 정신 있는 사람이라면 더 사용하지 말라고 강변하지 않는가?[61] 하이에크가 아주 명쾌하게 증명한 바는 자본주의 사회와 경제정의는 병립할 수 없다는 점이다. 그러니 이런 사회에서 정치와 도덕보다 더 깊고 높은 하나님에 대한 이야기를 한다는 것은 가능성조차 없다.

그러한 자본주의 사회를 적극 옹호하거나 용인하면서 동시에 아무런 고통과 갈등도 없이 하나님을 찬양하는 종교가 있다면 그 종교는 도대체 어떤 것일까? 이글턴이 잘 간파한 것처럼 그건 기껏해야 자본주의를 정당화해주는 이데올로기의 기능을 충실하게 감당하는 도구에 지나지 않는다. 이런 종교는 인간의 마음 밑바닥 깊은 곳에 깔려 있는 영적 갈망을 적당히 달래주는 역할밖에는 할 수 없다. 그것으로도 해결이 안 되면 이 세계 자체가 무가치한 것이니 각자 더 좋은 하늘나라로 들어갈 희망을 갖고 살라며 그 길을 제시한다. 마르크스는 바로 이런 종교를 가리켜 '억압된 피조물의 한숨', '심장을 잃은 세계의 감성', '영혼을 상실한 현실적 조건들의 영혼', 곧 '민중의 아편'이라고 신랄하게 비판했던 것이다.[62] 교회로서는 부끄러운 일이지만, 어쩌면 마르크스는 유대교가 신앙의 진정성을 상실하고 형식적인 종교의 껍데기만을 뒤집어쓰고 있었을 때 유대교 자체의 신앙적 정체성을 본질적으로 부인하고 나선 선지자 같은 역할을 기독교에 했다고도 볼 수 있다.[63]

맘몬 숭배의 필연적 열매

본질적으로 맘몬 숭배의 기초 위에 세워진 자본주의 사회는 필연적으로 경쟁절대주의와 사회적 양극화라는 두 가지 심각한 병폐를 낳는다.

먼저, 맘몬 숭배는 자연스럽게 경쟁절대주의를 낳을 수밖에 없다. 사람들이 돈을 고루고루 갖고 있으면 돈에는 힘이 생기지 않는다. 돈은 집중되어야 비로소 강력한 힘을 발휘하게 된다. 이걸 잘 아는 존재가 맘몬이다. 그래서 맘몬은 경쟁을 절대화한다. 승자와 패자를 가르고 승자에게 모든 것을 차지할 수 있게 만든다. 그래야 사람들은 돈을 더 많이 가지려고 총력을 기울이게 되고 그러는 한 맘몬은 강력한 지배력을 발휘한다. 그래서 맘몬이 지배하는 세상에서는 경쟁에서 이긴 자만이 부를 축적할 수 있다. 그러니 각자 자기 부의 축적을 절대적 목표요 최고의 가치로 삼는 한 인간은 무한경쟁에 시달릴 수밖에 없다. 물론 서로의 잠재력을 최대한 이끌어내기 위한 제한된 경쟁, 건전한 경쟁은 인간의 자연스러운 본성에 맞는 일이고 바람직한 것이다. 허나 그것이 경쟁절대주의라는 하나의 이념으로 자리 잡게 되면 매우 위험하다. 이는 관계적 존재, 공동체적 존재로서의 인간성이라는, 인간 본성의 다른 측면을 파괴하기 때문이다.

그런가 하면 자본주의를 지지하는 사회철학자들은 자본주의 사회에서도 그러한 인간성을 발전시킬 수 있는 가정, 시민사회 내의 다양한 집단, 이른바 '부분적 공동체'가 있다고 주장한다. 냉혹한 경쟁은 시장에서만 벌어질 뿐이라는 것이다. 그러나 현실은 그렇지 않다. 자본주의 사회에선 대부분의 경우 오히려 가정에서 어렸을 때부터 경쟁의 승자가 되라는 교육을 받고 자란다. 수년 전 한 신문의 칼럼을 읽으면서 가슴이 섬뜩했던 기억이 아직도 생생하다. 그 글의 일부를 그대로 인용한다.

> 지난 3월부터 보육원에 다니기 시작한 우리 집 세 살 꼬마는 요즘 "많이, 많이 윤(자기 이름)이 꺼" "윤이가 일등"이란 말을 입에 달고 다닌다. 보육원 형들에게 배운 모양이다. 이런 아이에게 "아니야, 콩 한 알이라도 나누고 늘 양보해야 해"라고 말하지 않는다. 이기적이고 못된 아이가 되라는 뜻이 아니다. 한국이 발전 과정에 있는 이상, 획득하려는 소유욕과 앞서 가려는 성취욕이 여전히 필요하지 않을까 하는 생각 때문이다.[64]

'한국이 발전 과정에 있는 이상'이란 단서를 붙임으로 자신의 글에 담겨 있는 냉혹함을 완화해보려는 마음이 나는 더 무섭다. 과연 한국이 선진국으로 진입하면 치열한 경쟁이 더는 필요 없어지는 것일까? 최소한 60년 이상 세계경제 최강국의 지위를 누려온 미국에 타의 추종을 불허하는 경쟁논리와 문화가 여전히 생생하게 살아 있다는 것을 그는 도대체 어떻게 이해하고 설명할 생각인가? 앞서 스티브 잡스 이야기를 잠깐 했지만, 미국이란 나라는 경쟁논리에 따라 회사의 이익을 위해서라면 창업자도 가차 없이 해고하는 데 익숙하다. 미국 국민이나 지도자들이 다른 나라보다 더 냉혹하고 사악해서 그런 것일까? 아니다. 그것이 바로 맘몬을 숭배하는 자본주의 자체의 생리이기 때문이다.

밥 하웃즈바르트가 잘 지적한 것처럼 자본주의 지구화의 거대한 물결 속에서 경쟁논리는 삶의 모든 영역에 널리 그리고 아주 깊이 침투하고 있다. 학교, 스포츠 기관, 심지어는 병원까지 시장의 경쟁논리를 수용하지 않으면 살아남기 어려운 지경으로 치닫고 있다. 경쟁원리는 가히 전체주의적 성격을 띠고 있다고 해도 과언이 아닐 것이다. 또한 기업은 치열한 경쟁에 살아남기 위해 정보공학을 최대한 활용하여 각종 미디어와 통신망에 연결된 인간의 마음 깊숙이 침투해 들어가고 있다. 현대인들은 거의 무방비 상태로 다양한 상품과 관련된 정보홍수에 노출되어 진정한 인간성을 상실해가고 있는 것이 오늘의 현실이다. 그 과정에서 인간의 행복한 삶에 꼭 필요하지 않을 수도 있는 새로운 희소성이 인위적으로 창출된다.[65]

문제는 경쟁논리에 철저히 맹종하는 시장은 그 희소성이 충족되도록 세계 자원을 동원하는 반면 세계의 수많은 가난한 사람들의 생존과 관련된 긴급한 필요를 채우는 일, 즉 식량과 깨끗한 물을 공급하는 데는 무심하다는 점이다. 이 문제는 정부나 구호단체들에 넘겨진다. 정부에서 도움을 받는 경우 그나마 다행이지만 구호단체를 통해 도움을 받을 경우 수혜자는 자신의 존엄한 가치를 의심하면서 상실감에 시달리게 마련이다.

다음으로, 각자가 자기 부의 축적을 최대화하기 위해 시장에 뛰어들어 필사적으로 경쟁하면 필연적으로 사회적 양극화 현상이 발생한다. 《공산당 선언》에서 자본주의의 역동성을 높이 평가한 마르크스와 엥겔스는 자본주의가 불러온 양극화 현상을 분명하게 지적한다. 자본주의 사회의 사유재산제를 폐지하려는 것에 두려움을 느끼며 비난하는 이들에게 《공산당 선언》은 이렇게 호소한다.

그러나 당신들의 현존하는 사회에서 사유재산은 이미 인구의 10분의 9에게는 폐지되어 있다. 소수에게 사유재산이 존재하는 것은 단지 이 10분의 9의 손에 사유재산이 존재하지 않기 때문일 따름이다. 따라서 당신들은 사회의 거대한 다수에게 어떤 재산도 존재하지 않는다는 조건 아래에서만 존재할 수 있는 어떤 재산 형태를 폐지하려 한다고 우리를 비난하는 셈이다.[66]

이러한 사회적 양극화는 사회의 공동체성을 심각하게 파괴한다. 그러나 자본주의를 절대적으로 신봉하는 이들은 소위 낙수이론落水理論, trickle-down theory을 내세워 그러한 비판을 피해 가려고 한다. 이미 경제적으로 풍요한 부유층이 부를 쉽게 축적하도록 도와주면 결국 부가 흘러넘쳐 가난한 사람들에게도 혜택이 돌아가게 된다는 이론이다. 앞서 언급한 것처럼, 각자가 경쟁하면서 자유롭게 자기 이익을 극대화하다 보면 결국 '보이지 않는 손'에 의해 놀랍게도 공익이 극대화된다는 것이다.

그러나 이는 역사적으로 증명된 바가 전혀 없다.[67] 프란치스코 교황은 작년 말 〈복음의 기쁨〉이라는 권고문에서 낙수효과 이론과 관련해 매우 중요한 언급을 하였다. 그는 낙수효과라는 가설은 "사실로 확인된 적이 없다"며, 그 가설은 "경제적 지배권력의 선의와 지배적인 경제체제의 신성화 작업에 대한 막연하고 순진한 신뢰를 표현한 것"에 지나지 않는다고 속 시원하게 선언했다.[68] 주류 경제학자인 새뮤얼슨마저도 애덤 스미스의 '보이지 않는 손'에 대한 서술은 정당화될 수 없다고 말할 정도이다.[69] 서구의 사회복지 국가도 시장의 보이지 않는 손에 의해 이루어진 것이 아니다. 사실은 노동자들 그리고 그와 연대한 이들의 피눈물 나는 투쟁의 산물로 얻어진 사회적 대타협의 결과일 뿐이다. 자본주의가 꽃핀 나라일수록 예외 없이 사회적 양극화는 심화되었고, 미국의 경우 수많은 노동자들의 실질임금이 떨어지고 극빈층은 늘어났다. 자본주의의 성공 사례로 자주 거론되는 한국도 예외가 아니다. 이는 우리가 오늘 직접 목도하고 있는 바이다. 자본주의 사회에서 사람은 점점 더 존엄성과 가치를 상실해가고 있다.

맘몬 숭배를 넘어서

이 책의 주 관심은 두 가지이다. 하나는 한국 교회 안에 깊이 파고들어 속으로부터 교회를 무너뜨리고 있는 자본주의적 요소의 실체를 발견해내는 것이다. 다른 하나는 그 자본주의 요소를 교회로부터 제거해내어 한국 교회로 하여금 자본주의의 유혹에서 벗어나 건강을 회복할 수 있는 길을 모색하는 것이다. 이 주제를 본격적으로 다루기 전에 본 장에서는 한국 사회가 해방 이후 자본주의의 길을 걸어왔다는 사실을 확인하고 자본과 자본주의의 본질적 성격을 살펴보았다. 한국 교회가 자본주의의 유혹과 공격에 거의 무방비 상태에 놓여 있었던 것은 이 두 가지 점을 진지하게 인식하지 못했기 때문이었다.

문제는 자본과 자본주의라는 개념 자체가 그야말로 전쟁터라는 데 있다. 서로 상반된 그룹들이 개념 정의에서 우위를 차지하거나 개념의 용도를 폐기함으로써 자신의 입장을 관철시키길 원하기 때문이다. 게다가 한국 사회의 독특한 상황 때문에 그 전쟁은 다른 어느 나라보다 치열했고 자본과 자본주의에 대한 열린 대화는 거의 불가능했다고 해도 과언이 아닐 것이다. 해방 직후 빚어진 분단, 한국전쟁, 고착화된 분단체제 그리고 냉전이 가져다준 트라우마는 자본과 자본주의에 대한 비판적 입장을 거의 용납하지 못하게 만들었다. 현실사회주의 국가의 오류와 붕괴는 자본과 자본주의를 비판하는 진보적 경제학에 대한 냉소주의가 어느 나라보다도 더 깊이 뿌리내리게 만들었다.

평화를 만들어가야 할 사명이 있는 그리스도인은 이 트라우마의 치유를 위해 눈물겹게 노력해야 한다. 사회적 약자의 권리를 지켜주는 하나님나라의 경제정의를 실현해나가야 할 책무가 있는 그리스도인은 자본과 자본주의에 대한 비판적 입장을 상대적으로 더 지지해야 한다.[70] 자본주의의 기본정신은 부의 취득과 축적을 삶의 궁극적 목적으로 여기며 그를 위한 적극적 경제행위를 덕으로 간주하는 것이다. 이는 결국 맘몬 숭배로 이어질 수밖에 없고 맘몬 숭배는 필연적으로 경쟁절대주의와 사회적 양극화를 잉태하게 된다.

이제 그러한 자본주의적 요소가 한국 교회 내에 어떻게 침투하게 되었으며 그 결과 어떤 폐해를 가져왔는가를 살펴볼 차례다.

2장

자본주의, 교회에 잠입하다

어느덧 4년 전의 이야기가 되었다. 서울 강남의 모 교회가 2,100억 원을 들여 새 예배당을 짓는다는 소식이 알려지자 그와 관련해 한 보수적인 주요 일간지의 논설위원이 자신의 칼럼을 통해 비판적인 논평을 했다. 다소 길지만 그리스도인에게 시사하는 바가 크기에 그중 한 대목을 인용해보겠다.

… 개인·기업·자치단체·교회 등은 모두 자유로운 사회의 자유로운 개체다. 그러나 다른 한편으론 공동체의 일원이다. 공동체의 일원은 공동체의 동질감이 상처받지 않도록 노력해야 한다. … 힘없고 가난한 구성원들이 박탈감과 소외감에 사로잡히면 그 공동체는 전체가 불안해진다. 교회는 어떤 구성원보다 공동체 의식에 신경을 써야 할 것이다. 그것은 교회가 가지는 탈세속의 성격 때문이다. 개인이나 기업은 어느 정도 자신을 자유 속에 방목해도 무방하다. 그러나 교회는 탈세속의 존재여서 그들과는 달라야 하지 않을까. 사람들은 세속의 불완전을 메워보려 교회에 가고 성당에 가고 절에 간다. 종교가 세속과 다르지 않다면 우리는 왜 그곳에 가는가. … 대형·부

자가 교회의 원초적 정신은 아닐 것이다.[1]

대체적으로 한국 대형교회에 우호적인 보수언론의 논설위원조차 초대형 교회건축 이면엔 교회의 세속화가 자리 잡고 있음을 간파했다. 사회경제적 약자의 존엄성을 지키고자 하는 공동체 의식을 상실하고 다른 개인과 기업처럼 자기 자유의 극대화, 즉 '대형·부자' 됨을 추구하는 한 교회의 모습을 본 것이다. 이는 교회가 자본주의 사회의 큰 흐름에 확실하게 편승한 결과이다. 이런 교회는 자본주의 사회에서 소금과 빛의 역할을 하기보다는 염려와 비판의 대상으로 전락하기 십상이다. 끝내 돌이키지 않으면 예수님께서 경고하셨던 것같이 맛 잃은 소금처럼 땅에 버려져 밟히고야 말 것이다(마 5:13).

자본주의가 한국 교회 속으로 깊이 잠입해 들어왔다고 진단하는 것은 도저히 있을 수 없는 그 무엇을 선언하는 게 아니다. 무척 애통한 일이긴 하지만 성경에 기록된 하나님 백성들의 역사를 살펴보면 그리 새삼스러운 일이 아니라는 것을 발견하게 된다. 구약시대 이스라엘 백성은 종종 주변 문화와 바알 숭배 그리고 중앙집권적 정치체제의 유혹에 넘어가 자기 정체성을 상실하곤 했다. 형식적으론 분명히 하나님을 예배하는 것처럼 보였지만 사회윤리적으로 형편없이 타락하여 내용상 하나님과 전혀 관계없는 백성으로 전락하곤 하였다(렘 7:1–11; 22:1–9). 일찍이 신약시대 교회공동체에도 부당하게 부를 축적하는 부자들이 있었고, 심지어 부자들을 우대하고 가난한 사람들을 멸시하는 시대정신을 교회 안으로까지 끌어들이는 오류를 범하기도 했다(약 2:1-4; 5:1-6).

슬프게도 오늘 한국 교회가 바로 그런 어두운 이야기를 이어가는 중이다. 마음이 많이 아프지만 이 장에서는 그 어두운 이야기를 들여다보려 한다. 이는 특정 교회나 인물을 비판하는 재미를 누리기 위함이 결코 아니다. 다만 이젠 그 슬픈 이야기를 그만 마무리 짓고 아름다운 이야기를 새로 써갈 수 있길 바라는 마음의 발로일 뿐이다.

고흐의 아픈 경험

우선 자본주의가 교회 내로 잠입해 들어오는 것은 한국 교회만의 특유한 경험은 아니라는 점을 말하고 싶다. 설마 그런 일이 어떻게 교회 내에 일어날 수 있단 말인가 하는 의구심을 풀기 위함이다. 이야기는 네덜란드의 후기 인상파 화가 고흐에게로 거슬러 올라간다. 그가 남긴 명작 〈별이 빛나는 밤〉이라는 작품의 창작 배경을 살펴보면 고흐가 자기 당대의 교회가 부패한 것을 얼마나 가슴 아파 했는가 짐작해볼 수 있다.

이 작품이 지닌 특별한 의미를 나는 스카이 제서니의 《하나님을 팝니다?》를 통해 알게 되었다.[2] 밤하늘을 표현하는 짙은 청색은 고흐에게 '하나님의 무한한 실재'를, 별과 달을 표현하는 데 사용한 노란색은 '신성한 사랑'을 각각 의미한다. 이제 산, 들판 그리고 마을의 집들과 교회를 찬찬히 들여다보자. 별과 달이 비쳐

빈센트 반 고흐, 〈별이 빛나는 밤〉

주는 하늘빛을 받아 산 아래 들판과 마을은 은은히 빛난다. 그 빛과 함께 춤이라도 추듯 집들의 창문은 노란 빛으로 밝혀져 있다. 그런데 그림 하단 중앙엔 유독 모든 창문이 까만 집 한 채가 마치 죽은 듯 서 있다. 바로 교회다. 그 첨탑은 배경인 산의 스카이라인을 뚫고 마치 하늘에 맞닿을 듯 뾰족하게 솟아 있다. 하지만 교회는 하늘로부터 오는 빛과는 아무런 상관이 없어 보인다.

고흐는 진정한 의미에서 깊은 신앙의 소유자였다. 고흐에게 소중한 것은 하나님의 아름답고 신성한 사랑, 그분의 무한한 실재 그리고 인간과 자연에 대한 깊은 사랑이었다. 그러나 당시 교회는 제도적이고 규격화된 종교라는 굴레 안에 갇혀 있었다. 고흐의 생애를 그린 영화 〈삶의 열망Lust for Life〉을 보면 그는 선교사 학교 과정을 마쳤지만 말이 어눌하다는 이유로 복음전도자의 자격을 얻지 못한다.[3]

하지만 그의 간절한 요청에 따라 프티바스메스라는 벨기에의 한 탄광촌에서 설교자의 임무를 겨우 받게 된다. 최선을 다해 첫 설교를 하지만 청중들은 그야말로 시큰둥한 표정이었다. 설교의 요지인즉, 이 땅에서의 삶은 고통스럽지만 하나님은 그런 고통을 통해 더 높고 고상한 것에 대해 가르쳐주신다는 것이었다. 청중 한 사람은 벽에 기대어 듣다가 참지 못하고 고흐에게 가볍게 손인사를 하곤 나가버린다. 고흐는 바로 설교를 끝내고 달려가 막 자기 집으로 들어가려는 그를 붙들고 몇 마디 이야기를 나누다 간곡히 부탁한다. "당신을 이해하고 정말로 돕고 싶소. 그러니 제발 당신이 살고 있는 집에 들어갈 수 있게 해주시오. 당신이 어떻게 사는지 알고 싶소." 그러자 광부는 퉁명스럽게 답한다. "우린 여기서 살지 않소. 단지 잠을 자러 여기에 올 뿐이오." 그러고는 땅을 가리키며 말을 잇는다. "저기 밑, 2,000피트 아래, 저기가 우리가 사는 곳이라오."

그 말을 듣곤 그에게 간청해 다음 날 새벽 4시에 지하 탄광으로 같이 들어간다. 그 후로 고흐는 옷가지를 비롯해 자기가 가진 것들을 나누어주며 그들의 고통에 함께한다. 그러다 보니 그의 삶의 형편도 점점 초라해졌다. 심지어 짚더미를 침대로 삼아야 할 정도였다. 처음엔 그의 설교에 냉담했던 마을 사람들에게 그는 '선한 사마리아인'으로 통했다. 하지만 그를 감독하기 위해 방문한 교회 지도자들은 그의 형편없이 초라한 모습을 보고 경악한다. 마을의 영적인 리더가 가난하고 더럽고 지저분하게 살아 교회의 품격을 떨어뜨렸다며 그에게서 설교권마저 박탈한다.

고흐는 사랑을 별에서는 발견했지만 교회에서는 발견할 수 없었다. 나중에 쓴 편지에서 고흐는 "종교(이 단어를 입에 올려도 될지 모르겠지만)가 간절할 때면 교회에 가기보다는 차라리 밖으로 나가 별을 그린다"고 토로했다.[4] 고흐는 그 깊은 실망과 아픔을 〈별이 빛나는 밤〉이라는 작품을 통해 절절히 표현한 것이다.

고흐의 그림에 묘사된 교회의 모습에서 오늘 수많은 한국 교회의 모습을 보는 것은 나만이 아닐 것이라고 생각한다. 교회가 이렇게 빛을 잃은 이유는 어디에 있을까? 교회 안으로 세상이 깊이 잠입해 들어와 똬리를 틀고 있기 때문이다. 그 세상의 실체는 바로 고흐 시대 이래로 더욱 강화되어온 자본주의 정신이다. 자본주의 정신은 앞서 살펴본 바와 같이 개인적 부의 축적을 삶의 궁극적 목적이자 최고의 가치로 삼는다. 그 가치가 교회 안으로 깊숙이 파고들어올 때 하늘의 가치는 무참히 짓밟힌다. 결국 적지 않은 교회들이 자본주의의 전도사로 전락하고 만다.

팝 아티스트인 론 잉글리시는 이 같은 현실을 풍자하기 위해 고흐의 〈별이 빛나는 밤〉을 패러디한 그림을 그렸다.[5] 제목은 〈난개발된 교외의 별이 빛나는 밤〉이다. 마을은 어디론가 사라졌고 대중적 소비문화의 표상인 맥도날드 패스트푸드 음식점과 미키마우스가 그 자리를 차지하고 있다. 교회 첨탑 위에는 맥도날드의 로고인 황금색 M자가 꽂혀 있고 거대한 킹콩이 M자를 손에

론 잉글리시, 〈난개발된 교회의 별이 빛나는 밤〉 Starry Night Urban Sprawl © Ron English

잡고 교회 지붕 위에 서 있다. 교회 창은 하늘의 별과 달의 노란 빛이 아니라 주변 가게들과 똑같은 하얀 빛으로 환하게 빛나고 있다.

과거 미 상원의회에서 사역했던 리처드 헬버슨 목사는 이런 교회의 모습을 한탄하며 아래와 같이 말한다.

> 처음에 교회는 살아 계신 그리스도를 중심에 둔 사람들의 교제모임이었다. 그러나 그 후 교회는 그리스로 이동하여 철학이 되고, 로마로 옮겨가서는 제도가 되었다. 그다음에 유럽으로 넘어가서 문화가 되었다. 마침내 미국으로 왔을 때, 교회는 기업이 되었다.[6]

물론 그동안의 복잡다단한 교회사를 지나치게 단순화한 측면이 있지만 교회 변질 과정의 핵심을 명쾌하게 짚어주는 정확한 진술이다. 교회가 기업이 되었다는 말은 단순히 대형화되었다는 게 아니라 교회가 하나님나라의 가치와 정신보다는 자본주의 가치와 정신에 더 지배당하고 있다는 뜻이다.

그의 글을 연장해서 '그리고 한국으로 왔을 때'를 덧붙인다면 우리는 어떤 결론을 내릴 수 있을까? "교회는 대기업, 아니 재벌이 되었다"라고 말할 수 있지 않을까? 실제로 전 세계에서 교인 수가 제일 많은 초대형교회 25개 중 1위부터 5위까지가 한국 교회에 있고 1위가 바로 여의도순복음교회이다. 게다가 담임목회자 세습을 갈수록 당연한 것으로 여기는 데서 알 수 있는 것처럼 자본주의적 사고방식이 교회에 깊이 침투해 들어와 있다. 그 과정에서 한국 교회는 심한 몸살을 앓게 되었다. 도대체 어쩌다 이 지경에 이르게 된 것일까?

역사적 맥락

한국 교회 안으로 자본주의가 깊숙이 들어오게 된 역사적 맥락을 다음과 같이 세 가지로 간략하게 정리할 수 있다.

첫째 맥락은 일제의 억압, 그리고 분단시대에 확산되어온 냉전적 사고다. 잘 알려진 대로 한국 개신교회 초창기에는 한국에 파송된 선교사들이 비정치적이었고 기독교인의 수가 적었음에도 정치적인 면에서 매우 활발한 모습을 보였다. 소수의 의식 있는 기독 지식인들과 대다수를 차지하는 밑바닥의 성도들이 성경을 스스로 읽으면서 자연스럽게 정치의식을 가질 수 있었기 때문이다. 그들은 일본 제국에서 애굽을 보았고 자신들의 처지에서 종살이하는 이스라엘 백성들을 보았다. 그들은 소위 정치신학이나 해방신학 같은 것은 전혀 몰랐으나 자연스럽게 모세 같은 지도자를 보내셔서 자신들을 해방시켜주시길 주님께 간구했다.[7]

그러나 이런 신앙적 흐름이 오래 지속되기는 어려웠다. 그리스도인이 중추적 역할을 했던 3·1 운동의 실패를 기점으로 하여 교회의 정치 참여의식은 하강곡선을 그리고, 대신 개인적이고 내세지향적인 신앙이 주류로 자리 잡게 되었다. 독립운동에 적극 참여했던 그리스도인의 절망, 일본의 교묘한 회유정책, 비정치적인 선교사들의 영향, 그리고 잘 정리된 정치신학의 부재가 복합적으로 작용한 결과였다. 물론 사회주의를 수용한 일군의 급진적 그리스도인들이 존재했다.[8] 영성, 그리고 진리와 정의의 힘에 대한 신념을 강조한 간디의 입장과 유사한, 보다 온건하고 점진주의적인 노선을 택한 이들도 없지 않았다.[9] 하지만 이들의 움직임은 교회의 정치적 무관심을 막아내는 데는 역부족이었다.

그런데 한국 역사에서 놀라운 사실 중 하나는 1946년 미 군정청의 조사결과에 의하면 당시 남한에서 공산주의와 사회주의에 대한 선호가 80퍼센트에 달했다는 사실이다. 그런데 어떻게 그 이후 남한은 자본주의를 향해 질주하게 되었을까? 그 중심엔 해방 후 득세한 친일세력과 월남한 그리스도인들이 있다. 해방 후

친일세력이 청산되기는커녕 오히려 미국을 등에 업고 득세하면서 자신들의 정당성을 강화하기 위해 반공이데올로기를 적극 활용하기 시작한 것이다. 슬프게도 이러한 흐름의 중심에는 초대 대통령 이승만 장로를 비롯해 적지 않은 그리스도인들이 포진하고 있었다. 신사참배를 처절하게 회개하지 못한 기독교 지도자들은 자신들의 수치심을 공산주의에 대한 증오로 감추려 했다.[10]

이런 흐름을 강화한 사람들이 바로 북한의 공산주의 치하에서 핍박받다 월남한 개신교 지도자들이다. 그들은 대체로 토지를 비롯한 사회적 자산을 소유한 층에 속했기 때문에 북한의 공산주의 지배정치권력에 자산을 강탈당한 아픈 경험을 갖고 있었다. 게다가 남한에서 자리를 잡는 과정에서 이들은 미 군정 당국으로부터 일본인이 두고 간 막대한 종교재산을 무상으로 공여받는 등의 경제적 지원을 받게 된다. 이런 일련의 과정 속에서 그들은 자연스럽게 남한의 반공주의를 강화하는 데 중추적 역할을 하게 된다.[11]

그런 와중에 한국전쟁이 발발했고 미국의 강력한 지원으로 전쟁에서 살아남게 됨으로 말미암아 남한 개신교회의 반공주의, 친미주의, 그리고 친자본주의적 태도는 결정적으로 공고화되기에 이른다. 박정희로부터 시작된 군부 독재정권은 자신의 권력을 정당화하는 과정에서 당시 세계적인 냉전체제를 적극 활용하여 반공정신을 일상화했다. 한국 개신교회의 주류는 이에 적극 가담했다. 이러한 분위기에서 노동자와 서민 등 사회·경제적 약자의 편을 조금이라도 들라치면 곧 계급투쟁 정신으로 무장된 용공주의자로 몰리기가 십상이었다. 그럼에도 불구하고 그들의 고통을 끌어안고 정치적·경제적 해결을 모색했던 이들은 본회퍼의 신학, 해방신학 그리고 민중신학 등의 영향을 받은 소수의 진보적 신앙인들뿐이었다.[12]

둘째 맥락은 기독교인의 중산층화와 교회의 사회적 신분상승이다. 군부개발독재 시절, 가난과 안보 불안에 시달리던 이들이 위로와 소망을 찾기 위해 교회로 몰려들기 시작했다. 교회는 이들의 정신적·물질적 필요를 충족시키는 설교와 가르침으로 부응했다. 사회참여와는 무관한 영혼구원의 은혜를 강조하는 지극히 개인주의적 신앙으로 지친 영혼을 달래주었다. 그런가 하면 세상에서의 경제적 성공과 번영을 약속하는 기복신앙으로 희망을 심어주었다. 그런 신앙은 국가주도 자본주의하에서 이루어지고 있던 불균형 압축성장과 여러 가지 면에서 잘 어우러졌다.[13]

자연스럽게 교회 안에는 경제적으로 성공한 사람들이 점점 더 많아졌다. 초창기와는 달리 한국 교회의 사회적 신분은 전체적으로 급격히 상승하기 시작했다. 현재 사회적 상층부로 올라갈수록 그리스도인의 분포도가 급격히 높아진다는 것은 주지의 사실이다. 일례로 18대 국회의원 296명 중 개신교인이 120명으로 40.5퍼센트, 천주교인이 74명으로 25퍼센트를 차지했다. 둘을 합하면 기독교 신자가 194명으로, 국회의원의 무려 65.5퍼센트를 구성하고 있다는 이야기이다. 이명박 정부의 전·현직 장관급 이상 종교 현황을 보면 전체 56명 중 개신교인이 19명으로 33.9퍼센트, 천주교인이 13명으로 23.2퍼센트였다. 둘을 합하면 57.1퍼센트에 이른다.[14] 이들이 한국 정치 영역을 주도하는 주요 결정권자임을 감안할 때, 대한민국은 기독교 국가라고 해도 손색이 없을 지경이다.

형편이 이렇다 보니 교회 안에서도 중상류층의 성도들과 목회자들이 실질적 주도권을 행사하는 주류를 이루게 되었다. 이들은 대부분 반공·친미·친자본으로 규정될 수 있는 기존 체제의 혜택을 입은 이들이기 때문에 자연히 변화를 원치 않는 세력이 되었다. 하여 기존 체제에 저항하는 급진적 움직임이 교회 안에서 일어날 땐 정교분리원칙을 들어 기독교인들의 행동을 저지하다가도, 기존 체제의 유지·강화를 위해서라면 종교행사로 가장한 정치적 행동이나 노골적인 공적 발언을 불사하곤 했다. 한 걸음 더 나아가 보수적인 한국 교계 지도자들은 뒤늦게 비교적 진보적인 로잔언약에 기대어 그리스도인의 사회적 책임을 주장하며 기독교정당을 출범시키기까지 했다. 겉보기엔 정치 참여 반대에서 정치 참여 찬성으로 선회한 것 같지만, 표현방식만 다를 뿐 일관성 있게 자본주의 체제를 옹호하는 정치 참여를 해온 것이다.

셋째 맥락은 현실사회주의의 붕괴와 신자유주의의 잠정적 승리다. 1980년대 말과 1990년대 초반에 현실사회주의 국가였던 동유럽과 구소련이 몰락한 것은 세계 정치·경제 판도에 지각변동을 일으켰다. 이를 계기로 자유민주주의 정치체제와 자본주의 경제체제의 결합으로 이루어진 신자유주의는 마치 역사적 진화의 최종단계인 것처럼 간주되고 찬양되기 시작했다.[15] 물론 현재의 사회체제가 완전하지 않다는 것을 대부분 인정한다. 더구나 2007-2008년 미국 금융위기는 신자유주의 경제체제에 대한 절대적 신봉에 금이 가게 했다. 그래도 여전히 미국을 중심으로 한 신자유주의 경제체제가 불안전한 인간이 도달할 수 있는 정점일 것이라는 미련을 떨쳐버리지 못하고 있는 실정이다. 여기엔 칼 포퍼와 프리드리히 하이에크를 위시한 반유토피아주의자들의 영향력이 강하게 작용하고 있다. 이들은 유토피아의 특징은 성취될 수 없는 것이기 때문에 이 땅에 하늘을 건설하려는 유토피아주의자들은 결국 지옥을 만든다고 맹렬하게 비판했다. 그들은 인간이 할 수 있는 일이란 기존의 구조나 체제를 뒤집는 것이 아니라 점진적으로 내부에 손질을 가하는 것뿐이라고 강변한다.

한국의 그리스도인 대부분은 이러한 세계적 흐름과 사고에 매료되고 압도당하고 있다 해도 과언이 아닐 것이다. 게다가 앞서 언급한 바와 같이 한국 경제는 자본주의가 주도하는 세계경제에 편입해 짧은 기간에 기적적인 압축 성장을 경험한 바 있다. 말하자면 '개천에서 난 용'이 된 셈이다. 이런 형편에서 대부분의 그리스도인들은 자본주의 정치·경제구조 안에서 내가 혹은 내 가족이 잘 살아남을 수 있는 길이 어디에 있는가에 몰두하게 되었다. 자연히 기존의 자본주의적 정치·경제구조와 제도에 대한 비판적 성찰은 그야말로 소수의 관심거리로 전락하고 말았다.

이제 이런 역사적 맥락 가운데 한국 교회 안으로 깊이 침투해 들어온 자본주의 그리고 그 배후세력인 맘몬이 교회에 어떤 영향을 미쳐왔는지 살펴볼 차례다.

3장

뒤틀린 신앙

> 바리새파 사람들이, 예수가 사두개파 사람들의 말문을 막아버리셨다는 소문을 듣고, 한자리에 모였다. 그리고 그들 가운데 율법 교사 하나가 예수를 시험하여 물었다. "선생님, 율법 가운데 어느 계명이 중요합니까?" 예수께서 그에게 말씀하셨다. "'네 마음을 다하고, 네 목숨을 다하고, 네 뜻을 다하여, 주 너의 하나님을 사랑하여라' 하였으니, 이것이 가장 중요하고 으뜸가는 계명이다. 둘째 계명도 이것과 같은데, '네 이웃을 네 몸과 같이 사랑하여라' 한 것이다. 이 두 계명에 온 율법과 예언서의 본뜻이 달려 있다"(마 22:34-40).

성경은 참으로 방대한 책이다. 하나님께서 우리에게 명하시는 말씀들도 너무 많다. 그래서 읽다 보면 뜻을 종잡지 못하고 길을 잃을 때가 있다. 예수님은 이 본문에서 우리가 길을 잃지 않도록 성경의 핵심을 정리해주신다. 물론 예수님의 말씀은 진지한 질문에 대한 답변은 아니었다. 예수님을 함정에 빠트리려고 바리새파 사람들 가운데 한 율법 교사가 예수님께 질문했다. "선생님, 율법 가운데 어느 계명이 중요합니까?" 각종 율법 간의 경중을 설정하는 것은 자신들의 전문 분야라고 생각했기 때문에 예수님이 조금 이라도 잘못 대답하면 궁지로 몰 심산이었다.

그러나 예수님은 너무나 현명하고 탁월한 대답을 하신다. 평소 유대 랍비들이 잘 인용했던 말씀인 신명기 6장 5절과 레위기 19장 18절을 묶어서 대답하신다. 첫째 계명은 전폭적으로 순수하게 하나님을 사랑하는 것이고 둘째 계명은 진실하게 이웃을 사랑하는 것이라고 말씀하신 것이다. 이 두 가지 계명이야말로 율법과 선지자를 결정적으로 떠받들고 있는 두 기둥과 같은 것이라고 해석하신다. 이 두 계명은 예수님께서 몸소 보여주신 하나님나라의 대헌장이라 할 수 있다. 하나님나라의 백성이 이 두 계명을 잘 준수할 때, 하나님나라는 아름답게 세워져갈 것이기 때문이다.

이를 누구보다도 잘 파악한 것이 자본주의의 배후세력인 맘몬이다. 맘몬은 이 두 가지를 무너뜨려야 하나님나라가 무너진다는 걸 너무나 잘 알았다. 그래서 이를 공략한다. 그러기 위해선 먼저 성경해석 방법을 뒤틀어야 했다. 이 두 가지를 제대로 읽어내지 못하게 하기 위함이다. 그런 과정을 통해 생겨난 것이 바로 기복신앙이요 값싼 은혜와 죽은 믿음이다. 기복신앙에 빠지면 첫째 계명이 무너진다. 하나님을 이용해서 자신의 탐욕을 추구하다 보면 하나님을 전폭적으로 순수하게 사랑할 수 없기 때문이다. 값싼 은혜와 죽은 믿음에 매료되면 진실한 이웃사랑의 실천을 등한시하게 된다. 이로써 뒤틀린 신앙이 교회 안에 뿌리내리게 된다. 맘몬은 이를 보며 쾌재를 부르고 있을 것이다. 이 장에서는 이 점을 깊이 성찰해보고자 한다.

앞서 허경회의 글에서 확인한 것처럼 부의 축적을 궁극적인 목적으로 절대화하는 자본주의 정신은 돈의 신, 맘몬이 호모 에코노미쿠스에게 불어넣는 정신이라 할 수 있다. 자본주의 배후에서 강력한 영향력을 행사하는 맘몬은 아주 교활하다.[1] 그리스도인에게 맘몬의 정체를 밝혀낼 수 있는 가장 탁월한 장치가 성경이라는 것을 그 누구보다도 더 잘 안다. 그래서 맘몬은 자신의 정체를 발견할 수 있도록 하는 성경 본문의 해석을 다양한 경로를 통해 뒤틀게 만든다. 이를 통해 맘몬을 숭배하면서도 하나님을 숭배하고 있는 것처럼 착시현상을 불러일으킨다. 이는 오스트리아 신경학자인 가브리엘 안톤이 발견한 특이한 실명증세, 일명 '안톤의 실명' 증세와 유사하다. 이는 시력을 잃은 사람이 자신이 보고 있다고 확신하는 증세를 말한다. 어디엔가 부딪혀 몸에 멍이 들어도 눈이 멀어서가 아니라 자신이 방심했기 때문이라고 생각한다.

예수님 당시 유대교 지도자들이 바로 이런 안톤의 실명 증세를 보였다(요 9:41). 그 이유는 그들이 하나님의 말씀을 뒤틀었기 때문이다. 대표적인 예가 안식일에 대한 하나님의 말씀이다. 그들은 안식일에 병을 고치시는 예수님을 하나님의 아들로 인식하기는커녕 오히려 신성모독의 죄목으로 그를 죽이려고 덤벼든다(요 5:1-18). 하여 예수님은 그들을 고발할 이는 자신이 아니라 그들이 희망을 걸어온 모세라고 단호하게 말씀하신다(요 5:45-47). 그들로 하여금 하나님의 말씀을 이렇게 뒤틀도록 조종한 장본인은 놀랍게도 마귀라고 못 박으신다(요 8:44).

자본주의 사회에서 마귀는 맘몬으로 행세하며 그리스도인들로 하여금 하나님의 말씀을 뒤틀도록 부추긴다. 미국의 대표적인 복음주의 사회운동가인 짐 월리스와 관련된 유명한 일화가 있다.[2] 그는 1960년대 학생운동을 하다가 회심을 경험했다. 그리고 트리니티 복음주의 신학교에 들어갔다. 1학년 시절 열정적인 친구들과 함께 특별한 목적을 갖고 신구약을 정독하기로 했다. 가난한 사람, 부와 가난, 불의와 억압 그리고 이에 대한 하나님 백성의 책임을 언급한 모든 구절을 찾아내기 위해서였다. 찾아보니 수천 구절에 이르렀다. 구약에선 우상숭배에 관한 구절 다음으로 많았는데 이 둘은 서로 연관되는 경우가 많았다. 신약 전체로 보면 16분의 1이 가난한 사람들이나 돈 혹은 맘몬에 관한 말씀이었다. 공관복음(마태복음, 마가복음, 누가복음)에선 10분의 1, 특히 누가복음에선 7분의 1이었다.

그런데 더 놀라운 것은 그들 중 그 누구도 그때까지 자신들이 자란 교회에서 이와 관련된 설교를 들어본 적이 없었다는 점이다. 이에 충격을 받은 월리스는 이 구절들을 오려낸 헌 성경책을 들고 다니며 이 성경이 바로 미국 그리스도인이 읽고 있는 '구멍 난 성경'이라고 외치며 다녔다. 그는 후에 복음적 사회참여를 강조하는 소저너스라는 신앙공동체를 세우는가 하면 월드비전과 성서공회를 통해 《가난과 정의의 성경》이라는 제목으로 성경을 출판했다. 그 성경의 특징은 억압받고 가난한 사람들을 위한 사회정의에 대한 하나님의 열정을 보여주는, 거의 3,000개에 이르는 구절에 오렌지색을 엷게 입혔다는 점이다.

아마 이런 현실은 한국 교회에도 큰 차이가 없을 것이다. 어떻게 하다 성경을 아무리 읽고 설교를 들어도 가난과 사회정의 그리고 맘몬 숭배에 대한 성경의 열정적인 가르침을 얻지 못하게 된 것일까? 그건 맘몬이 교회 안으로 은밀하게 침투해 들어와 성경 본문의 참뜻을 왜곡해버렸기 때문이다. 이를 위해 맘몬이 은밀하게 부추기는 잘못된 성경해석 방법을 신약학자 고든 피가 명료하게 정리해준다.

> 이들의 성경 사용방식은 … 세 가지 점에서 잘못되었다. (1) 핵심구절에 대한 빈약하거나 잘못된 해석, (2) 성경구절의 선택적 사용, (3) 성경의 전체적 관점을 이해하는 데 실패하는 것, 특히 신약성경 저자들의 기본적인 신학적 틀을 이해하는 데 실패하는 것 등이다.[3]

맘몬이 이렇게 왜곡된 성경해석을 통해 부추긴 신앙이 바로 기복신앙이다. 기복신앙과 맘몬 숭배는 둘 다 물질적 풍요에 실질적으로 최고의 가치를 부여한다는 점에서 서로 친화적인 관계에 놓여 있기 때문이다. 기복신앙이 교회 안에 일단 자리 잡으면 맘몬은 신앙의 이름으로 교회를 장악할 수 있다. 맘몬에겐 얼마나 편리한 상황인가?

기복신앙에 빠진 한국 교회

물론 하나님은 기꺼이 우리의 경제적 필요를 충족시켜주시는 분이시다. 예수님은 오병이어로 수천 명의 배고픈 무리를 배부르게 먹이심으로 이를 입증하셨다. 기도를 가르쳐주시면서도 하나님나라를 펼쳐가는 삶을 살아가는 데 필요한 일용할 양식을 구하라 하셨다(마 6:9-11). 이어서 하나님나라와 그 정의를 먼저 추구하는 사람에게는 하늘 아버지께서 '이 모든 것', 즉 일상생활에 꼭 필요한 먹을 것, 마실 것, 입을 것들을 주실 것이라고 확언하셨다(마 6:25-34).

그러나 기복신앙은 하나님께서 모든 신앙인에게 경제적 '필요'를 넘어 경제적 '풍요'를 반드시 제공하신다고 가르친다. 인간의 본능적 탐욕을 자극함으로써 하나님의 이름을 빙자해 맘몬을 섬기도록 만들기에 본질상 '탐욕의 복음'이다. 기복신앙의 핵심은 아우구스티누스가 일찍이 잘 정의한 것처럼 돈 자체를 향유하기 위해 하나님을 단지 이용할 뿐인 왜곡된 신앙이다. 이런 신앙을 가진 사람은 하나님을 위하여 돈을 사용하는 게 아니라 도리어 돈을 위하여 하나님을 예배한다.[4] 제서니는 이런 기복신앙의 모습은 점술로 신을 조종하려 했던 고대종교들, 그리고 예수님 당시 바리새인들의 신앙에서 발견할 수 있는 것이라며 그 공식을 명료하게 정리한다.

A를 제물로 바치고, B 기도문을 암송하며, C를 삼가면 하나님

은 D로 우리를 축복할 것이다.[5]

여기서 D는 물론 세상적 풍요, 즉 권력, 명예 그리고 부를 의미한다. 이러한 기복신앙은 하나님을 '거룩한 사탕 뽑기 기계' 혹은 '우주적인 자동판매기'로 전락시켜버린다. 그 기계의 작동방식은 아주 편리하다. 컴퓨터의 주변장치처럼 '꼽는 즉시 실행된다plug-and-play'.[6] 이런 신앙을 달리 표현하자면 과잉믿음이라 할 수 있다.

한국 교회는 기복신앙에 대한 비판을 오랫동안 귀가 닳도록 들어왔지만 슬프게도 오히려 더 위험한 상태로 빠져들고 있다는 것이 최근 한 신뢰할 만한 의식조사를 통해 객관적으로 드러났다.[7] 개신교인 1,000명을 대상으로 신앙생활의 이유를 물은 결과 '마음의 평안을 위해서'가 38.8퍼센트, '구원·영생을 위해서'가 31.6퍼센트, '건강·재물·성공 등 축복을 받기 위해서'가 18.5퍼센트 순으로 나왔다. 그래도 아직은 건강·재물·성공 등 축복보다는 마음의 평안과 구원·영생을 더 소중히 여기는 사람들이 더 많다는 데서 일말의 위로를 얻을 수 있겠다. 그러나 여기서 더 주목해야 할 점은 한국기독교목회자협의회가 잘 분석한 것처럼 2004년 조사에 비해 '구원·영생을 위해서'라는 답이 15퍼센트 포인트가량 하락한 대신 '건강·재물·성공 등 축복을 받기 위해서'라는 답변은 10퍼센트 포인트 상승해 기복적 성향이 심화되었다는 점이다. 그리고 이 통계자료에는 나와 있지 않기에 확언할 수야 없겠지만, 경험상 알 수 있듯이 이런 기복적 성향을 갖고 있는 이들이 한국 교회를 현실적으로 주도하는 그룹이라는 점이 우리를 근심케 한다.

이는 한국 그리스도인들이 머리로는 기복신앙이 다 틀렸다고 인정하면서도 사실은 더 교묘한 형태의 기복신앙을 수용해왔다는 방증이다. 목사는 복 빌어주는 일종의 샤먼으로 자리를 굳혀가고 있고, 목사와 성도들 사이에선 매력적인 동시에 치명적인 거래가 활성화되고 있다는 이야기다. 목사는 교인들이 세상적으로 성공하길 간절히 빌어주고, 그들이 성공하면 그들의 믿음을 격려하고 축하한다. 성공에 이르는 과정이 과연 정의로웠는지에 대해서 깊이 성찰하도록 진지하게 권고하는 법이 없다. 권고하더라도 아주 기본적인 기준, 예컨대 탈세 금지, 직원 처우개선 등에서 멈춘다. 기존의 경제구조, 즉 자본주의 체제 자체에 대하여 근원적인 문제를 제기하는 법은 없다. 그러기에 성공한 교인이 거액의 헌금을 하면 그 취득과정이나 출처와는 별 상관없이 하나님을 잘 믿어 축복받은 거라며 치켜세운다.[8] 교인들은 이렇게 편하게 자신들의 성공을 빌어주고 축하해주는 목사들을 '은혜로운 목회자'라며 잘 따르고 떠받든다. 그리고 자신들이 누리고 있는 물질적 풍요의 일부를 목회자들과 함께 나눈다. 좋은 자동차, 좋은 집, 목회 사례비보다 훨씬 큰 다양한 지출권 등을 선물로 안긴다. 결국 교회 안에 하나님의 진리와 정의는 설 자리가 없어지고 맘몬이 실권을 휘두르게 된다. 맘몬이 지배하는 교회가 맘몬이 지배하는 자본주의와 동맹관계를 맺는 것은 극히 자연스러운 현상이 된다. 교회는 세상과 구별하기 힘든 존재로 전락해 그 안에 썩는 냄새가 진동하게 된다.

이런 함정에서 벗어나려면 우선 기복신앙의 주요 버전들의 정체를 정확히 꿰뚫어볼 수 있어야 한다. 기복신앙은 인간의 탐욕적 본능을 자극하면서 동시에 영적 갈망을 채워줄 것을 약속하기 때문에 인류의 역사가 끝나기 전까지는 끊임없이 새로운 모습으로 등장할 것이다. 그러므로 그리스도인은 기복신앙에 대한 경계를 한시도 게을리해선 안 된다.[9]

축복의 복음

여의도순복음교회가 제시하는 순복음 신앙의 핵심은 오중복음과 삼중축복이다.[10] 기복신앙적 요소가 두드러지는 것은 오중복음 중 축복의 복음과 삼중축복이다. 순복음 신앙은 축복의 복음이 기복신앙과 다르다며 몇 가지 근거를 제시한다. 그리스도의 구원을 전제로 한다는 점, 자신이 받은 물질적 복을 남과 나누는 윤리적인 생활을 하도록 가르친다는 점, 축복의 근거를 요행이 아닌 언약에 둔다는 점, 주술에 의존하지 않고 순종하는 신앙에 근거한다는 점을 든다.[11] 이는 기독교 신앙과 무속신앙과의 차이점을 나열한 것으로서 원론적으로 타당한 논점들이다.

문제는 이러한 차이점만으로는 기복신앙의 굴레에서 벗어날 수 없다는 데 있다. 첫째, 하나님이 약속하신 물질적 축복은 신앙공동체 전체를 향한 것인데 축복의 복음은 개인주의적으로 해석하기 때문이다. 하나님은 이스라엘 백성이 하나님께 순종할 때,

그 공동체 전체가 물질적으로 축복을 받아 그들 가운데 가난한 사람이 없을 것이라고 약속하셨다(신 15:4-5). 즉, 하나님의 공동체적 축복은 하나님께서 안식년법, 희년법 등을 통해 세우신 정의로운 경제제도를 이스라엘 백성들이 함께 잘 지킨다는 것을 전제로 한 것이다. 한 개인이 스스로 신앙생활만 잘하면 그가 불의한 사회구조 속에 살더라도, 그리고 그 불의한 사회구조 속에서 다른 많은 이들이 가난의 구렁텅이로 떨어질지라도 그만큼은 부자로 만들어주겠다는 약속이 아니다. 그런데 축복의 복음은 이런 점들을 외면하고 하나님의 축복을 개인주의적인 것으로 둔갑시켜 신앙인들의 탐욕을 자극한다.

둘째, 믿음과 물질적 축복의 관계를 하나님의 언약에 따른 필연적인 함수관계로 규정함으로써 결국 기복신앙을 갖도록 유도하기 때문이다. 즉, 많은 사람들로 하여금 자신도 모르는 사이에 물질적 축복을 기대하며 예수님을 믿게 한다. 예수님 자신을 즐기는 것과 예수님을 믿어 물질적 부를 누리는 것이 교묘하게 결합되어 전자의 의미가 희미해진다. 신앙의 동기에 이기적이고 불순한 요소가 스며드는 것이다. 물론 축복받아 나누어야 한다는 점을 부연함으로써 그 불순함을 무마시키려 한다. 그러나 곧 살펴보겠지만 그건 연막효과에 지나지 않는다.

더 슬픈 사실은 믿음과 물질적 축복 사이에 필연적인 함수관계를 설정하면, 아무리 잘 믿고 열심히 살아도 사회구조 자체가 불의하기 때문에 물질적 축복을 받지 못하는 사람들에게 깊은 신앙적 상처를 안겨준다는 점이다. 실제로 조용기 목사는 2010년 2월

7일 주일설교에서 나사로를 "하나님을 잘 믿으나 상 주시는 것을 몰라 평생 거지로 산" 사람이라고 폄하했다. 이어 "예수도 잘 믿고 돈도 잘 벌고 교회도 열심히 나오고 부자가 되고 그래야 참으로 주님께 영광을 돌릴 수 있습니다"라고 역설했다.[12] 귀가 의심스러운 해석이다. 나는 수년 전 한 교회에서 그리스도인의 경제관에 대해 강의한 후 경험한 바를 잊을 수 없다. 40대 초반쯤 되어 보이는 어느 여 성도가 강의 후 목양실까지 나를 찾아왔다. 그리고 이렇게 말했다.

> 그동안 저는 열심히 믿고 열심히 살았지만 성공하지 못해서 너무나 슬프고 고달팠습니다. '아, 나는 정말 믿음이 없는 사람이구나' 하는 생각 때문에 늘 죄책감에 시달리곤 했습니다. 그런데 오늘 저는 예수를 잘 믿고 열심히 살아도 가난해질 수 있다는 말을 듣고 한없는 위로를 받았어요. 절망과 죄책의 어둠에서 벗어나게 되었습니다. 목사님, 고맙습니다.

그녀는 그렇게 말하면서 하염없이 우는 것이었다. 그건 아마도 과거에 겪었던 서러움과 새롭게 얻게 된 위로가 함께 어우러졌기 때문이었을 테다. 기복신앙을 전하는 이들은 제발 이런 성도들의 아픔에 마음의 귀를 기울여주었으면 한다. 바버라 에런라이크가 《긍정의 배신》에서 잘 밝혀준 것처럼 자본주의 사회는 아무리 긍정적 사고와 태도로 열심히 노력해도 성공하지 못하는 사람이 대다수일 수밖에 없는 구조적 결함을 안고 있기 때문이다.[13]

그럼에도 하나님은 잘 믿고 열심히 노력하는 사람들에게만큼은 특별히 신경을 쓰셔서 반드시 성공의 사다리를 타게 해주신다고 말한다면 참으로 속보이는 일, 남부끄러운 일이다. 자본주의 경제체제는 지진이나 해일의 경우처럼 믿는 사람과 안 믿는 사람, 그리고 열심히 일하는 사람과 게으른 사람을 하나하나 일관성 있게 구분할 수 없기 때문이다. 이는 노벨 경제학상 수상자로서 가장 냉정한 자본주의, 즉 신자유주의의 대부라 할 수 있는 프리드리히 하이에크마저 인정하는 바이다. 그는 자본주의 시장경제에서 성공한 사람들이 자신들이 정말로 노력한 덕분에 성공할 수 있었다고 일반화하는 것은 '과장된 믿음'이라고 말한다.[14] 그가 누누이 강조하는 바와 같이 자본주의 시장경제는 일종의 게임과 같아서 각자의 경제행위의 결과는 '부분적으로는 기술에 의해 부분적으로는 운에 의해' 결정되기 때문이다.[15] 그래서 그는 전도서 9장 11절에 빗대어 시장경제의 결과에 대해 다음과 같이 평한다.

> 너무나도 자주 우리는 "빠른 경주자라고 1등만 하는 것이 아니며, 유력자라고 전쟁에서 승리하는 것이 아니며, 지혜롭다고 식물을 얻는 것이 아니며, 명철하다고 재물을 얻는 것이 아니며, 기능이 있다고 은총을 입는 것이 아니니, 이는 시기와 우연이 이 모든 자에게 임함이라" 하는 것을 발견한다.[16]

정도의 차이야 있겠지만 자본주의 사회의 현실은 옛날에도 존재했음을 말해주는 대목이다. 이렇게 변함없는 세상의 현실을 감안할 때, 예수님께서 가난한 거지 나사로를 전혀 폄하하거나 비판적으로 보지 않으신 것은 너무나 당연한 일이다. 아니, 예수님은 오히려 그가 이 땅에서 가난으로 말미암아 고난 속에서 살았기 때문에, 죽은 후엔 아브라함의 품에서 위로를 받게 되었다고 말씀하신다(눅 16:25).

진실이 이런데도 믿음과 물질적 축복 사이에 필연적 함수관계가 있다고 주장하는 근저에는 고린도후서 8장 9절과 요한3서 2절에 대한 오독이 자리 잡고 있다.

고린도후서 8장 9절에 대한 오독

여러분은 우리 주 예수 그리스도의 은혜를 알고 있습니다. 그리스도께서는 부요하나, 여러분을 위해서 가난하게 되셨습니다. 그것은 그의 가난으로 여러분을 부요하게 하시려는 것입니다(고후 8:9).

축복의 복음은 고린도후서 8장 9절에 근거하여 예수님의 가난과 성도의 부유함의 필연적 상관관계에 대해 다음과 같이 그럴듯하게 설명한다.

이 말씀을 보면, 예수님께서 이 땅에서 가난하게 사신 이유가 밝혀져 있다. 예수님께서 가난하게 사신 것은 바로 우리에게 부요를 주시기 위함이다. 우리는 그리스도를 통하여 죄에서뿐만 아니라 가난에서도 이미 대속받았다. 만일 우리가 이 말씀의 축복을 받아 누리지 못하면 우리는 예수님께서 가난하게 사신 것을 헛되게 하는 것이 된다. 그러므로 우리는 예수님께서 이미 이루어주신 부요를 누리며 살아야 하며, 받은 바 축복을 나누어주며 사는 신앙인이 되어야 한다. 이것이 성경적인 하나님의 뜻이요, 그리스도를 영화롭게 하는 길인 것이다.[17]

그러나 이는 앞서 고든 피가 말한 바와 같이 고린도후서 8장 1–15절의 맥락을 완전히 무시함으로써 그 진의를 오히려 뒤집는 해석이다. 바울이 예수님께서 스스로 가난해지심으로 말미암아 우리를 부요케 하신 은혜를 강조한 맥락은 고린도 교회 성도들도 마케도니아 교회 성도들처럼 그 은혜에 동참하여 스스로 가난해짐으로 말미암아 예루살렘 교회의 가난한 성도들을 위해 연보捐補하도록 독려하는 데 있었다(고후 8:1–8, 10–12). 그리스도를 제대로 믿으면 반드시 부자가 될 수 있다거나 나누려면 우선 잘 믿어 부자가 되어야 한다는 점을 가르치려는 의도가 전혀 없었다.

그 분명한 증거는 바울이 고린도 교회가 본받아야 할 모델로 마케도니아 교회 성도들을 제시했다는 데 있다. 바울이 그들을 칭찬한 이유는 극한 가난 가운데서도 오히려 풍성한 구제헌금에 동참했기 때문이었다(고후 8:2). 그러나 축복의 복음에 의거하면 그들은 칭찬받을 만한 존재들이 아니다. 왜냐하면 예수님을 믿고 나서도 예수님께서 이미 이루어주신 부요를 누리며 살아가지 못하고 있기 때문이다. 그들은 아직도 극한 가난에 처해 있기에 성경적인 하나님의 뜻을 이루어드리지 못하고 있으며 그리스도를 영화롭게 해드리지도 못하고 있는 이들일 뿐이다.

축복의 복음이 범한 또 하나의 해석학적 오류는 고든 피가 잘 말한 것처럼 고린도후서 8장 9절만을 선택적으로 사용하여 거기에 너무나 많은 신학적 의미를 부여했다는 점이다. 그들의 해석에 배치되는 다른 말씀들은 전혀 고려하지 않는다. 예컨대 예수님의 헌금에 대한 가르침을 간과한다(막 12:41–44). 예수님은 부자들이 헌금을 많이 하는 것을 보았지만 겨우 두 렙돈,[18] 대략 빈약한 한 끼 식사 비용이나 1회 목욕 비용에 해당하는 돈을 헌금한 과부를 극구 칭찬하신다. 그 누구보다도 더 많이 헌금을 드렸다고 말씀하신다. 비록 액수는 적었지만 두 렙돈은 그녀의 생활비 전체였기 때문이다. 말하자면 그 역시 마케도니아 교회 성도들처럼 극한 가난 가운데 풍성한 헌금을 드린 사람이다. 축복의 복음은 이런 사람을 바울과 예수님처럼 본질적으로 칭찬할 수 없을 것이다. 가상하게 볼 수는 있겠으나 아직 신앙이 모자란 사람들로 간주할 수밖에 없기 때문이다.

축복의 복음은 더구나 고든 피가 세 번째로 언급한 해석학적 오류도 범하고 있다. 축복의 복음은 신약성경 저자들의 기본적인 신학적 틀을 이해하는 데 실패하고 있다. 성경해석학자이며 신약학자인 크레이그 블롬버그는 부와 가난이란 주제에 초점을 맞춰 구약, 신구약 중간시대의 문헌들, 그리고 신약 전체를 자세하게 연구했다. 그는 결론에서 가난과 부에 관한 신약성경 저자들의 기본적인 신학적 틀에 대해 다음과 같이 요약한다.

> 신약은 구약과 신구약 중간기 유대교가 제시했던 주요 원칙들을 그대로 이어가지만 한 가지 분명하게 제외하는 것이 있다. 그건 물질적 부가 영적인 순종이나 순전한 근면에 대한 보장된 보상으로 약속되지 않는다는 점이다. 이 원칙이 제외된 것은 하나님의 백성이 더 이상 하나님이 주신 특정 지역에 사는 한 민족으로 정의되지 않는다는 사실에서 직접 유래한다.[19]

신약 전체는 물질적 번영을 진실한 믿음에 대한 보상으로 보장해준다는 약속을 포함하고 있지 않음에도 불구하고, 축복의 복음은 단지 고린도후서 8장 9절의 왜곡된 해석에 의거해 그렇게 주장한다. 이는 명백한 오류다.

그렇다면 믿는 자들을 부요케 하기 위해서 부요하신 주 예수 그리스도께서 가난해지셨다는 말씀의 진정한 뜻은 무엇일까? 총체적으로, 그리고 신약 전체의 맥락에서 이해해야 한다. 예수님께서 가난해지셨다는 것은 하나님과 함께 누리고 있던 모든 신적 영광을 버리고 연약한 인간의 몸으로 오신 것을 의미한다(요 1:14; 빌 2:6-8). 이는 예수님의 총체적 희생을 의미하는 것이지 단순히 경제적 희생만을 의미하지 않는다. 마찬가지로 믿는 자들이 부요해진다는 것 역시 예수님의 희생적 행동으로 말미암아 구원이라는 총체적 부요함을 누리게 된다는 뜻이다. 물론 여기엔 경제적 번영도 포함되지만 그것이 전부는 아니다.

게다가 우리가 누리는 구원의 부요함에는 신약에 전체적으로 분명히 나타나는 것처럼 '이미 그러나 아직'의 차원이 있다(롬 8:17-25). 바로 그 점 때문에 구원의 부요함에 경제적인 번영을 포함시킨다 해도 그것이 바로 이 세상에서 반드시 이루어질 것인지 아닌지는 고린도후서 8장 9절만으로는 판단할 수 없는 것이다. 성경 전체를 보면 앞서 언급한 블롬버그의 결론이 합당하다는 것을 확인할 수 있다. 그래야 고린도후서 8장 9절을 기록한 바울의 고백도 바르게 이해할 수 있다.

> 근심하는 사람 같으나 항상 기뻐하고, 가난한 사람 같으나 많은 사람을 부요하게 하고, 아무것도 가지지 않은 사람 같으나 모든 것을 가진 사람입니다(고후 6:10).

> 수고와 고역에 시달리고, 여러 번 밤을 지새우고, 주리고, 목마르고, 여러 번 굶고, 추위에 떨고, 헐벗었습니다(고후 11:27).

우리를 부요케 하기 위해 예수님이 가난해지셨다고 증언한 바울 자신은 종종 기본적인 의식주를 해결할 수 없을 정도로 경제적 가난을 겪어야 했다. 자신의 말 그대로 '가난한 사람'이었다. 하지만 그는 그런 가난 속에서 오히려 많은 사람을 부요하게 했으며, 아무것도 가진 것이 없으나 사실은 모든 것을 가진 부자라고 자랑스레 이야기한다. 예수님이 우리에게 주시고자 하신 부요는 구원이 가져다주는 총체적 부요라는 점을 바울 자신이 명확히

보여주는 대목이다.[20]

이상의 논의를 종합해볼 때, 고린도후서 8장 9절에 근거하여 그리스도인은 부자가 되어 베푸는 삶을 살아야 그리스도를 영화롭게 하는 것이라고 주장하는 것이 얼마나 성경을 뒤트는 것인가를 확인할 수 있다.

요한 3서 2절에 대한 오독

> 사랑하는 이여, 나는 그대의 영혼이 평안함과 같이, 그대에게 모든 일이 잘되고, 그대가 건강하기를 빕니다(요삼 1:2).

삼중축복론의 요지는 예수 그리스도의 보혈의 능력을 힘입어 인류는 영적·환경적·육체적 축복을 누릴 수 있게 되었다는 것이다. 그리고 요한 3서 2절을 삼중축복에 대한 하나님의 놀라운 계시로 간주한다. 이 구절을 설명하면서 그리스도인에게 최우선적으로 중요한 것은 영혼이 잘되는 것이며 영혼이 잘되기 위해선 현실적인 생활 문제에만 급급하면 안 되고 그의 나라와 그의 의를 먼저 구해야 한다는 점을 분명히 한다. 바른 가르침이다. 문제는 그다음이다. 이렇게 우리의 영혼이 잘되면 하나님의 복이 우리와 같이하기 때문에 반드시 범사에도 잘된다고 주장한다. 이는 "사업이 잘되어서 윤택, 풍족한 물질적 생활을 하면서 하나님께 많이 드리고 이웃에게 많이 나눠주는 생활"을 하는 것을 의미한다.[21] 세 번째 누리게 되는 복은 육체의 강건함, 즉 질병을 치료받아 건강하게 사는 삶이다.

축복의 복음은 이 구절을 설명하면서 이 구절의 신학적 성격을 오독하고 있다. 이 구절은 사도 요한이 사랑하는 성도들을 격려하는 차원에서 그들을 위해 자기가 어떤 기도를 드리고 있는지 말해주는 대목이다. 일종의 신앙적인 덕담이다. 어떤 경우에도 반드시 실현되는 신학적 명제가 아니다. 물론 하나님 자신도 참 좋으신 아버지이시기 때문에 자기 백성들의 영혼이 잘되고, 그들이 하는 모든 사업이 번창하고, 몸도 건강하길 원하실 것이다. 그러나 실질적으로 항상 그럴 것이라는 말씀은 아니다. 만일 항상 그래야 한다면 앞서 잠깐 언급한 것처럼 바울의 가난과 몸의 연약함(고후 11:7-10)을 이해할 수 없게 된다.

요한 3서 2절 역시 성경 전체의 신학적 맥락 속에서 이해해야 그 진의를 바르게 파악할 수 있다. 타락 후 인간과 세상은 갈수록 더욱 악해졌다. 자연마저 인간의 범죄로 말미암아 그 온전함을 상당 부분 상실하게 되었다. 무차별적으로 인간에게 재앙을 안겨주곤 한다. 이는 예수님의 오심으로 완전하게 해결되지 않았다. 앞서 언급한 것처럼 예수님을 통해 임한 하나님나라는 '이미 그러나 아직'의 차원을 지니고 있다. 한낱 인간으로서 그 이유를 완벽하게 이해할 수는 없는 노릇이다. 그러나 하나님은 오래 참으시는 사랑으로 인류 역사를 이끌어가기 원하신다는 점이 그 중요한 이유들 중 하나임은 틀림없을 것이다.

하나님은 예수 그리스도를 통하여 하나님의 다스림이 얼마나 정의롭고 평화로운 것인지를(시 85:10), 얼마나 은혜와 진리로 넘치는지를(요 1:14) 귀로 듣고 눈으로 보고 손으로 만져볼 수 있도록 해주셨다(요일 1:1). 그리고 다시 우리를 기다리신다. 스스로 깨닫고 회개하고 돌이키기를! 얼마나 기다림이 간절한지 하루를 천 년처럼 여기신다. 얼마나 끈질기게 기다리시는지 천 년을 겨우 하루로 여기신다(벧후 3:8). 그 기다림의 과정에서 하나님은 아무리 악인이라 할지라도 그에게 폭력을 행하시거나 그의 자유의지를 강제로 꺾지 않으신다. 역사의 흐름을 기계적으로 조정하지 않으신다. 그래서 종종 정의롭고 선한 자가 가난과 고통을 겪고 악한 자가 도리어 권력과 부를 누리는 일이 발생한다. 하나님나라의 완성이 연기되었기에 자연 역시 온전히 치료되지 못한 상태이다. 자연재해는 사람을 가리지 않고 여전히 발생한다.

자크 엘륄은 이러한 역사의 흐름 속에서 하나님의 무력無力을 발견한다. 그러나 그 무력에 담겨 있는 하나님의 진정한 능력을 깨닫고 다음과 같이 말한다.

> 구약에서 우리는 끊임없이 하나님의 계획이 실패하는 것을 본다. 이것은 하나님이 인간을 구속하고 기계화하기를 원치 않으시기 때문이다. … 예수 그리스도와 더불어 그것은 자발적 무력無力, non-puissance의 실패다. … 성령은 백성들을 이끌어 하나님에게 복종케 하는 역사적 힘이 아니요, 역사의 흐름을 바꾸는 역사적 힘도 아니다. 성령은 모두가 절망한 곳에 희망을 주고, 이 재난 가운데서 지탱하는 힘을 주며, 이 유혹에 빠지지 않도록 명석함을 주고, 오히려 활동 중인 악한 세력을 이편

에서 왜곡시키는 능력을 준다.[22]

그러므로 신앙생활을 잘하여 아무리 영혼이 잘된다 해도 가난과 질병을 겪을 수 있고 자연재해를 당하기도 하며 세상에서 소외와 박해를 당하기도 한다. 극단적인 상황에서는 순교까지 당할 수 있다. 그러나 톰 라이트가 잘 말해준 것처럼 "성령으로부터 힘을 받은 교회가, 연약한 상태로, 고난받으며, … 오해받으며, 오판받으며, … 이 세상으로 나아갈 때", 하나님의 나라는 더욱 아름답게 펼쳐져나간다.[23] 이것이 바로 하나님의 연약함의 놀라운 역설이다.

이런 관점을 진정으로 받아들일 때에야 비로소 이른바 믿음 장이라고 불리는 히브리서 11장을 정직하게 대면할 수 있게 된다. 처음 등장하는 믿음의 사람 아벨은 믿음으로 제사를 잘 지냈지만 장수하기는커녕 그 결과로 형 가인에게 살해당했다(히 11:4, 6). 두 번째 믿음의 사람 에녹은 창세기 5장 3–32절의 족보에 기록된 인물 중 유일하게 하나님과 동행했다는 칭찬을 받았지만(창 5:22, 24), 수명은 가장 짧았다. 가장 장수한 사람은 969세까지 산 에녹의 아들 므두셀라이고, 에녹을 제외하면 수명이 가장 짧은 사람은 777세까지 산, 므두셀라의 아들 라멕이다. 그런데 에녹은 겨우 365세를 살아 라멕보다도 412년이나 적은 수명을 누렸다. 그는 영혼이 잘된 사람이었지만 육체적 축복, 즉 장수의 복은 누리지 못했다. 히브리서 기자는 믿음 장을 마무리하면서 믿음의 영웅들 중 어떤 이들은 극심한 고통을 겪었다고 길게 증언한다.

또 어떤 이들은 고문을 당하면서도 더 좋은 부활의 삶을 얻고자 하여, 구태여 놓여나기를 바라지 않았습니다. 또 어떤 이들은 조롱을 받기도 하고, 채찍으로 맞기도 하고, 심지어는 결박을 당하기도 하고, 감옥에 갇히기까지 하면서 시련을 겪었습니다. 또 그들은 돌로 맞기도 하고, 톱질을 당하기도 하고, 칼에 맞아 죽기도 하였습니다. 그들은 궁핍을 당하며, 고난을 겪으며, 학대를 받으면서, 양과 염소의 가죽을 입고 떠돌았습니다(히 11:35-37).

요한 3서 2절을 신학적 명제로 확신한다면 이런 말씀들을 이해할 길이 보이질 않는다. 실로 삼중축복을 강조하는 축복의 복음을 교리적으로 믿는 것은 하나님마저 부담스러워하실 과잉믿음이다. 바로 이 지점에서 기복신앙이 교묘하게 틈타 들어온다. 과잉믿음은 우리로 하여금 자신도 모르게 모든 일이 잘되는 것을 목적으로 삼게 만든다. 그리고 그 수단으로 영혼이 잘되도록 하나님나라와 그의 의를 추구하게 유도한다. 우리의 마음은 어느새 이 세상의 축복에 사로잡히고 만다. 예수님께서 산상수훈에서 말씀하신 진정한 축복, 즉 팔복(마 5:1-12)을 누리기를 간절히 소원하는 마음은 슬그머니 어디론가 사라져버린다. 아니 그런 복을 받지나 않을까 내심 두려워하게 되는지도 모른다.

축복의 복음이 본질적으로 기복신앙으로 규정될 수밖에 없는 마지막 이유는 축복의 복음이 종종 강조하는 나눔이 그 본질에서는 순수한 믿음에서 자연스럽게 우러나오는 진실한 사랑의 실천과 다르다는 데 있다. 진정한 나눔은 앞서 본 바와 같이 자신이 물질적 축복을 받느냐와 상관없이 오직 이웃을 향한 사랑 때문에 실천하는 것이다. 그러나 나누기 위해선 먼저 예수님을 잘 믿어 부자가 되어야 한다는 그럴듯한 논리를 내세우는 순간 나눔의 진정성은 무너지고 만다. 실질적인 면에서, 나눔은 신앙의 이름으로 물질적 풍요를 추구하는 것을 정당화해주는 부차적 행위로 전락한다. 축복의 복음이 아무리 나눔을 이야기한다 해도 기복신앙에서 벗어날 수 없는 이유가 바로 여기 있다.

야베스의 기도

브루스 윌킨슨의 《야베스의 기도》가 2001년 한국에 상륙하자 폭발적 인기를 얻으며 단숨에 기독교계 베스트셀러로 등극했다.[24] 그 후 상당 기간 동안 '야베스의 기도'는 일종의 대중적인 브랜드가 되었다.[25] 지금은 핸드폰의 구 버전처럼 시들해지긴 했지만 이 책을 통해 주류 한국 교회의 신앙적 정서와 흐름을 파악할 수 있다.

물론 야베스의 기도 자체는 전혀 문제될 것이 없다.

> 야베스가 이스라엘 하나님께 "나에게 복에 복을 더해주시고, 내 영토를 넓혀주시고, 주님의 손으로 나를 도우시어 불행을 막아주시고, 고통을 받지 않게 하여주십시오" 하고 간구하였

더니, 하나님께서 그가 구한 것을 이루어주셨다(대상 4:10).

야베스는 어머니가 고통 중에 낳은 아들로, 이 세상에 힘겹게 태어난 인생이었다. 하여 그는 하나님께 복에 복을 더해주시고, 자신의 영토를 넓혀주시고, 주님의 손으로 자신을 도우셔서 불행을 막아주시고, 고통을 받지 않게 해주시길 간구했다. 하나님은 그가 구한 것을 이루어주셨다. 하여 그는 가족 중에서 가장 존경을 받는 존재가 되어 극적인 인생역전을 경험했다. 그러면 과연 이 기도가 담고 있는 진정한 메시지는 무엇일까?

우리를 향한 하나님의 선하심에 초점을 맞춘다?

물론 윌킨슨은 자신이 해석한 야베스의 기도는 종래의 기복신앙과는 다르다고 거리를 둔다. "우리를 향한 하나님의 선하심에 대한 이러한 철저한 신뢰는 캐딜락이나 거액의 수입 혹은 하나님과의 관계를 통해 돈을 버는 물질적인 복을 구해야 한다고 말하며 인기를 끄는 종류의 복음과는 전혀 다르다"는 것이다. 이어서 자신이 발견한 야베스의 기도의 참된 뜻을 제시한다. "야베스가 구하는 복은 우리가 원하는 것을 우리를 위해 구하는 것이 아니라, 우리를 위해 하나님께서 원하시는 것에 레이저처럼 초점을 맞추어 광선을 비추며 그 이상도 그 이하도 되지 않게 하는 것이다."[26]

이것만 보면 기복신앙에 기초한 기도와는 전혀 다르게 보인다. 그러나 바로 앞면을 보면 사정이 달라진다. 그는 성경적인 복의 의미를 설명하면서 잠언 10장 22절을 인용한다. "여호와께서 복을 주시므로 사람으로 부하게 하시고 근심을 겸하여 주지 아니하시느니라."[27] 즉, 우리에게 하나님께서 원하시는 바는 부자가 되고 근심하지 않는 복을 누리는 것임을 분명히 한 것이다. 그렇다면 기복신앙적 기도와 그가 이해한 야베스의 기도와 실질적인 면에서 도대체 무슨 차이가 있단 말인가? 굳이 차이가 있다면 부를 구하되 단순히 자기 소원이나 욕망에 근거해서가 아니라 하나님이 나에게 반드시 주기 원하신다는 확신을 갖고 기도하는 것일 테다.

그러나 바로 이것 역시 기복신앙적 기도가 아니라면 무엇이 기복신앙이겠는가? 개인의 믿음과 물질적 축복 사이에 필연적 함수관계가 존재한다는 확신에 기반을 둔 기도에 다름 아니기 때문이다. 그러나 윌킨슨이 제대로 파악하지 못한 진실은 그가 의존한 잠언서조차 현실세계에선 이런 필연적 함수관계가 존재하지 않는다는 점을 분명히 하고 있다는 점이다.

잠언서에는 블롬버그가 잘 파악한 것처럼 부와 가난이라는 주제에 관해 두 가지 흐름이 긴장관계를 이루고 있다. 하나는 하나님을 잘 믿어 의롭고 겸손하게 그리고 근면하고 성실하게 살면 하나님이 약속하신 부를 누리게 된다는 관점이다(잠 10:3, 22; 12:11; 13:22, 25; 14:23; 15:6; 21:5; 22:4; 27:23-24). 다른 하나는 세상이 악하기 때문에 하나님 잘 믿어 선하고 겸손하며 정의롭게 살지라도 물질적 축복을 누리는 것이 허락되지 않을 뿐 아니라, 믿음도 없고 악한 사람들이 도리어 정치경제적으로 형통하는 경우가 종종 있다는 냉엄한 현실 인식이다(잠 13:23; 15:16; 16:8; 19:1; 23:17; 24:1; 28:6). 뉴욕 신학대학의 성서신학 명예교수인 노먼 K. 고트월드는 부와 가난을 다루는 잠언 구절들 중 전자를 반영하는 구절은 3분의 1도 안 되는 반면, 나머지 구절은 다 후자에 주목한다고 말한다.[28] 잠언은 최후심판이 이루어질 때에야 이 둘 사이의 긴장관계가 완전히 해소될 수 있다고 말한다(잠 11:4, 28; 참조 시 49:10-20; 73:17-19). 윌킨슨의 오류는 바로 이 점을 놓친 데 있다.

기도하지 않아서 복을 받지 못한다?

또한 윌킨슨은 천국을 경험한 존의 이야기를 들려준다. 그는 베드로를 졸라서 어느 커다란 창고 같은 건물을 구경하게 되었다. 그 거대한 건물에는 바닥에서 천장까지 선반이 빼곡히 들어차 있었고 각 선반에는 이름이 적힌 빨간 리본이 묶인 하얀 상자들이 깔끔하게 정돈되어 있다. 자기 이름을 발견한 존은 흥분된 마음으로 상자 뚜껑을 열었다. 존의 입에선 깊은 한숨이 새어 나왔다. 그 상자에는 하나님께서 존에게 주기 원하셨지만 존이 기도하지 않아서 주시지 못한 복이 가득 들어 있었기 때문이다. 이 이야기를 들려주며 윌킨슨은 "구하라 그러면 너희에게 주실 것이요"(마 7:7)라는 예수님의 말씀과 "너희가 얻지 못함은 구하지 아니함이요"(약 4:2)라는 야고보 사도의 말씀을 인용한다.[29] 여기서도 그는 인용한 말씀들을 본래의 맥락과 전혀 관계없이 기복신앙적 기도와 연결시키고 있다. 바울의 경우처럼 간절히, 그리고 진실하게 기도해도 하나님의 뜻이 아니면 기도 응답이 안 되는 경우가 얼마든지 있다는 점을 놓친다(고후 12:7-10).

복을 받으려면 회개가 중요하다?

《야베스의 기도 그 후》에서 윌킨슨은 자신이 해석한 야베스의 기도가 기복신앙과 다르다는 점을 다시 강조한다. 그 근거로 복을 구하기 전에 죄를 회개하고 하나님이 원하시는 대로 구해야 한다는 점을 부각시킨다. 그러나 설사 그런 조건을 충족시킨다 해도, 어쨌든 하나님이 원하시는 복에 이 세상에서 누릴 수 있는 물질적·육체적·사회적 복을 포함시키고 하나님이 반드시 그 복을 주신다고 믿고 가르치면 기복신앙의 혐의에서 벗어날 수 없기는 마찬가지다. 세상적 복은 하나님이 아무리 우리에게 주시기 원하신다 할지라도 앞서 언급한 이유들 때문에 야베스의 기도를 드리는 자가 누리지 못할 수 있기 때문이다. 과잉믿음은 언제나 기복신앙을 낳게 된다. 죄를 회개하고 하나님이 원하시는 복에 초점을 맞춘다고 하지만 그것 역시 결국 세상적 복을 누리기 위한 수단으로 둔갑해버리고 말기 때문이다. 순수하고 진실한 그리스도인은 자신이 하나님나라와 그 의를 추구하는 데 꼭 필요한 것을 반드시 공급하시는 하나님을 믿고 구해야 한다. 그 이상의 것도 구할 수야 있겠지만 하나님의 응답에 대해 자유로워야 한다. 그것은 불신앙이 아니라 하나님의 통치방식에 대한 겸허한 믿음의 표현이다.

그렇다면 우리는 다시 질문해야 한다. 과연 야베스의 기도가 기복신앙적 내용을 담고 있을까? 그 기도는 얼마든지 다르게 해석될 여지가 충분하다. 야베스는 어머니가 고통 가운데 낳은 존재이다. 게다가 야베스란 이름은 '슬퍼하다'는 뜻을 지닌 어근에서 파생된 단어로 추정된다. 태어나는 순간부터 고통과 슬픔의 그림자가 그에게 드리웠다. 그렇게 태어난 그는 불의한 세상에서 고난 가운데 억울한 삶을 살았을 가능성이 매우 높다. 야베스는 이기적 행복을 위해서 기도한 것이 아니라 억압과 불의로 가득한 세상에서 하나님의 도우심을 힘입어 땅에 대한 정당한 권리, 인간의 존엄성과 적절한 품위를 찾을 수 있도록 기도한 것이다. 부당한 고통으로부터의 해방을 원했다. 그렇다면 이 기도는 정의를 위한 기도이지 단순히 자기 유익을 위한 기복신앙적 기도가 아니다. 하나님은 그의 정의로운 기도를 들으시고 응답하셨다.

백번 양보해서 야베스의 기도에 기복신앙적 요소가 담겨 있다 해도 성경 전체의 맥락에서 자리매김해야 한다. 하나님은 인간의 연약함을 너무나 잘 아시고 자신의 백성을 단계적으로 훈련시키는 분이시다. 야베스의 기도에 하나님께서 응답해주신 것은 그 기도가 대단히 성숙한 기도여서가 아니다. 다만 야베스의 영적 수준에 걸맞게 하나님께서 응답해주신 것이다. 그렇다면 야베스의 기도는 성숙한 그리스도인에게 모범적인 기도의 모델이 될 수 없다. 그리스도인이 이상적인 모델로 삼아야 할 기도는 예수님께서 제자들에게 가르쳐주신 기도이다(마 6:9-13; 눅 11:2-4). 제자들의 기도는 최우선적으로 하나님 아버지의 이름의 영광, 그의 나라의 확장, 그리고 그의 뜻의 실현에 관심이 있어야 한다. 자신의 물질적인 문제와 관련해서는 하나님나라를 구하는 삶을 살아가는 데 꼭 필요한 일용할 양식을 구할 뿐이다. 이런 기도에는 기복신앙적 요소가 틈탈 여백이 전혀 없다. 기복신앙의 원형으로 포장되고 왜곡된 야베스의 기도에 혼을 뺏긴 한국 교회는 주기도문의 정신을 회복해야 한다.

깨끗한 부자론

세 번째 신중하게 살펴봐야 할 매우 세련된 기복신앙의 버전은 김동호 목사의 깨끗한 부자론, 소위 신청부론新淸富論이다. 2001년에 김동호 목사의 《깨끗한 부자》가, 2003년에는 김영봉 목사의 《바늘귀를 통과한 부자》가 출판되면서 한국 교계에선 청부론을 놓고 열띤 논쟁이 벌어졌다.[30] 하지만 김동호 목사는 이런 논쟁 과정에서 자신의 논점을 수정할 의지를 전혀 보이지 않은 것으로 보인다.[31] 더구나 김동호 목사의 깨끗한 부자론은 상당수의 그리스도인들에게 여전히 강한 영향력을 미치고 있는 것으로 보인다. 이런 형편에서 벗어날 수 있기를 간절히 바라는 마음으로 깨끗한 부자론에 대한 내 생각을 간단히 피력하고자 한다. 김동호 목사의 주장 중에는 공감할 수 있는 대목들이 있지만, 깨끗한 부자론을 시작 내지는 중간단계로 설정하지 않고 최선의 목표로 제시함으로써 기복신앙의 범주에 머무르고 있다는 점에 초점을 맞출 것이다.

깨끗한 부자론은 물질적 성공을 축복이라기보다는 일종의 은사로 간주한다. 깨끗한 부자는 소유에서 만족을 얻는 소유형 인간이 아니라 진정한 사람됨에서 기쁨과 행복을 찾는 존재형 인간이다. 성공에 이르는 과정에서 정직하게 살아야 한다. 성공한 다음에는 획득한 부 중에서 하나님의 몫과 이웃의 몫, 예컨대 적어도 34.8퍼센트를 확실히 떼어놓아야 한다. 34.8퍼센트는 매년 드리는 십일조(10퍼센트), 가난한 사람들을 위해 3년마다 드리는 십일조(3.3퍼센트) 그리고 가난한 사람들을 위해 남겨두어야 하는 작물(21.5퍼센트)에서 힌트를 얻어 합한 것이다.[32] 부자와 강한 사람이 가난한 사람과 약한 사람을 돌보는 흐름이 있을 때 거기에 생명이 있고 하나님나라가 시작된다. 깨끗한 부자란 그렇게 하나님과 이웃의 몫을 제외하고도 남는 65.2퍼센트의 부가 상당한 규모이기 때문에 자유롭게 부를 누리며 살 수 있는 사람이다. 깨끗한 부자론은 이러한 사람을 바람직한 그리스도인상으로 제시한다.[33]

앞의 간략한 소개에서 볼 수 있는 것처럼 깨끗한 부자론에는 기복신앙으로 규정하는 것을 주저하게 만드는 다양한 장치들이 들어 있다. 그러나 더 깊이 들어가 보면 그 본질과 내용에서 여타 기복신앙과 크게 다를 바가 없음을 발견하게 된다.

부는 축복이 아니라 은사?

물질적 성공을 축복이 아닌 은사로 간주한다고 해서 그 자체로 기복신앙적 성격을 제거할 수 있는 것은 아니다. 부를 축복으로 생각하든 은사로 간주하든 결국 중요한 것은 부의 소유자 자신이 자기 몫으로 얼마를 남길 것이며 그렇게 남겨진 부에 대하여 어떻게 생각하느냐이기 때문이다. 예컨대 부를 축복으로 여기는 사람이 부를 은사로 여기는 사람보다 오히려 자기 몫을 적게 남길 수도 있다. 기복신앙의 핵심은 자기가 누리는 필요 이상의 부를 신앙적으로 신학적으로 정당화하는 데 있다. 《깨끗한 부자》의 결론을 보면 그런 흐름이 분명히 포착된다.

> 그렇게 되면 우리는 이 땅에서 부자도 되고 권력자도 될 것이다. 세상의 부자와 권력자와는 달리 다른 사람들을 축복하며 하나님의 영광을 드러내는 그런 부자와 권력자가 될 것이다. 나는 우리 모두 이런 복을 받을 수 있기를 전심으로 바란다.[34]

김동호 목사는 부를 이미 은사로 규정했음에도 불구하고 결론에선 "다른 사람들을 축복하고 하나님의 영광을 드러내는 그런 부자", 즉 깨끗한 부자를 복 받은 사람이라고 전제하고 모든 그리스도인이 그런 복을 받을 수 있기를 전심으로 바란다고 강조한다. 단편적으로 썼던 글을 한 권으로 묶다 보면 용어 사용에서 일관성을 상실할 수 있는 위험성은 누구에게나 있다. 하지만 문제는 '복'이란 단어를 '은사'란 단어로 대체한다 해도 이 문장의 본질적 성격엔 영향을 미치지 못한다는 사실이다. 기복신앙 여부는 부와 성공이 신앙인의 삶에 실질적으로 차지하는 위치와 무게,

그리고 그에 대한 신학적 정당화로 판별되는 것이기 때문이다.

어쨌든 결과적으로 부를 누리며 사는 것을 신앙적·신학적으로 정당화해주면서 그런 삶을 모든 그리스도인이 추구해야 할 이상형으로 제시한다면 그것을 설령 은사의 관점에서 설명한다 해도 기복신앙의 범주에서 벗어날 수 없다. 하나님나라와 그의 정의를 추구하는 그리스도인이라면 빈부의 차가 극심한 불의한 세상에서 차마 부를 풍성하게 누릴 수가 없다. 금욕주의 정신 때문이 아니다. 오히려 그 반대이다. 인간이 자신을 실현하며 풍성한 삶을 누리기 위해선 물질적 자원, 즉 부가 필요하다. 그렇지 않다면 하나님께서 문화명령을 우리에게 주실 이유가 없다(창 1:28). 그러기에 가난한 사람들이 필요한 부를 누리지 못하는 것이 큰 고통으로 다가오는 것이다. 그리스도인이 스스로 가난한 삶을 택하는 것은 이웃과 함께 누리기 전까진 부를 차마 누릴 수 없는 사랑 때문이다. 그런 가난이 바로 복음적 가난이다. 물론 깨끗한 부자를 복음적 가난으로 나아가기 위한 징검다리 과정으로 제시한다면 교육적·목회적 차원에서 용인하고 격려할 수 있을 것이다. 그러나 깨끗한 부자를 이상적인 그리스도인상으로 제시한다면 문제는 달라진다. 부를 축복이라 하지 않고 은사로 표현한다 해도 이미 기복신앙의 범주로 넘어간 것이다.

깨끗한 부자는 존재형 인간?

김동호 목사는 깨끗한 부자를 존재형 인간으로 규정함으로써 신앙적 딜레마에 부딪히자 이를 풀기 위해 성경을 잘못 해석하게 되고 결국엔 기복신앙의 특징인 과잉믿음을 보여준다. 깨끗한 부자를 존재형 인간으로 제시한 것은 소유형 인간을 부추기는 기복신앙과 차별화하기 위함이다. 그러나 문제는 존재형 인간으로 살기로 결심한다면 깨끗한 부자가 되기가 결코 쉽지 않다는 데 있다. 악하고 불의한 세상에서 진실한 믿음으로 정직하게 살다 보면 가난해질 수 있다는 점을 김동호 목사도 인정할 뿐 아니라 그런 가난은 부끄러운 것이 아니고 자랑스러운 것이라고까지 말한다.[35] 그렇다면 존재형 인간에게 깨끗한 부자란 보편적 목표나 이상이 될 수 없으려니와 되어서도 안 된다.

하지만 김동호 목사는 이미 언급한 바와 같이 깨끗한 부자를 모든 그리스도인이 도달할 수 있는 이상적 목표로 제시한다. 여기에 김동호 목사의 딜레마가 있다. 그는 이 딜레마를 해결하기 위해 예수님으로부터 천국열쇠를 받아낼 수 있는 철든 신앙, 반듯한 신앙을 제시한다(마 16:19). 즉, 돈과 권력 그리고 세상에 대해 반듯한 믿음의 자세를 갖추면 예수님께서 즉시 천국열쇠를 주셔서 우리로 하여금 하나님의 것, 즉 돈과 권력을 마음껏 누리고 사용할 수 있게 해주신다는 것이다. 이에 근거해서 김동호 목사는 '진리대로 살면 밥을 먹을 수 없다'는 식의 패배주의적인 불신앙에서 벗어날 것을 촉구한다.

하지만 그의 주장은 기독교 윤리학자 이상원 교수가 잘 보여준 것처럼 천국열쇠의 용도에 대한 잘못된 해석에 근거를 두고 있다.[36] 예수님이 약속한 천국열쇠는 복음전파를 통해 이 땅에 하나님나라가 펼쳐지도록 문을 활짝 열어주는 열쇠를 말하는 것이지,

깨끗한 부자와 권력자가 되도록 문을 열어주는 열쇠가 아니다. 게다가 누구든지 믿음의 철만 들면 하나님께선 반드시 그에게 자신의 부와 권력을 마음껏 사용할 수 있게 해주신다고 주장하는 것은 과잉믿음의 발로이다. 바로 그 지점에서 깨끗한 부자론은 기복신앙의 범주로 전락하게 된다. 기복신앙의 핵심은 물질적 축복을 하나의 가능성으로 제시하지 않고 참된 믿음에 반드시 따라오는 결과로 제시하는 과잉믿음에 있기 때문이다.

김동호 목사의 과잉믿음은 자신의 의도와 무관하게 가난한 주의 신실한 사람들을 믿음의 철이 들지 못한 사람으로 폄하하는 결과를 낳는다. 또한 자랑스러운 가난을 인정했던 자신의 말과도 배치된다. 기복신앙의 혐의에서 벗어나려면 깨끗한 부자를 더 이상 모든 그리스도인들이 추구해야 할 보편적 이상, 반드시 이루어질 수 있는 목표로 제시해선 안 된다. 하나의 가능성 정도로 열어놓아야 하고 그것마저도 더 성숙한 삶, 즉 복음적 가난의 삶을 향해 가기 위해 잠시 거쳐 가는 단계로 제시해야 한다.

하나님과 이웃 몫으로 34.8퍼센트는 아주 높은 목표?

깨끗한 부자론은 매우 높은 수준의 나누고 베푸는 삶을 강조하지만 바로 그 점 때문에 역설적으로 기복신앙적 요소를 신앙적·신학적으로 강화한다. 일단 주목해야 할 점은 축복의 복음, 《야베스의 기도》, 그리고 곧 다루게 될 《긍정의 힘》도 나누고 베푸는 삶을 권한다는 점이다. 다만 《깨끗한 부자》는 이웃의 몫으로 매우 높은 수준인 24.8퍼센트를 구체적으로 제시한다는 점에서 다르다. 말이 쉽지 24.8퍼센트를 이웃의 몫으로 떼어놓는다는 건 보통사람들에게 매우 어려운 일이다. 그야말로 손 떨리고 가슴 떨리는 일이다. 그럼에도 불구하고 그것만으론 깨끗한 부자론이 여타 기복신앙과 본질적으로 다르다고 평가할 수 없다. 아니 역설적으로 바로 그 점 때문에 깨끗한 부자론이 기복신앙의 함정에서 벗어나기가 더 어렵다고 말하는 것이 진실에 가깝다.

"이웃을 위해 내 부의 24.8퍼센트를 나누고도 벤츠를 타고 다니고, 좋은 집에서 살고, 해외여행도 자유롭게 다닐 수 있는 형편이 된다면 얼마나 좋을까? 나도 그런 부자가 됐으면 좋겠다." 이런 생각으로 부자가 되길 위해 기도하고 또 그렇게 노력한다면 이는 기복신앙일까, 아닐까? 깨끗한 부자론은 그런 그리스도인을 현실세계에서 가능한 최선의 신앙인이라고 격려할 것이다. 그러나 나는 그런 식으로 격려해선 안 된다고 생각한다. 왜냐하면 그런 생각과 태도는 기복신앙을 내 존재 속에 더 깊이 각인시킬 것이기 때문이다. "이웃을 위해 24.8퍼센트를 힘들게 베풀었으니 하나님의 몫 10퍼센트까지 제외하고 남은 내 몫 65.2퍼센트는 마음껏 누려도 괜찮아"라고 스스로 신앙적·신학적으로 확신할 것이기 때문이다.

"아니, 34.8퍼센트를 하나님과 이웃 몫으로 드린 사람은 자기 몫 65.2퍼센트도 호의호식하는 데 쓰지 않고 잘 쓸 거야"라고 쉽게 말한다면 이는 우선 일관성의 결여라는 문제를 낳는다. 《깨끗한 부자》는 34.8퍼센트를 하나님과 이웃 몫으로 떼놓은 사람이라면 그가 자기 몫으로 호의호식한다 해도 칭찬받고 격려받아야 한다고 반복해서 말한다. 물론 여기엔 34.8퍼센트라는 높고 힘든 기준을 지키도록 격려하고픈 목회자의 심정이 반영되어 있다고 생각한다. 그러나 문제는 그가 나머지 65.2퍼센트로 정말 호의호식하는 데 집중할 경우 그를 지도할 명분이 없어진다는 점이다. 똑같은 행동을 놓고 "괜찮다, 잘하는 것이다" 하고 격려했다가 어느 순간 "아니다. 그러면 안 된다"라고 말하는 것은 설득력 없는 일이다. 일관성을 상실했기 때문이다.

그리고 한 걸음 더 나아가 34.8퍼센트를 하나님과 이웃을 위해 떼놓은 사람은 자기 몫 65.2퍼센트도 호의호식하는 데 쓰지 않고 잘 쓸 거라고 막연히 기대하는 것은 무책임하고 위험한 일이다. 누가 보더라도 34.8퍼센트는 매우 높은 기준이다. 바로 그 점 때문에 정말 힘들게 그 기준을 충족시킨 사람이 65.2퍼센트를 호의호식하는 데 쓰지 않기는 불가능에 가까운 일일 것이다. 자신도 모르는 사이에 하나님과 이웃 몫 34.8퍼센트는 내 몫 65.2퍼센트에 대한 누림의 권리를 신앙적·신학적으로 정당화하는 역할을 하게 될 것이기 때문이다. 내 몫을 누리는 삶은 탐욕과는 무관하게 된다. 마침내 깨끗한 부자는 탐욕의 노예로 전락하면서도 자신은 신앙적인 사람으로 착각하게 된다. 예수님 당시 많은 바리새인들이 바로 이런 함정에 빠졌다. 그래서 누가는 그들을 '돈을 좋아하는 사람'이라고 묘사한다(눅 16:14). 매우 심오한 성찰이다.

그래서 하나님의 온전한 명령을 아무리 높은 기준이라 할지라도 구체적 규율로 환원시키는 율법주의는 언제나 위험하다. 여전히 탐욕의 노예가 되어 있으면서도 자기 의에서 비롯되는 신앙적 안도감과 신학적 확신을 갖게 만들어주기 때문이다. 바로 이런 맥락에서 모든 기복신앙은, 물론 정도의 차이가 있겠지만, 본질적으로 율법주의와 통하게 되어 있다. 둘 다 인간의 탐욕을 신앙적·신학적으로 정당화해준다는 점에서 그렇다. 그러므로 호의호식하는 삶에서 진정으로 자유로워지기 원한다면 둘 중 하나를 선택해야 한다. 하나는 34.8퍼센트가 보통 사람들에게 비록 높은 수준이긴 하지만 그래도 충분한 목표로 고정시키지 않고 더 높여가기 위한 출발점으로 삼는 것이다. 다른 하나는 애당초 기준을 세우지 않고 복음적 가난의 삶을 살기로 결단하고 주님의 은혜를 간구하며 살아가는 것이다. 이는 자기 자신을 위해선 하나님나라와 그 의를 추구하며 살아가는 데 꼭 필요한 것만으로 만족하며 살기로 결심하고 그렇게 살아갈 수 있는 힘은 오직 주님께로부터 옴을 한시도 잊지 않고 주님을 의지하며 사는 것을 의미한다.

승리주의?

깨끗한 부자론은 여타 기복신앙처럼 승리주의를 옹호함으로써 다양한 오류에 빠진다. 승리주의란 그리스도께서 이미 세상을 이기셨기 때문에 그리스도인도 세상에서 반드시 승리할 수 있으며 그렇게 승리해야 이웃을 위해 풍성하게 나누고 베풀 수 있다는 주장이다. '공부해서 남 주자! 부자 돼서 많이 나누자!'는 것이다. 거기에 무슨 문제가 있단 말인가? 너무나 좋은 일 아닌가? 매우 설득력 있어 보이는 주장이다.

그러나 승리주의의 첫 번째 오류는 가난한 사람이 부자보다 더 의미 있는 나눔과 베풂의 삶을 살 수 있다는 점을 간과한 것이다. 이는 앞서 언급한 것처럼 마케도니아 교회 성도를 칭찬한 바울과 두 렙돈을 헌금으로 드린 과부를 칭찬하신 예수님의 정신과 배치되는 것이다. 가난한 사람은 가난한 것만으로도 힘들고 슬픈데, 나눌 수 없는 사람으로 전락하여 그 도덕성과 영성마저 무시당하게 되는 결과를 낳게 된다. 김동호 목사는 부자가 가난한 사람을 도울 때 거기에 생명이 흐르고 하나님나라가 이루어진다고 말한다. 그렇다면 가난한 사람들은 생명이 흐르게 하는 하나님나라의 역사에 동참하지 못하는 불쌍한 존재가 되는 셈이다. 그러나 성경은 하나님나라의 생명력은 가난하든 부요하든 사랑으로 자신과 자신의 모든 것을 기꺼이 내주는 곳에서 나타난다고 말한다.

승리주의가 범하기 쉬운 두 번째 오류는 모든 기복신앙의 경우에서처럼 예수님이 경고한 돈 자체의 위험성에 대하여(마 6:24) 충분히 인식하지 못하게 만든다는 점이다. 물론 김동호 목사는 그리스도인은 돈을 버는 과정에서 정직하고 정의로워야 한다고 경고한다. 이는 돈의 위험성, 즉 돈에 대한 탐욕 때문에 불의한 방법까지 사용하고픈 유혹이 생긴다는 것을 염두에 둔 권면이다. 하지만 그는 여전히 돈 자체는 중립적이며 수동적이라고 생각하는 경향이 많다. 이는 그가 돈은 선한 것도 아니고 악한 것도 아니며 '돈은 그냥 돈일 뿐'이라고 자주 말하는 데서 잘 드러난다.[37] 그는 중립적이고 수동적인 돈이 깨끗한 부자에 의해 선한 용도로 사용될 수 있다고 너무 쉽게 믿는다.

그러나 다음 장에서 살펴보겠지만 돈은 결코 그렇게 만만한 존재가 아니다. 돈은 인간의 욕망과 밀착되어 있다. 그 밀착도가 너무 강하기 때문에 돈은 인간과 관계를 맺는 순간 단순히 수동적인 물질 차원을 넘어선다. 우리의 가치관, 비전, 인격, 그리고 심지어는 성경을 보는 관점과 신앙의 내용까지 변질시킬 수 있는 영적인 힘을 지닌다. 깨끗한 부자는 이 점을 간과함으로써, 예수님께 나아왔던 젊은 부자 관원이 빠져 있던 함정에 빠지기 쉽다. 그는 자신이 신앙의 힘으로 돈을 적절하게 통제하고 있다고 굳게 믿고 있었다. 하지만 예수님과의 대화에서 드러난 진실은 그의 신앙마저 이미 돈의 노예가 되어버리고 말았다는 점이다(마 19:16-30; 막 10:17-31; 눅 18:18-30).

마지막으로 승리주의적 관점은 하나님나라의 급진성을 제대로 파악하지 못하게 만들어 결국 자본주의와 친화적인 관계를 맺게 한다. 성공하여 세상을 바꾸려면 일단 성공의 자리에 오르는 것이 급선무가 될 수밖에 없다. 성공의 자리에 오르는 데 집중하다 보면 자신의 개인적 도덕성에는 신경을 쓸지 모르지만 사회적 상승을 가능케 해주는 구조와 제도 자체는 마치 공기를 들이마시듯 자연스럽게 그리고 무의식적으로 받아들이기가 쉽다. 구조와 제도까지 근본적으로 바꿔가면서 성공을 일구어낸다는 것은 거의 불가능에 가깝다는 것을 본능적으로 알아차리기 때문이다. 그런 인식은 결국 하나님나라의 급진적 전망을 보지 못하게 만든다. 아니 한 걸음 더 나아가 자신의 자세와 태도를 정당화하는 방식으로 하나님나라를 이해하도록 자기 자신을 유도해간다.

예컨대 앞서 간단하게 언급한 것처럼 김동호 목사는 하나님나라의 생명력은 건강한 사람, 부자 그리고 권력자로부터 도움의 손길이 병약한 사람, 가난한 사람 그리고 약한 사람에게 미칠 때 나타난다고 말한다. 이런 식으로 이해하면 하나님나라와 자본주의는 근본적인 면에서 충돌할 일이 별로 없어진다. 자본주의 사회구조에서 성공한 깨끗한 부자들이 나누고 베풀기만 하면 바로 그 안에서 하나님나라의 생명이 흐르게 만들 수 있기 때문이다. 자본주의에 내재되어 있는 구조적 불의를 타파하기 위한 노력은 깨끗한 부자의 지평에서 사라진다.

물론 하나님나라는 깨끗한 부자론이 추구하는 생명의 흐름을 포함한다. 그러나 한 걸음 더 나아간다. 몸의 건강 여부는 대부분 선천적으로 주어지는 것이지만 빈부격차에는 사회구조적 요인이 있음에 주목한다. 생산과 교환의 과정 자체에 사회적 불의가 있음을 예리하게 인지한다. 예수님은 안식일과 성전체제의 불의를 보았다. 당시 지배계급은 그 체제를 통해 자신의 권위와 정당성을 확보하고 그를 바탕으로 해서 자신들의 부를 축적했다. 그래서 예수님은 성전을 청결케 하시면서 하나님 아버지의 집, 만민이 기도하는 집을 강도의 소굴이요 장사하는 집으로 전락시켰다고 분노하셨다(마 21:12-13; 막 11:15-19; 눅 19:45-48; 요 2:13-22). 마리아의 찬가처럼, 자신이 정치적 권력을 기득권층에게서 빼앗아 힘없는 사람들에게 돌려주고, 부자들과 가난한 사람들의 경제적 지위를 뒤바꾸는 분이심을 예언자의 상징적 행동으로 보여주셨다(눅 1:52-53).

이처럼 하나님나라에는 정치경제적 약자를 살려내기 위해 억압적인 사회구조를 뒤집는 급진성이 있다. 물론 하나님나라의 급진성은 그리스도인들이 처해 있는 사회적 현실의 한계라는 벽에 부딪히기 때문에 완벽하게 실현될 수는 없다. 하지만 하나님나라의 급진적 전망을 품고 사회적 현실에 끊임없이 도전하는 것과 깨끗한 부자의 경우에서처럼 미리 기존의 사회적 틀을 수용하고 그 안에서 최선을 다하는 것 사이에는 큰 차이가 있다.

깨끗한 부자론은 세련된 만큼 역설적으로 더 위험한 면이 있다. 이를 잘 간파한 고세훈 교수는 《바늘귀를 통과한 부자》의 서평에서 "깨끗하고 떳떳한 내 몫의 '부富'가 가능하다고 생각할 때 우리의 행보는 이미 '넓은 길'에 들어서기 시작한 것"이라고 예리하게 경고한다.[38]

긍정의 힘

기복신앙의 맥락에서 가장 최근 한국 교회뿐 아니라 일반 시민의 마음을 사로잡아온 책이 바로 조엘 오스틴의 《긍정의 힘》이다.[39] 이 책을 출판한 두란노는 두 가지 면에서 저자 자신보다도 저자의 의중을 잘 표현했다는 생각이 든다. 하나는 '긍정의 힘'이라는 제목 선정이다. 원제인 *Your Best Life Now*(직역하면 '지금 바로 당신에게 최고의 삶을!')보다 훨씬 더 책의 요지를 잘 표현했다. 다른 하나는 짤막한 저자 소개 글을 통해 책의 성격과 본질을 잘 요약해준다는 점이다.

그는 죄인더러 회개하라고 닦달하거나 소리치지 않는다. 정치와 주요 정책보다 철저히 성경 중심으로 돌아가, 희망과 자기계발에 관한 참신하고도 설득력 있는 복음을 전하고 있다.[40]

복음에 대한 왜곡

두란노는 오랫동안 한국 교계에 상당한 영향력을 미쳐온 기독교출판사이다. 그렇게 볼 때 이 소개문은 두란노라는 한 출판사를 넘어 주류 한국 교회가 복음을 어떻게 이해하고 있는지를 반영하고 있다고 해도 무리가 아닐 것이다.

첫째, 복음을 믿는 데 진실한 회개가 너무나 중요하다는 점을 약화시킨다. 성경은 예수님이나(막 1:14-15) 바울이나(행 20:21) 복음을 진실하게 믿을 수 있도록 먼저 회개할 것을 간절한 마음으로 촉구했다는 점을 명확하게 기록하고 있다. 짐 월리스가 《회심》에서 잘 설명해준 것처럼 '회개로 부르심은 자유를 향한 초청이자 신앙을 위한 준비'다.[41] 또한 회개로 시작되는 '회심은 하나님나라로 들어가는 첫걸음'이다.[42] 이러한 회개의 촉구는 죄인들을 향한 진심 어린 사랑에서 비롯된 것이다. 그런데 이 소개문은 '죄인더러 회개하라고 닦달하거나 소리치는 않는' 점이 오스틴의 장점이라고 말한다. 물론 회개를 촉구할 때 닦달하거나 소리치는 것은 바람직한 일이 아니다. 그러나 이 표현을 소개문 전체의 맥락에서 보면 복음만 잘 전하면 됐지 회개하라고 그렇게 간절히 촉구할 필요가 없다는 뉘앙스를 풍긴다.

둘째, 복음이란 희망과 자기계발에 관한 설득력 있는 메시지라고 말한다. 희망을 자기계발과 엮은 것을 보면 여기서 희망이란 성경에 나타난 총체적인 의미를 담고 있다기보다는 자기계발을 통해서 얻을 수 있는 미래에 대한 희망임을 알 수 있다. 복음을 효과적인 심리치유법과 처세술로 제시하는 이것이 바로 기복신앙의 핵심적 본질이다. 이는 진실한 회개를 외면하는 복음의 당연한 귀결이다. 성경은 진실하게 회개하고 복음을 믿으면 죄 사함과 성령을 선물로 받기 때문에(행 2:38) 존재의 총체적 변화가 일어난다고 말한다. 이는 예루살렘 초대교회 성도들의 변화된 삶과 공동체적 삶에서 역사적으로 증명되었다(행 2:42-47; 4:32-37). 총체적 변화의 압권은 그들 중 자기 재물을 자기 것으로 주장하는 사람이 단 한 사람도 없었기에 서로 기꺼이 나누며 살았고 그 결과로 그들 중에 가난한 사람이 한 사람도 없었다는 점이다. 이처럼 진실하게 회개하고 복음을 믿는 사람은 그 존재의 모든 범위에서 자신을 하나님께 항복시킨다.[43]

셋째, '성경 중심'은 '정치와 주요 정책'과는 무관하다고 주장한다. 이는 한 개인은 자신이 몸담고 있는 사회의 정치경제적 구조와 아무런 관계없이 희망을 발견할 수 있고 자기를 계발해나갈 수 있다는 관점을 반영한다. 여기엔 오스틴이 전해주는 복음에서 비롯되는 긍정의 힘만 갖추면 자기를 계발해 누구나 다 성공의 자리에 이를 수 있다는 대단한 신념이 담겨 있다. 이러한 주장과 신념은 주장하는 사람의 의도와는 관계없이 현재 미국과 한국의 지배적인 질서, 즉 자본주의 질서를 방관 내지 옹호하는 결과를 낳는다. 이것 역시 모든 기복신앙의 공통적 특징이다.

그러나 6장에서 비교적 자세히 살펴보겠지만, 성경 중심에 있는 하나님나라의 복음은 그리스도인에게 정치적·경제적 현장에서 정의를 실현해가는 사회적 책임을 요청한다. 이는 당연히 자신이 몸담은 사회에서 펼쳐지고 있는 정치, 그리고 경쟁적으로 제시되고 있는 정책들에 대한 깊은 관심과 성찰을 필요로 한다. 만일 그리스도인이 희망을 품고 자기계발에만 심혈을 기울이면서 정치와 주요 정책들에 무관심하다면 그는 전혀 복음적인 신앙인이 아닌 셈이다.

베푸는 삶에 대한 왜곡

실제로 《긍정의 힘》을 읽어보면 두란노의 해석이 조엘 오스틴의 입장을 정확히 대변해주고 있음을 확인할 수 있다. 책은 모두 7부로 되어 있는데 제6부만 제외하면 사실 본질에서 모두 같은 이야기를 하고 있다. 하나님은 우리에게 주시려고 많은 복을 쌓아놓고 계시기 때문에 어떤 역경 속에서도 긍정적인 비전, 건강한 자아상, 긍정적인 사고, 말, 믿음 그리고 선택으로 응답하기만 하면 그 복이 우리에게 쏟아져 내려 승리자로서 최상의 삶을 바로 지금 살아갈 수 있다는 것이다. 그것이 바로 긍정의 힘의 요체다.

그런데 제6부에선 다소 부담스럽게 '베푸는 삶을 살라'고 제안한다. 다른 장들은 독자에게 어떤 희생도 요청하지 않는다. 그러나 유독 6부는 자기에게 주어진 것을 다른 사람에게 주라고 요청한다. 절묘한 배치다. 오스틴은 1-5부에서 반복해서, 그러나 감칠맛 나게 새로운 용어와 예화를 들어가며 긍정의 힘을 역설한다. 모두 달콤한 메시지이다. 그러다 6부에서 베풀며 살라고 권한다. 마치 간호사가 주사를 놓을 때, 환자 엉덩이를 부드러운 손으로 살짝 두들기다가 주삿바늘을 슬쩍 밀어 넣는 것과 유사하다. 그래도 책이 그렇게 끝나버리면 독자들에겐 최종적으로 부담스러운 여운이 남게 될 것이다. 이런 독자들의 심리를 너무나 잘 안다는 듯이 오스틴은 다시 마지막 부를 '나는 언제나 행복하기를 선택했다'는 주제로 장식한다. 긍정의 힘의 절정이다.

찬찬히 곱씹어보면 베푸는 삶은 그리스도인의 삶의 본령에서 성공을 누리는 삶을 정당화하는 하나의 주변적 장식요소로 전락한다. 그런 왜곡은 6부 자체에서도 잘 드러난다.

> 우리가 남에게 베풀면 하나님이 우리에게 그대로 갚아주신다. 정말 멋지지 않은가![44]

> 베푸는 행위는 보험에 드는 것과 비슷하다. 베푸는 일은 하나님의 은혜를 저장해놓는 것과 같다.[45]

물론 기본적으로 틀린 말들은 아니다. 그러나 이는 앞서 밝힌 것처럼 하나님의 근본적인 선의를 표현한다는 점에서는 맞지만 타락한 이 세상에서 반드시 성취된다는 보장은 없다는 점에서 진실과 다르다. 이 점을 인정하지 않는다면 그렇게 죽도록 베푸는 삶을 살았던 테레사 수녀가 하나님의 침묵 때문에 괴롭다고 고백

한 것을 도저히 이해할 수 없을 것이다.[46]

성경에 대한 왜곡

오스틴은 자신의 입장을 성경으로 옹호하기 위하여 성경 본문을 너무 쉽게 비틀고 왜곡한다. 첫 번째 인용되는 말씀이 새 포도주와 낡은 가죽부대 비유인데(마 9:17) 그는 놀랍게도 새 포도주는 하나님이 우리에게 주시기 원하는 축복된 삶, 즉 성공적인 삶이며, 새 가죽부대는 큰 생각과 원대한 비전이라고 거침없이 말한다. 새 가죽부대를 마련해 새 포도주를 받아 누릴 수 있게 된 구체적인 예로 자기 부부가 아름다운 새 집을 얻게 된 과정을 이야기해준다.[47] 그런가 하면 냉혹한 자본주의 사회에서 자연스럽게 옹호되는 이기적 발상과 기대를 신앙적으로 정당화해준다. 작은 믿음과 기대를 가진 사람은 작은 복밖에 받지 못한다는 점을 상기시키면서 "하나님이 우리 삶에 개입하여 상사를 내보내고 그 자리를 우리에게 주실지 모른다. 어쩌면 회사를 통째로 우리에게 주실지 모른다"고 격려한다.[48] 그러니 낡은 가죽부대는 버리고 새 가죽부대를 취하라는 뜻이다.

이런 대목에 이르면 가슴이 먹먹해질 정도다. 자기 메시지를 듣는 사람에겐 그렇게 따뜻한 목회자가 바로 그 사람과의 경쟁에서 밀려날 이름 모를 타인에겐 어떻게 그렇게 냉정할 수 있을까? 경쟁에 밀려 회사에서 해고당할 상사나 회사경영에 실패해 경영권을 통째로 넘겨주어야 할 사람이 겪게 될 고뇌와 슬픔에 대해선 아무런 생각과 배려가 없다. 이쯤 되면 하나님은 냉혹한 자본주의 경쟁사회에서 살아남은 자만의 하나님으로, 기독교 신앙은 승자의 처세술로 전락하고 만다.

이상에서 기복신앙이 얼마나 끈질기게 교회를 따라다니며 유혹하고 있는가를 살펴보았다. 기복신앙은 갈수록 더 세련되고 교묘한 모습으로 교회에 다가온다. 마치 컴퓨터, 핸드폰의 소프트웨어와 하드웨어가 끊임없이 새로운 모델과 버전으로 출시되어 소비자의 마음을 사로잡는 것과 유사하다. 아이폰이나 아이패드의 새로운 모델이 출시될 때 열정적인 소비자들이 새벽부터, 아니 심지어는 전날부터 매점 앞에 줄을 서곤 하지 않았는가? 그처럼 한국 교회는 그동안 기복신앙의 새로운 버전이 출시될 때마다 열렬한 소비자 대열에 서왔다. 맘몬이 지배하는 자본주의가 교회 안으로 깊숙이 침투해 들어온 결과이다. 주님은 한국 교회의 이런 모습을 보면서 얼마나 슬퍼하고 계실까? 언제쯤 한국 교회는 이 주님의 눈물을 헤아릴 수 있을까? 그날이 속히 오길 간절히 기도한다.

맘몬이 부추기는 다양한 버전의 기복신앙이 가진 결정적 오류는 하나님을 전폭적으로 순수하게 사랑하지 못하게 만드는 것이다. 하나님과 맘몬을 동시에 사랑할 수 있다는 착각을 불러일으켜 사실상 하나님보다 맘몬을 더 사랑하게 만든다. 이렇게 첫째 계명을 무너뜨린다. 맘몬은 여기에 만족하지 않는다. 한 걸음 더 나아가 둘째 계명을 무너뜨리기 위해 공격한다. 그건 바로 값비싼 은혜를 값싼 은혜로, 산 믿음을 죽은 믿음으로 둔갑시키는 작업이다. 이웃 사랑의 실천을 무력화하기 위함이다.

반쪽 진실의 위험

사도 바울은 에베소서 2장 8-10절에서 그리스도인이 된다는 것이 무엇을 의미하는지를 간결하면서도 정확하게 이야기한다.

> 여러분은 믿음을 통하여 은혜로 구원을 얻었습니다. 이것은 여러분에게서 난 것이 아니요, 하나님의 선물입니다. 행위에서 난 것이 아닙니다. 그러므로 아무도 자랑할 수 없습니다. 우리는 하나님의 작품입니다. 선한 일을 하게 하시려고, 하나님께서 그리스도 예수 안에서 우리를 만드셨습니다. 하나님께서 이렇게 미리 준비하신 것은, 우리가 선한 일을 하며 살아가게 하시려는 것입니다.

그리스도인이 된다는 것은 믿음으로 말미암아 은혜로 구원받는 사람이 되는 것이다. 그리고 하나님이 준비하신 대로 힘써 선한 일을 하며 살아가는 사람이 되는 것이다. 성경에서 선한 일을 행한다는 것은 나눔과 구제같이 모두가 칭찬할 만한 일을 하는 것만 의미하는 것이 아니다. 6-7장에서 좀 더 자세히 살펴보겠지만 선한 일이란 그보다 더 급진적인 실천까지 포괄한다. 말하자면 하나님의 정의를 짓밟는 불의한 구조와 제도에 저항하여 억압받는 이들을 해방시켜주는 일이다(사 9:1-7; 10:1-4; 58:6-7; 마 4:12-16; 5:14; 21:12-14).

그러니 그리스도인이 은혜로 구원받은 사람답게 선한 일을 실천하게 되면 맘몬과 자본주의는 설 자리를 잃고 점점 더 위축될 수밖에 없다. 이웃을 진실로 사랑하게 되면 인간에 대한 돈의 지배력은 결정적으로 위축된다. 다시 극한 가난 가운데서도 이웃을 풍성하게 도운 마케도니아 교회 성도들을 떠올려보자(고후 8:2). 돈이 어떻게 그런 사람들을 지배할 수 있겠는가? '돈이 많아야 남을 도울 수 있지 않겠느냐?'는 말이 그들에겐 달콤하게 들리지 않는다. 그 안에 담긴 위선과 허구를 간파할 수 있기 때문이다. 결혼 대상자를 고려할 때 오직 진정한 사랑과 인품에 초점을 맞추는 그리스도인 청년이 있다고 해보자. 돈은 그에게 위력을 잃게 된다. 자본주의 체제도 마찬가지다. 자본주의의 역동성을 유지시켜주는 것은 치열한 경쟁이다. 그런데 사람들이 경쟁보다 협동과 연대를 더 좋아하게 되면 자본주의 체제엔 치명타가 된다.

교활한 맘몬이 이를 꿰뚫어보지 못할 리가 없다. 하여 그는 인간의 탐욕을 자극해 은혜와 믿음을 교묘히 왜곡시켜왔다. 은혜는 원래 아주 비싼 것인데 값싼 것으로 만들었고, 믿음은 원래 생생하게 살아 있어야 하는데 죽여버렸다. 은혜는 하나님이 우리 죄를 용서해주시는 것일 뿐, 그에게 선한 삶을 살도록 요청하지 않는다. 믿음은 그저 머리로 복음에 동의하는 것일 뿐, 믿음에 반드시 동반되어야만 하는 이웃사랑의 실천과는 무관해져버렸다. 은혜나 믿음이나 다 반쪽 진리가 되어버린 것이다. 맘몬과 자본주의에 대항할 수 있는 힘을 상실했다. 아니 한 걸음 더 나아가 값싼 은혜와 죽은 믿음은 맘몬·자본주의와 친화적인 관계를 맺게 되었다.

반쪽 진리는 이렇게 무섭고 위험한 것이다. 하여 일찍이 영국의 계관시인인 앨프리드 테니슨은 〈할머니〉라는 시에서 반쪽 진실의 위험성을 간결하게 읊었다.

진실을 반쯤 섞은 거짓말이 가장 사악한 거짓말
온통 새빨간 거짓말은 즉각 대항해 싸우기가 쉬운 법
그러나 일부만 진실인 거짓말은 훨씬 싸우기가 어렵다네.[49]

값싼 은혜

종교개혁 당시 '오직 은혜'를 외쳤을 때, 은혜는 결코 값싼 은혜가 아니었다. 은혜는 두 가지 점에서 매우 비싼 것이다. 첫째, 하나님께서 우리에게 은혜를 베풀기 위해 엄청난 대가를 치르셨다는 점에서 그렇다. 은혜는 요한복음 3장 16절에 한마디로 요약되어 있다. "하나님께서 세상을 이처럼 사랑하셔서 외아들을 주셨으니, 이는 그를 믿는 사람마다 멸망하지 않고 영생을 얻게 하려는 것이다." 하나님은 우리에게 구원, 즉 영생이라는 놀라운 축복을 주시기 위하여 외아들을 아낌없이 내어 주셨다. 엄청난 값을 치르신 것이다. 그런데 그 값이 너무 비싸 우리로선 도저히 치를 길이 없다. 하여 하나님은 말하자면 아예 가격표를 떼어내신 후 그냥 선물로 주신 셈이다. 그래서 은혜란 거저 받은 것이긴 하지만 원래 매우 비싼 것이다.

둘째, 은혜는 은혜 입은 사람에게 예수 그리스도를 온몸으로 따르도록 요청한다는 점에서 값비싼 것이다. 이것은 값을 치르는 것과는 전혀 다른 성격이다. 왜냐하면 그리스도인들이 예수 그리스도를 아무리 잘 따른들 하나님이 우리에게 주신 것에 대한 값을 도저히 치를 수 없기 때문이다. 다만 감사의 표시로 우리 삶을 드리는 것이다. 그러므로 은혜를 입은 사람은 주님께서 우리에게 영생을 거저 주셨으니 아무렇게나 살아도 되는 것이 아니다. 앞서 언급한 에베소서 2장 10절에 잘 나타나 있는 것처럼 하나님께서 우리에게 은혜를 베푸실 땐 이미 아름다운 계획을 품고 계셨다. 그건 은혜 받은 그리스도인들이 선한 일을 행하는 것이다. 값비싼 은혜는 선한 일을 행할 수 있는 능력을 지속적으로 부어주면서 우리를 선한 삶의 자리로 이끌어간다. 그 증거가 예루살렘 초대교회에 너무나 아름답게 나타나지 않았는가?

> 사도들은 큰 능력으로 주 예수의 부활을 증언하였고, 사람들은 모두 큰 **은혜**를 받았다. 그들 가운데는 가난한 사람이 한 사람도 없었다. 땅이나 집을 가진 사람들은 그것을 팔아서, 그 판 돈을 가져다가 사도들의 발 앞에 놓았고, 사도들은 각 사람에게 필요에 따라 나누어주었다(행 4:33-35).

예루살렘 초대교회 성도들은 부활의 복음을 통해 큰 은혜를 입은 사람답게 살았다. 어려운 이웃을 위해 자기 소유의 땅과 집을 팔아 그 돈을 내주었다. 그들에게 은혜는 결코 싸구려가 아니었다. 본회퍼는 루터가 경험한 은혜는 이러한 값비싼 은혜였다고 말하면서 그 뜻을 명료하게 정리해준다.

> 그건 은혜였다. 왜냐하면 그건 메마른 땅에 떨어지는 물 같은 것으로서, 환난 중의 위로요, 자기 스스로 선택한 길에 더 이상 얽매이지 않게 하는 해방이요, 그의 모든 죄에 대한 용서였기 때문이다. 그건 값비싼 것이었다. 왜냐하면 그건 선한 일을 행할 의무를 면제해주기는커녕 오히려 제자로 살아가야 한다는 부름을 그 어느 때보다도 더 진지하게 받아들여야 한다는 걸 의미했기 때문이다.[50]

그런데 종교개혁자들의 후예들은 이 값비싼 은혜를 싸구려로 만들어버렸다. 한국 교회도 예외가 아니다. 우리는 설교 듣고 "은혜 받았습니다"라고 말하길 참 좋아한다. 영국에서 근 14년 동안 살면서 한 번도 들어본 적이 없는 표현이다. 영국 교인들은 그냥 "감동받았습니다"라고만 한다. 방금 인용한 말씀에 비추어볼 때 한국 교인들은 매우 훌륭한 성경적 전통을 이어가고 있는 셈이다. 그런데 문제는 예루살렘 초대교회와는 달리 은혜 받은 다음에 수반되어야 할 선한 행동, 즉 진실한 이웃사랑의 실천이 참 부족하다는 것이다. 이는 한국 교회가 그렇게 강조하는 은혜가 실은 값싼 은혜라는 것을 보여준다.

본회퍼에게 값싼 은혜란 용서받은 것만 강조하고 용서받은 자의 윤리적 책임은 도외시하는 것이다. 은혜로 과거, 현재, 그리고 미래의 죄까지 모두 무한대로 용서받았으니 예수님의 제자답게 선한 삶을 살지 못해도 걱정할 필요가 전혀 없다고 위로해준다. 본회퍼의 표현을 빌리자면 "값싼 은혜란 죄인은 의롭게 만들어주지 않으면서 죄 자체를 의롭게 만들어버리는 것"을 뜻한다.[51] 그는 루터 이후 500여 년 동안 독일 교회에 가장 큰 폐해를 끼친 것으로 '값싼 은혜'를 꼽는다. 이는 한 국가를 명목상 기독교 국가로 전환시켜준 대신 예수님을 따르는 제자도의 본질을 팔아넘겼기 때문이다. 그 결과 교회는 철저히 세속화되었다. 그리스도인으로서의 삶과 부러움을 살 만한 소위 부르주아로서의 안락한 삶은 더 이상 구별이 되지 않았다. 둘 사이의 갈등은 사라졌다. 이런 교회의 모습을 바라보며 본회퍼는 한탄한다.

> 우리 루터교인들은 마치 독수리처럼 값싼 은혜라는 시체 주변에 모여들었다. 그러고는 거기서 독을 들이마셨다. 그 독은 그리스도를 따르는 삶을 죽여버리고 말았다.[52]

오늘 주류 한국 교회의 모습이 대체로 이러하다. 좀 시간이 흐른 이야기이긴 하지만 오늘의 한국 교회를 이해하는 데 여전히 유효하다고 생각되기에 곽선희 목사의 강의 내용을 언급하려고 한다. 2002년 6월 17일 한국기독교목회자협의회가 주최한 전국

목회자 수련회에서 '목회자 영성의 위기와 그 대안'이라는 제목으로 한 주제 강의이다.[53] 그는 강의를 통해 한국 교회가 성장을 멈추고 목회자가 탈진하기 시작한 것은 복음과 은혜 대신 윤리, 즉 인권, 가난, 사회, 정치, 생태계 등의 이야기를 강조했기 때문이라고 역설했다. 빈민 속에 들어가는 삶, 병자를 일평생 돌보는 것, 인권을 강조하는 것은 십자가에 돌아가신 '유일한 그리스도The Christ'를 전하는 대신에 '한 그리스도a Christ'를 본받아 내가 작은 그리스도가 되려는 것이라고 비판하였다. 그러면서 하나님은 항상 우리를 사랑하신다는 것까지가 복음이고, 우리가 어떻게 하나님을 사랑해야 하느냐를 강조하는 것, 즉 윤리적 책임을 강조하는 것은 복음이 아니라고까지 말했다.

물론 은혜와는 아무런 관계없이 윤리만 이야기하면 율법주의의 함정에 빠지는 것은 분명하다. 그러나 곽선희 목사는 그러한 위험을 경계한 것이 아니라 아예 윤리 자체를 폄하하고 복음과는 무관한 것으로 주장했다는 점에서 심각한 오류를 범하고 있다.

그런데 더 마음 아픈 것은 '값싼 은혜', '값비싼 은혜'란 표현마저 종종 별 진정성 없이 회자되고 있는 현실이다. 2005년 4월 8일 한국복음주의협의회는 한국 교회 원로목사들을 발언자로 초청해 '제가 잘못했습니다'라는 주제로 월례 조찬기도회를 열었다. 그 자리에서 조용기 목사는 다음과 같이 참회했다.

> 47년 목회 활동을 했다. 목회 활동을 하면서 70에 이르니 회한이 많다. 그동안 값싼 은혜를 가지고 살아왔다. 옳은 것을 옳

> 다 말 못하고, 나쁜 것을 나쁘다고 지적 못하며 사회악에 침묵했다. 나는 죄인의 괴수라고 할 수밖에 없다. 예수님은 자연과 우주 모두를 위해서 십자가를 들었지만, 나는 사람만 사랑했다. 지금이라도 사회악을 교정하고 진실된 은혜를 실천하며 살아가겠다.[54]

청중들은 큰 목소리의 '아멘!'으로 응답하였다. 얼마나 좋은 내용인가! 당시 이 고백을 들으면서 마음에서 우러나오는 진실이길 정말 믿고 싶었고 그 열매를 보고 싶은 마음이 간절했다. 그러나 그 이후 나의 관찰력이 부족해서 그런지 한국 교회와 사회를 감동시킬 만한 그의 행적을 찾아볼 수 없었다. 이렇게 심오한 표현들마저 일종의 장식용으로 이용당하고 있다면 한국 교회는 정말 깊은 수렁에 빠져 있는 것이 분명하다.

바울은 가는 곳마다 사람들이 진실로 죄를 회개하고 예수님을 참되게 믿을 수 있도록 밤잠을 제대로 자지 못하며 눈물을 쏟아 가르쳤다(행 20:17-21). 그러나 오늘 대다수 한국 교인들은 사람들의 가려운 데를 살살 긁어주며 성공과 승리의 길을 제시하는 설교에 매료당해 은혜롭다고 환호한다. 참으로 슬픈 일이다. 그러니 어찌 그리스도인들의 삶에 진정한 변화가 일어날 수 있겠는가? 그들을 통해 어찌 하나님의 나라가 세워져갈 것을 기대할 수 있겠는가? 한국 교회는 달콤한 값싼 은혜의 유혹에서 과감히 벗어나야 한다. 값비싼 은혜로 돌아가야 한다. 그것이야말로 '오직 은혜'라는 종교개혁의 슬로건이 오늘 한국 교회에 요청하는 바이다.

죽은 믿음

종교개혁의 또 다른 중요한 슬로건 중 하나가 '오직 믿음으로' 이다. 당시 가톨릭교회 역시 사람이 의로워지는 데는 그리스도에 대한 믿음이 필요하다는 점을 인정했다. 그러나 믿음만으론 불충분하기 때문에 인간의 행위가 더해져야 한다고 가르쳤다. 바로 이 더해져야 하는 행위와 관련해서 중세 가톨릭교회의 심각한 부패가 발생했다. 이 점을 간파한 루터는 죄인은 '오직 믿음으로' 의로워진다는 복음적 진리를 회복해야 한다고 강력하게 외쳤다. 루터가 그처럼 강조한 믿음은 실천과는 무관한 죽은 믿음이 결코 아니었다. 사랑의 실천으로 표현되고 확인되는 산 믿음이었다(갈 5:6; 약 2:14-26; 요일 3:13-18).

하지만 세월이 흐르면서 '오직 믿음으로'가 담고 있던 이런 진정한 의미가 맘몬의 유혹에 이끌린 인간의 탐욕으로 말미암아 왜곡되고 퇴색되어왔다. 산 믿음이 죽은 믿음으로 대체된 것이다. 이 점에서 오늘 한국 교회는 매우 심각한 상태에 빠져 있다. 교회 안에서는 믿음으로 열정적인 예배를 드리지만 일단 교회 밖으로 나가면 안 믿는 사람들과 별 다를 바 없이 살고 있다. 한국 교회가 이웃사랑의 실천을 상실함으로 말미암아 사회로부터 지탄과 경멸의 대상으로 전락해가고 있음은 주지의 사실이다. 이런 상황에서 정말 시급한 것은 종교개혁자들이 강조했던 산 믿음을 회복하는 것이다.

'오직 믿음으로'의 진정한 의미를 잘 파악하려면 일단 가톨릭 교회의 의화론(義化論, 죄인의 의로워짐에 관한 신학이론)에 대한 이해가 어느 정도 필요하다. 의화는 믿음으로 받는 세례와 함께 시작된다. 세례와 함께 그리스도의 은혜가 영혼에 스며든다. 이로 말미암아 원죄로부터 깨끗해지고 은혜의 상태에 있게 된다. 피세례자는 의화되기 위해 자신 안에 스며들어 있는 은혜와 협력하고 은혜에 동의해야 한다. 그 과정에서 치명적인 죄를 범하면 믿음은 유지되지만 의롭게 해주는 은혜는 상실한다. 그 은혜를 회복하기 위해선 속죄의 성례, 즉 고백성사를 해야 한다. 고백성사는 사제에게 죄를 고백하고 뉘우침의 행위를 하고 사제로부터 용서 선언을 듣고 죄의 경중에 따라 사제가 일러주는 보속(補贖, 적절한 방법으로 죄로 인한 나쁜 결과를 보상하는 일로서, 구제를 비롯한 선행, 기도, 금식, 고행 등이 포함됨)을 실천함으로써 완결된다. 보속은 고백성사를 마친 자에게 재량공로(裁量功勞, 하나님께서 보상을 주기에 적절하다고 판단하시는 공로)를 제공한다. 16세기 중세교회의 부패는 바로 이 재량공로와 연루되어 발생하였다.[55]

본회퍼는 그 상황과 과정을 간략하게 서술하면서 루터가 믿음을 강조한 본의가 무엇이었는지 잘 설명해준다.[56] 중세교회는 세상과 타협하고 있었다. 값싼 은혜에 매달렸다. 그와는 달리 값비싼 은혜를 붙들고자 했던 수도원 운동은 교회의 세속화에 대한 일종의 살아 있는 항거운동이었다. 이에 교회는 기지를 발휘해 수도원 영성을 교회의 세속화를 정당화하는 수단으로 교묘하게 이용하기 시작했다. 수도원적 삶과 영성을 대다수의 평신도는 모방할 수 없는 것으로 간주하면서, 수도사들을 특별한 공로를 쌓는 사람으로 치켜세웠다. 전체 그리스도인을 예수님께 최대치로 순종하는 일류 그리스도인과 최소치로 순종하는 이류 그리스도인이라는 두 그룹으로 나누었다. 교회가 세속화되었다고 비방하는 사람에겐 수도원 삶을 추천함으로써 그 화살을 피해 갔다.

그런 과정에서 불행하게도 수도원과 교회 사이에 일종의 거래 관계가 형성되기 시작했다. 교회와 일반 평신도는 수도원적 삶을 살지 못하는 대신 수도원에 경제적 지원을 많이 했다. 수도사들은 자신들의 수도생활과 고행으로 남아도는 재량공로를 쌓아 올릴 수 있다고 생각하게 됐고 그걸 재정적 지원을 베푼 이들에게 나눠주었다. 그 결과 수도원은 엄청난 부를 축적하면서 점점 부패하게 되었다. 교회는 교회대로 큰 양심의 가책 없이 세상과 타협하는 길을 걸어갈 수 있었다.[57] 게다가 교황은 '천국의 열쇠'를 쥔 자로서 천국에 들어가기에는 재량공로가 충분하지 못해 연옥에 머물러 있는 사람들에게 면죄부를 줄 수 있는 권세를 누리고 있었다. 교황은 이 권세를 베드로 성당을 비롯해 거대한 교회 건물들을 건축하기 위해 필요한 돈을 모으는 수단으로 사용했다. 재량공로가 돈으로 거래된 것이다.

'오직 믿음으로'의 참뜻

이러한 중세교회의 타락상을 근원적으로 이해한 사람이 바로 그 자신이 수도사였던 마르틴 루터이다. 그는 수도사들이 아무리

가정과 직업을 다 포기하고 수도원으로 들어왔다고 해도 죄인의 신분에서 벗어날 수 없다는 것을 예리하게 깨달았다. 자신의 경건한 모습을 자랑스러운 재량공로로 삼으려는 것이 얼마나 무서운 죄인가를 발견했다. 이런 고통의 과정을 통해 그는 오직 주님의 은혜를 믿음으로 받아들일 때만 자신이 의로워질 수 있음을 발견하게 된다.

동시에 그는 주님이 자신을 믿는 모든 자에게 '나를 따르라'고 명령하시는 것을 깊이 깨달았다. 루터는 처음 주님의 부름을 받아 수도원으로 들어갈 때, '경건한 자아'만 빼놓고 모든 것을 버렸다. 두 번째 주님의 부름에선 마지막 남은 '경건한 자아'마저도 은혜를 힘입어 버려야 함을 깨달았다. 하여 그는 수도원을 떠나 세상으로 돌아가야 했다. 이는 세상이 더 선하거나 거룩해서가 아니라 수도원조차도 세상의 일부일 뿐임을 발견했기 때문이다. 루터는 일상의 삶에서 그리스도를 온전히 따르고자 했다. 루터에게 '오직 믿음으로'는 죄악 된 삶을 정당화하는 수단이 아니었다. '오직 믿음으로'는 얄팍한 공로사상에 대한 도전이자 온전한 순종으로의 초대였다.

루터가 믿음과 대조시킨 행위는 중세교회를 부패시켜온 주범인 공로사상에 기초한 율법주의적 행동들이었다. 자기 의를 조장하는 수도원의 금욕주의적 삶과 면죄부를 사고파는 행위가 바로 그 대표적인 예다. 루터는 오히려 믿음을 이웃사랑의 실천과 아주 밀접하게 연결시켰다. 이는 루터의 그 유명한 95개조 반박문에도 잘 드러난다. 제43조는 이렇게 말한다. "가난한 자를 구제하고 궁핍한 자에게 꾸어주는 것이 면죄부를 사는 것보다 더 선한 일이라는 것을 그리스도인에게 가르쳐야 한다." 제45조는 심지어 "이웃의 괴로워하는 것을 보고는 본체만체하면서도 면죄부를 사기 위해 돈을 바치는 사람은 교황의 면죄가 아니라 하나님의 진노를 사는 것임을 그리스도인들에게 가르쳐야 한다"고까지 말한다. 그만큼 사랑이 담긴 삶의 중요성을 강조했다.

이 점에서 알리스터 맥그라스는 《종교개혁사상》이라는 책에서 종교개혁자들이 이해한 믿음, 즉 '의롭게 해주는 믿음'이 어떤 본질을 지니고 있는지 명료하게 설명해준다. 첫째, 나를 위해 죽으신 예수님에 대한 인격적 고백이며, 둘째, 믿는 바에 근거해서 행동할 준비가 되어 있는 신뢰이며, 셋째, 믿는 자를 그리스도와 연합시키는 것이다.[58] 이런 믿음은 자연스럽게 이웃사랑의 실천으로 이어질 수밖에 없게 되어 있다. 종교개혁자들이 말한 믿음은 실천과 불가분의 관계에 있는 살아 있는 믿음이다.

이 점은 특히 구약 선지자들과 예수님이 강조하신 바이기도 하다. 이사야 선지자는 자신들이야말로 하나님의 백성이라는 영적 자부심을 갖고 있던 이스라엘 백성들을 소돔 관원, 고모라 백성이라고 부르며 그들의 신앙적 정체성 자체를 부정하였다. 그 이유는 단 하나이다. 성전제사, 종교집회, 기도에는 열정적이었지만 사회적 약자들의 권리를 지켜주는 정의의 실천을 외면했기 때문이다(사 1:10-17). 선지자 예레미야 역시 유다 백성들이 예배하러 드나드는 성전에 하나님이 임재하지 않으시며, 그들의 구원의 확신은 가짜이며, 성전은 강도의 소굴에 지나지 않는다고 맹렬하게 비판했다. 그 이유 역시 같다. 도적질, 살인, 간음 그리고 사회 정의의 외면이었다(렘 7:1–11).

가장 엄중한 말씀은 예수님 자신의 입에서 나왔다. 예수님은 최후심판의 기준을 양과 염소의 비유를 들어 밝히신다(마 25:31–46). 지극히 작은 한 사람이 주리고 목마르고 나그네 되고 헐벗고 병들고 감옥에 들어가 있는 것을 보고 돌아본 사람들은 양으로서 영원한 생명을 누리게 된다. 그를 돌본 것이 바로 예수님을 돌본 것이기 때문이다. 반면 그 작은 자를 돌아보지 않은 사람들은 염소로서 영벌을 받게 된다. 그를 돌보지 않은 것은 예수님 자신을 돌아보지 않은 것과 같기 때문이다.[59] 이 말씀에 근거해 영국의 기독교 지도자인 스티브 초크 목사는 이렇게 말한다.

> 거듭났다는 것은 당신이 주린 자를 먹이고, 목마른 자들에게 물을 주며, 감옥에 갇힌 자들을 방문한다는 것을 의미합니다. 만약 그렇지 않다면 당신은 '거듭나지' 않은 것입니다. … 만약 예수님이 아닌 다른 사람이 마태복음 25장을 설교했다면, 그 사람은 교회에서 추방당했을 것입니다.[60]

예수님이 이 비유에서 말씀하시려는 바는 행위구원이 아니다. 영원한 생명으로 이끌어주는 산 믿음에 대한 가르침이다. 즉, 믿음의 진정성과 정통성은 사회적 약자들을 돌아보는 실천으로 확인된다는 점을 강력하게 말씀하신다. 이런 실천을 흔히들 정통실천orthopraxis이라고[61] 부른다. '오직 믿음으로'에서 강조되는 믿음은 바로 이러한 정통실천을 동반하는 믿음이다. 죄인을 의롭게 해주는 것은 물론 행위가 아니라 믿음이다. 그러나 본회퍼가 잘 말해준 것처럼 믿음과 행위 사이에 어떤 시간적 간격을 둔다면 이는 행위와 결코 분리될 수 없는 믿음의 본질을 왜곡시키는 것이다.

> 왜냐하면 믿음은 순종이 동반되는 곳에서만 실제로 존재하기 때문이다. 순종이 없다면 결코 믿음도 있을 수 없다. 믿음이란 오로지 순종의 행동을 통해서만 믿음이 된다. … 믿음이 순종의 조건이듯이 순종이 믿음의 조건이다.[62]

그럼에도 종종 루터의 가르침에 대한 오해가 있기에 그 점을 간략하게 다루고자 한다.

루터에 대한 오해의 해소

첫 번째 오해는 당대 중세교회의 공로사상의 오류를 지적하는 데 총력을 기울인 나머지 행위와 아무런 관련이 없는 믿음을 주장한 것이 아닌가 하는 생각이다. 루터가 그렇게 평가할 만한 빌미를 제공한 건 사실이다. 예컨대 그는 야고보서를 충분히 이해하지 못하고 폄하했다.[63] 첫째, 야고보서를 바울과는 반대로 '행위에 의한 의'를 가르친다고 보았다. 둘째, 야고보서는 그리스도를 설교하는 것이 아니라 율법을 설교하며 하나님에 대한 일반적인 믿음만을 설교한다고 보았다. 셋째, "야고보서는 지푸라기 서신에 불과하다. 왜냐하면 야고보 서신에는 복음이 들어 있지 않기 때문이다"라고 말했다. 하지만 루터의 이러한 실수를 확대 해석하는 것은 그의 신학 전체를 왜곡하는 것이다. 앞서 언급한 바와 같이 그는 이신득의以信得義 신학이 결코 선행을 배제하는 것이 아니라는 사실을 설명하기 위해 노력을 많이 기울였기 때문이다.

두 번째 오해는 루터가 일단 믿으면 얼마든지 죄를 지어도 괜찮다는 식의 신학사상을 담은 표현을 사용했다는 것이다. 그건 바로 "담대하게 죄를 지어라. 그러나 더욱 담대하게 그리스도를 믿고 그 안에서 즐거워하라"는 표현을 두고 하는 말이다. 이 말에 대한 오해를 풀어주기 위해 본회퍼는 파우스트의 명언을 인용한다. 파우스트는 일생을 바쳐 지식을 추구하다 그 마지막에 이렇게 고백한다. "우리가 알 수 있는 것은 아무것도 없다는 것을 이제 알게 됐다." 이 고백은 파우스트의 생애 전체의 결론으로 나온 것이다. 키르케고르는 만일 똑같은 표현을 대학교 1학년생이 사용한다면 그 문장의 뜻은 전혀 달라진다고 지적한다. 파우스트는 그러니 지적 탐구를 할 필요가 없다는 뜻으로 말한 것이 아니다. 진리의 세계는 심오해서 지식 탐구에는 종착역이 없다는 뜻이다. 그러나 지식 탐구의 길을 제대로 걸어보기도 전에 이런 표현을 사용한다면 그건 자신의 무지와 지적 게으름을 정당화하는 논리에 지나지 않게 된다.

마찬가지로 루터의 "담대하게 죄를 지어라" 하는 표현도 루터의 삶의 결론으로 이해해야 한다고 본회퍼는 힘주어 말한다. 삶의 출발점에서 참고하는 일종의 데이터, 즉 전제로 활용해서는 안 된다.[64] 후자의 경우 이 말은 '아무리 의롭게 살려고 노력해봐야 소용없으니 아예 용감하게 죄를 지어라. 그리고 믿어라' 하는 뜻이 된다. 그러나 전자로 이해하면 이 말의 뜻은 180도 달라진다. "용기를 내서 너의 죄를 고백하라. 너의 죄로부터 도망치려고 하지 마라. 더욱 용감하게 믿어라. 너는 죄인이니 죄인이 되어라. 너 아닌 다른 존재가 되려고 발버둥치지 마라. 그렇다! 매일매일 죄인이 되어라. 그리고 그 사실에 대하여 용기를 가져라." 이 말은 최선을 다해 살았으면 죄 때문에 절대로 좌절하지 말고 날마다 회개하고 믿음으로써 그리스도 안에서 기쁨을 발견하고 힘차게 정진하라는 뜻이 된다.

세 번째 오해는 '오직alone'이란 단어를 사용함으로써 사실상 실천과 분리된 믿음을 의미하지 않았느냐는 것이다. 이는 '오직 믿음으로'라는 슬로건의 단초가 된 성경구절들의 원어 본문에 '오직'이란 단어가 없다는 점에서 일정 정도 설득력을 갖는다(합 2:4하; 롬 1:17하; 3:27; 4:13; 갈 2:16; 3:11).[65] 그러나 '오직'이란 단어가 어떤 의미로 사용되었는지를 이해한다면 오해는 해소될 수 있다. 스프라울은 그 의미를 다음과 같이 정리한다.

> 종교개혁자들은 오직 믿음으로by faith alone 의로워진다고 가르쳤다. 홀로 존재하는 믿음으로by a faith that is alone 의로워진다고 가르친 적이 없다. 믿음은 결코 홀로 존재하지 않는다. 그건 언제나 행동으로 자신을 보여준다.

루터를 비롯해 종교개혁자들이 주창한 산 믿음이야말로 맘몬에 대한 강력한 도전이요 위협이 아닐 수 없다. 산 믿음은 더 이상 수도원에 갇혀 있는 믿음이 아니라 세상 한가운데서 삶으로 표현되는 믿음이기 때문이다. 맘몬이 인간들에게 요구하는 삶과 산 믿음에서 흘러나오는 삶은 필연적으로 충돌할 수밖에 없다. 산 믿음이 살아 움직이는 한, 맘몬은 세상에 발을 붙일 수가 없다. 하여 맘몬은 자본주의의 배후에 숨어서 산 믿음을 공략해온 것이다. 마침내 산 믿음을 죽은 믿음으로 변질시키는 데 맘몬은 상당한 성공을 거두어왔다. 특히 한국에선 대성공을 거두었다 해도 과언이 아니다. 이제 우리는 정신을 바짝 차려 산 믿음을 회복해야 한다.

본 장에서 자본주의 배후세력인 맘몬이 하나님나라를 무너뜨리기 위해 무슨 짓을 해왔는가를 살펴보았다. 성경해석을 교묘하게 뒤틀어 그리스도인의 삶의 두 기둥을 무너뜨렸다. 하나님에 대한 전폭적이고 순수한 사랑에서 떠나 하나님을 이용해 자기 탐욕을 충족시키는 기복신앙에 빠지게 만들었다. 이웃을 향한 진실한 사랑의 실천에서 떠나 값싼 은혜와 죽은 믿음에 안주하게 만들었다. 이제 이렇게 뒤틀린 신앙이 교회를 어떻게 구체적으로 부패시켜왔는가를 살펴볼 차례다.

4장

교회의 부패

자본주의 배후에 숨어 있는 맘몬은 교회를 무력화하기 위해 근원적으로 접근했다. 성경 해석방법을 뒤틀고, 다양한 버전의 기복신앙을 심어주고, 값싼 은혜와 죽은 믿음을 대중화시켰다. 이 모든 것은 결국 교회의 부패로 귀착될 수밖에 없다. 마치 암세포가 자라서 결국 온몸을 무너뜨리는 것과 같은 이치다. 교회는 하나님께서 예수 그리스도를 통해 부여해주신 진정한 정체성을 실현하기는커녕 오히려 세속화된 사회를 점점 닮아가게 되었다. 교회 안에서 하나님의 백성(벧전 2:10), 그리스도의 몸(엡 1:22–23; 4:11–16; 고전 12:12–31; 롬 12:4–8), 하나님나라 시민들(엡 2:19), 하나님의 가정(엡 2:19), 하나님의 집(엡 2:20–22), 그리스도의 신부(고후 11:2–3; 엡 5:23–25, 32; 계 19:6–10; 21:2)로서의 모습을 찾아보기가 점점 더 어려워져만 가고 있다. 한국 교회의 일그러진 모습들을 분석하고 회복의 길을 제시하는 좋은 글과 책들이 이미 존재하기 때문에[1] 여기선 간단하게 한국 교회 부패상의 주요 특징들만 몇 가지 짚고 넘어가고자 한다.

개교회성장주의[2]

교회가 기복신앙에 매료되어 있고 값싼 은혜와 죽은 믿음에 안주하게 되면 결국 엄청난 자원과 열정을 개個교회의 물량적 성장에 쏟아붓게 된다. 교회가 하나님나라를 모델로 삼기보다는 자본주의식 사고와 가치에 따라 스스로를 운영하게 되기 때문이다. 자본주의 경쟁시장에서 살아남고 성공하려면 경제의 규모를 갖춰야 하고 공격적인 마케팅을 서슴지 않아야 한다. 그러한 자본주의적 생존 및 성장 전략이 한국 교회 안으로 깊이 침투해 들어왔다. 그 결과가 바로 개교회성장주의이고 그에 따른 공격적인 전도와 선교이다.

물론 개교회가 자연스럽고 건강하게 성장하는 것은 매우 소중한 것이다. 보편적이고 우주적인 교회는 개교회를 떠나서 존재할 수 없다. 사도 바울도 소아시아와 그리스, 로마에 흩어져 있는 구체적 개교회를 소중히 여겼다. 예컨대 바울은 고린도 교회에 편지를 보내면서 '고린도에 있는 하나님의 교회'라고 표현한다. 헬라어 원어로 보면 '교회'라는 단어 앞에 정관사 'ho'(영어 the에 해당함)가 붙어 있다. 개교회는 보편적이고 우주적인 교회를 구체적으로 표현하는 중요한 단위이기 때문이다.

그러나 개교회를 소중히 여기는 단계에서 개교회주의로 넘어가는 것은 매우 위험한 일이다. 종교사회학자이자 목회자인 노치준 목사에 의하면 개교회주의란 '교회가 그 목표를 설정하고 활동을 전개하며 교회 내의 인적, 물질적 자원을 사용하는 데 있어서 개별 교회 내부의 문제, 특별히 개별 교회의 유지와 확장에 최우선권을 부여하는 태도 또는 방침'을 말한다.[3] 개교회주의에 사로잡히면 모든 관심이 개별교회 안으로 집중되기 때문에 언제나 개교회의 유지와 확장, 즉 물량적 성장에 초점을 맞추게 되어 있다. 개교회성장주의란 개교회주의를 좀 더 노골적으로 표현한 것에 지나지 않는다.

개교회성장주의의 폐해

개교회성장주의에 함몰되면 교회는 결국 '꿩 잡는 놈이 매'라는 실용적 논리에 사로잡히게 된다. 교회 성장을 가져오는 것이라면 뭐든지 옳고 신앙적인 것으로 환영받게 된다. 한동안 교회는 '목적이 수단을 정당화한다'는 논리를 공산당 논리라며 무척 증오했다. 그런데 교회가 바로 그 논리를 채택해온 것이다. 남이 하면 스캔들이고 자기가 하면 로맨스라는 식인 것이다. 사실 그동안 한국 교회가 지탄과 조롱의 대상이 된 이유도 따지고 보면 거의 대부분 바로 이런 정신과 연루되어 있다. 《양도둑질》이라는 책이[4] 출판될 만큼 보편화된, 수평이동을 통한 교인 쟁탈전, 문어발 경영을 꼭 닮은 지교회 설립, 담임목사직 세습, 초대형 건축을 위한 대규모 재정지출 및 차입경영, 교회의 계층화에 따른 교회 간 빈부격차, 목회자의 황제경영 등 이 모든 것들은 결국 효율적인 교회 성장을 위해 도입되고 활용되어온 수단들이다. 이를 정확히 꿰뚫고 있는 이들이 일반시민이다. 신뢰할 만한 조사결과에 의하면 시민 10명 중 7–8명이 한국 교회가 진리에는 관심이 없고

자기 교회와 교단의 세 확장에 더 관심이 많다고 판단하고 있을 정도이다.[5]

개교회성장주의를 옹호하는 잘못된 논리

그럼에도 불구하고 많은 이들이 개교회성장주의를 옹호하는 논리들을 신앙적인 양 내세운다. 먼저, 흔히들 예루살렘 초대교회에 3,000명, 5,000명의 그리스도인이 있었다는 점을 들어 개교회성장주의를 정당화하려 한다. 그러나 예루살렘 초대교회를 오늘날의 메가처치와 같은 성질의 교회로 본다면 이는 큰 착각이다. 우선 예루살렘 초대교회는 한 번도 물량적 성장을 교회 목표로 삼은 적이 없다. 예루살렘 초대교회의 성장은 단지 오순절 성령의 부으심과 그에 따른 담대한 복음 선포의 자연스러운 결과였다. 교회의 최우선 순위를 교회의 유지, 확장에 두는 것과 성령충만, 복음 선포에 두는 것은 하늘과 땅의 차이가 있다. 앞서 언급한 바와 같이 전자의 경우 교회가 부패하는 것은 시간문제다. 그리고 한국 교회가 기복신앙, 값싼 은혜, 죽은 믿음을 그렇게 쉽게 받아들인 것도 따지고 보면 교회 성장에 유리하다는 점이 크게 작용했다. 그러나 후자의 경우 결과는 온전히 주님께 맡기고 사심 없이 오로지 진정한 성령충만, 담대한 복음 선포에만 총력을 기울이게 된다.

그리고 예루살렘 초대교회에는 부활신앙에 기초한 철저한 제자도가 있었다. 그들 중에 자기 재물을 조금이라도 자기 것이라고 주장하는 사람이 단 한 사람도 없었다는 사실은 정말 놀라운 일이다. 그 결과 그들 중에 가난한 사람이 있으면 누군가 자기 재산을 팔아 나누었다. 그들 중에 가난한 사람이 없었다는 것은 당연한 귀결이었다(행 2:44-45; 4:32-37). 신명기 15장 4-6절의 언약이 실현된 하나님나라의 공동체였다. 그런 제자도야말로 예루살렘 초대교회의 신앙적 정체성을 확고히 세워주는 증거다. 그런데 오늘 대형교회들은 보편화된 철저한 제자도 대신 규모 자체를 자신들을 정당화하는 근거로 내세운다. '성장과 성공이 곧 선이고 진리'라는 비기독교적이고 반복음적인 명제를 당연시한다.[6] 한국 교회 개혁이 어려운 치명적 이유가 바로 여기에 있다. 교회 대형화 자체를 하나님의 축복의 결과로 확신하기 때문에 그것으로 자신의 어떤 모습과 행동도 정당화한다. 아마 예수님이 부활하신 몸으로 직접 오셔서 말씀하셔도 들을지 의심스러울 때가 많다(눅 16:31). 그 예수님을 가짜로 몰 확률이 매우 높다.

또한 예루살렘 초대교회는 실질적으로 소규모 가정교회들의 연합체였다. 이는 단순히 대형교회를 효율적으로 운영·관리하기 위해 소그룹 단위의 모임을 활성화하는 것과는 차원이 다르다. 오늘 한국 교회에서의 소그룹 모임은 대형교회의 조직논리, 즉 강력한 담임목사를 권력의 정점에 두고 위계질서에 따라 교회가 운영되어야 한다는 주장에 아무런 영향을 미치지 못한다. 다만 그걸 보완하고 정당화하는 수단에 지나지 않는다. 교회 전체는 냉정한 자본주의 논리에 따라 움직이고 소그룹은 그 틀 안에서 작은 오아시스의 역할을 한다. 이는 자본주의 사회에서 냉정한 경쟁체제를 핵가족과 가까운 친지들의 모임이 정당화해주는 것과 별로 다를 바가 없다.

그러나 예루살렘 초대교회에는 권력의 정점 자체가 없었다. '사도들'이 함께 제자들을 가르치면서 공동 리더십을 발휘했다(행 2:42. 한글 개역성경과 개역개정성경에는 '사도'로 되어 있는데 원문은 '사도들'이다). 공동 리더십마저 제자들 위에 군림하는 리더십이 아니었다. 구제사역을 전담할 일꾼 7명을 선택할 때도 그들은 단지 기준만 제시했을 뿐이다. 온 무리들이 7명을 선택해왔을 때 사도들은 단지 기도하고 그들에게 안수함으로써 그들의 선택을 존중했다(행 6:1–6). 그뿐 아니라 가정에선 함께 떡을 떼었는데 이는 오늘로 말하자면 성찬식을 겸한 애찬이었다. 그들의 교제가 얼마나 친밀했는지 누가 가난한지를 금방 알아차리고 도와줄 수 있었다(행 2:45–46). 예루살렘 초대교회가 오늘날의 메가처치를 정당화하는 신학적 근거가 될 수 없음은 너무나 분명하다.

개교회성장주의를 정당화하는 또 다른 논리는 교회 규모가 커야 좋은 공동체를 형성해 하나님나라의 일을 더 잘할 수 있다는 주장이다. 새들백 교회의 릭 워렌 목사는 2009년 11월 20일 자신의 교회에서 열린 '복음주의 미래' 포럼에서 이렇게 말한 바 있다.

> 주일에 메가처치에 가는 것은 여러 면에서 참 불편한 일이다. 그런데도 왜 메가처치에 가는가? 좋은 프로그램과 목회가 있기 때문이다. 게다가 개개인의 필요에 더 잘 맞추어줄 수 있는 것이 메가처치이기 때문이다. 크기가 문제가 아닌 것이다. 소형 교회에 비해서 개인의 요구를 잘 맞추어줄 수 있는 것이 메

가치치다.[7]

그는 자신의 교회가 진짜 공동체를 만들어가고 있다고 확신한다. 그 구체적 사례로 두 가지를 든다. 먼저 자신의 교회엔 4,500개의 소그룹이 있어서 아픈 사람, 해고당한 사람을 개인적으로 돌볼 수 있다. 둘째, 300여 개의 목회 프로그램을 통해 다운증후군 아이를 가진 부모를 비롯해 다양한 필요를 갖고 있는 이들을 전문적으로 돌볼 수 있다. 특히 후자는 작은 교회에선 불가능한 일이라고 주장한다.

그러나 이런 확신에는 몇 가지 중대한 오류가 있다. 우선 릭 워렌 목사는 이미 개교회주의를 불변의 전제로 삼고 논지를 펼친다. 왜 교회는 중요한 임무를 꼭 개교회별로 수행해야만 한다고 생각하는가? 바울은 예루살렘 교회의 가난한 사람을 돕기 위해 그 멀리 떨어져 있는 마케도니아 교회와 고린도 교회 성도들을 얼마나 절실한 마음으로 설득하고 있는가?(고후 8-9장) 릭 워렌 목사가 자랑스럽게 주장하는 사역들은 작은 교회들이 협력하면 얼마든지 해낼 수 있다. 물론 인간이 모두 연약한지라 연합사역이 현실적으로 더 어려운 것은 사실이다. 그러나 그런 어려움이 개교회성장주의를 정당화하는 근거가 되어선 안 된다. 교회들이 주님의 은혜로 더 성숙해나가야 할 이유가 되어야 한다.

릭 워렌의 둘째 오류는 나무는 보고 숲은 보지 못하는 데 있다. 예수님의 공생애 사역에서 볼 수 있는 것처럼 개인의 실질적 필요들을 채워주는 것은 교회의 소중한 사역임에 틀림없다(요 6:1-

13). 그러나 그보다 더 중요한 사역이 있다. 그건 예수님께서 의도하신 바와 같이 그들이 예수님의 십자가의 도를 깨달아 영생을 맛보고 예수님이 가신 길을 온몸으로 따라가는 것이다(요 6:14-71). 우리는 이 둘 사이에 충돌이 없을 거라고 너무 쉽게 생각한다. 교회를 대형화해 개인들의 필요를 잘 채워주면서도 이 사역을 능히 해낼 수 있다고 자신한다.

그러나 용기를 내서 감히 말하자면 이는 매우 교만한 생각이다. 왜냐하면 예수님 자신도 사실상 공생애 사역 기간 동안 이에 실패하셨기 때문이다. 자신들의 필요를 넘치도록 채워주는 예수님을 경험하자 무리들은 그를 왕으로 삼고 싶어 했고 그를 열렬히 따랐다. 그러나 예수님은 그들을 십자가의 도로 이끌어가고 싶어 했다. 그러자 무리들은 예수님을 다 떠나고 말았다. 오죽하면 예수님께서 열두 제자들에게 "너희까지도 떠나가려 하느냐"고 물으셨을까?(요 6:67) 베드로는 "주님, 우리가 누구에게로 가겠습니까? 선생님께는 영생의 말씀이 있습니다. 우리는, 선생님이 하나님의 거룩한 분이심을 믿고, 또 알았습니다" 하고 멋지게 대답했지만 그마저 막상 십자가가 다가오자 예수님을 부인했다(요 6:68-69; 18:25-27).

교회를 잘 키워 교인들의 필요는 충분히 채워주었는데 그들을 십자가의 도로 이끌지 못했다면 그건 예수님과 하나님나라의 관점에서 보자면 실패다. 자랑거리가 아니다. 우리는 비교적 건강한 대형교회를 세운 고 옥한흠 목사나 홍정길 목사가 은퇴 후 자신의 사역이 실패였다고 고백한 것을 정말 곰곰이 생각해봐야 한다.[8] 단순히 그들에게서 겸손의 미덕을 보고 그들을 더욱 존경하는 것으로 끝나선 안 된다. 그들이 실패라고 한 것을 정말 실패로 깨달아야 하고, 그 실패를 반복해선 안 된다. 그 실패란 바로 예수의 진정한 제자를 키우지 못했다는 점이다. 십자가의 제자도로 사람들을 이끌어가는 것은 실로 어려운 일이다. 그런데 교회를 대형화하면서 동시에 이 어려운 과제를 수행할 수 있을까? 바람처럼 불처럼 각자에게 임한 오순절 성령의 역사, 순교를 각오한 사도들 같은 인물의 출현, 그리고 하나님의 특별한 역사적 섭리가 오늘에 재현된다면 가능할 것이다. 그렇지 않은 한, 십자가의 도를 정말 온몸으로 가르치고 싶다면 교회 대형화에 대한 열망이나 자랑을 깨끗이 버려야 한다.

강도의 소굴

예레미야와 예수님은 벌써 오래전에 하나님의 집이 바로 '강도의 소굴'로 전락한 것을 보고 몹시 분노했다(렘 7:11; 눅 19:46). 예레미야 시대의 문제의 핵심은 신앙과 삶의 불일치였다. 유다 백성들은 사회정의를 저버리고 나그네, 고아, 과부 등 당시의 대표적인 사회적 약자 집단을 억압했다. 무고한 사람들을 살해하고, 우상을 숭배하고, 도둑질하고, 음행을 하고, 거짓으로 맹세했다. 그런 그들이 회개도 없이 성전에 들어와 뻔뻔스럽게 예배를 드릴 때 하나님은 그들의 가증스러운 예배를 도저히 받을 수 없었다.

아마 하나님은 거기에 계시지 않았을 것이다. 그러나 그들은 여전히 '이곳[성전]이 하나님의 집'이라는 당시 유행하던 구호를 굳게 믿었고 그 안에서 열정적으로 예배를 드리며 "우리는 구원을 받았다"고 노래했다. 하여 하나님은 예레미야를 통해 말씀하신다.

> 그래, 내 이름으로 불리는 이 성전이, 너희의 눈에는 도둑들이 숨는 곳으로 보이느냐? 여기에서 벌어진 온갖 악을 나도 똑똑히 다 보았다. 나 주의 말이다(렘 7:11).

예수님 당시 이스라엘의 문제는 예루살렘 성전 지도자들이 성전제사를 빙자해 이방인의 뜰을 장터로 만들어 가난한 사람들을 등쳐먹고, 이방인들의 접근을 방해했다는 점이다. 성전세용 동전 환전에 수수료를 붙여먹고, 제사용 제물을 팔면서 이익을 챙긴 것이다. 겉모양은 성전제사의 편의를 돕는 것이니 신앙적으로 보였다. 그러나 그건 지도자들이 자신들의 경제적 탐욕을 충족시키기 위한 그럴듯한 수단에 지나지 않았던 것이다. 예수님은 분노하지 않을 수 없었다.

> 성경에 기록하기를 "내 집은 기도하는 집이 될 것이다" 하였다. 그런데 너희는 그것을 '강도들의 소굴'로 만들어버렸다(눅 9:46).

이런 말씀들을 통해 교회가 강도의 소굴로 전락한다는 것이 무엇인지 깨달을 수 있다. 사람들이 온갖 죄를 범하고도 회개하지 않은 채 교회에서 예배드리고 찬양하면서 자신들의 신앙적 안전과 정당성을 확보하려 할 때 그것을 용인하면 교회는 강도의 소굴이 된다. 하나님의 이름을 빙자하여 갖은 방법을 다해 부를 축적하고 정작 잃어버린 사람들은 외면하는 사람들을 용인하거나 부추김으로써 함께 이익을 보고자 할 때, 교회는 강도의 소굴로 전락한다.

이렇게 될 때 교회는 시편 73편의 저자가 경험한 성전과는 정반대의 것이 된다. 그는 불의한 자들이 오히려 항상 평안하며 재물을 축적하며 죽는 순간까지도 고통 없이 건강하게 사는 모습을 보고 넘어질 뻔했다. 도대체 의롭게 산다는 게 다 헛된 것 아닌가, 하며 탄식할 수밖에 없었다. 그런데 그는 어느 순간 전혀 다른 사람이 된다. 하나님에 대한 넘치는 사랑을 고백하며 '하나님께 가까이 있는 것이 나에게 복'이라고 노래한다. 하나님의 공의로운 심판에 대한 비전을 보았기 때문이다. 주님께서 자기의 오른손을 붙드시고 인도해주셔서 마침내 주님의 영광의 자리에 참여시켜줄 것을 내다볼 수 있었기 때문이다. 언제 어디서 어떻게 이런 확신을 갖게 되었을까? 그 비밀은 바로 하나님의 집에 있다. 그는 17절에서 이렇게 노래한다.

> 그러나 마침내 하나님의 성소에 들어가서야, 악한 자들의 종말이 어떻게 되리라는 것을 깨닫게 되었습니다.

하나님의 집이란 원래 이런 곳이어야 한다. 의롭게 살려다 고통과 외로움을 겪고 있는 이들이 와서 하나님의 정의를 새롭게 깨닫고 하나님의 놀라운 위로를 받는 곳이어야 한다. 그러나 교회가 강도의 소굴로 전락하면 이런 일은 결코 일어날 수 없다. 아니 더 깊은 절망과 좌절을 맛보게 될 것이다.

강도의 소굴로 전락하는 과정

하나님의 집이, 신약적으로 재해석하면 교회 자체가 이렇게 강도의 소굴로 전락하게 되는 건 교회가 개교회성장주의에 매몰된 결과이다. 그 과정은 대략 이렇다. 양적 성장에 바빠 진정한 제자도를 가르칠 의지도 여유도 없기 때문에 일단 진정한 제자가 희귀해진다. 예수를 믿으면서도 세상의 가치관을 여전히 지니고 있는 사람들이 그 빈자리를 메꾸게 된다. 그들 중에 리더가 세워질 수밖에 없다. 그런데 교회가 대형화되려면 교인들의 필요를 일일이 잘 충족시켜주어야 하는데 그러려면 각 분야에서 성공한 전문가들과 풍부한 경제적 자원이 요청된다. 결국 세상에서 잘나가는 사람들이 교회에서도 리더가 될 수밖에 없다. 사회적으로 출세한 유력인사들과 경제적으로 성공한 부유층 인사들이 복음과 교회의 실질적인 주인이 된다. 이는 안수집사, 장로, 권사로 임직하는 과정에서, 교회 규모에 따라 액수의 차이가 있지만, 상당한 헌금을 드리는 것이 관례로 자리 잡아온 현실에서 잘 드러난다. 혹 가난한 사람이 장로가 되어도 중요한 회의 자리에서 발언을 거의 안 하거나 하더라도 정말 조심스럽다. 헌금을 많이 드리지 못한다는 자격지심 때문이다.

문제는 자본주의 사회에서 출세하고 성공하려면 특별한 기적이 아니곤 자기 의지와 상관없이 손에 때를 많이 묻힐 수밖에 없다는 점이다. 거기까진 그래도 현실이니까 이해하고 용인해줄 수 있다. 그러나 중요한 것은 그런 사람들이 진실한 회개 없이 교회에서 리더가 되어서는 안 된다는 점이다. 그런데 회개를 촉구하면 이들이 교회를 떠난다. 하지만 교회를 대형화하기 위해선 그런 사람들을 놓쳐선 안 된다. 아니 그런 사람들을 좋은 신앙인으로 대접해주고 리더로 세워야 한다. 이런 과정이 깊어지면 마침내 교회는 강도들이 편히 쉬고 주인 노릇하는 곳으로 전락한다.

한 개인이든 단체든 한국 교회 전체를 일일이 파악하는 것은 거의 불가능하기에 오직 하나님만이 진실을 아실 것이다. 그러나 조금만 관심을 기울이면 언론 보도와 직접적인 경험을 통해 한국 교회가 강도의 소굴로 변해가고 있다는 점을 능히 알아차릴 수 있다. 이명박 전 대통령의 집권 초기에 '고·소·영'이란 말이 언론에서 자주 회자되곤 했다. 정부 고위요직에 '고'려대학교 출신, '소'망교회 교인, '영'남권 인사들이 집중적으로 발탁되었기 때문이다. 물론 소망교회 출신 고위직 인사를 다 강도로 매도하는 것은 조심스러운 일이다. 그러나 2012년 대선에서 여야를 막론하고 경제민주화와 복지를 들고나온 것을 보면 이명박 정권의 성격이 어떠했는지는 가히 짐작해볼 수 있다. 슬픈 것은 가난한 사람들의 고통을 잘 모르고 그들의 마음에 못을 박는 유력 인사들이 대표적인 교회들 안에서도 리더십을 발휘한다는 점이다. 사회적 약자들은 교회에서조차 주눅이 들어 자리를 잡지 못한다.

이랜드 사태와 개교회성장주의

마음 아픈 이야기지만 한국 교회의 현실을 정확히 진단하기 위해 한 가지 예를 들고자 한다. 2007년 7월 8일 한국 교회는 '2007년 한국 교회 대부흥 100주년 기념대회'를 상암월드컵경기장에서 열었다. 10만여 명이 모여 대성황을 이루었다. 한국 교회를 대표하여 사랑의교회 고 옥한흠 원로목사가 설교했다. 피를 토하는 심정으로 교회의 지도자들부터 회개해야 한다고 부르짖었다. 그런데 바로 그날 집회장 바로 아래 홈에버 매장에선 대표적 기독교 기업인 이랜드그룹의 비정규직 대량해고를 규탄하는 노동자들의 농성이 벌어지고 있었다. 역설적으로 이랜드그룹의 창업주인 박성수 현 회장은 잘 알려진 대로 고 옥한흠 목사의 애제자로, 사랑의교회 시무장로로도 섬긴 바 있다. 그는 가장 모범적인 그리스도인 사업가로도 칭송을 받았다. 이것이 바로 오늘 한국 교회의 자화상이다.

물론 이랜드그룹의 경영행위를 옹호하고 나선 기독교 인사들도 없지 않다.[9] 일리가 전혀 없지는 않다. 이랜드는 그동안 탈세를 하지 않는 등 정직하게 기업을 운영하면서도 성공의 가도를 달렸고, 이윤의 10퍼센트를 사회에 환원하며 다양한 복지활동에 기여해왔다. 기업 내 신앙적 분위기와 활동들도 많은 사람들의 부러움을 샀다. 이랜드의 이러한 점들을 나 역시 소중하게 생각한다. 또한 기독교 기업일지라도 이윤 축적이 되어야 존속하고 성장할 수 있다는 것은 너무나 당연한 상식이다.

그러나 기업이 이윤을 남기게 되는 것은 경영인들만의 노력 때문이 아니고 수많은 노동자들의 피땀 어린 수고가 있었기 때문임을 잊지 않아야 한다. 기업이 이윤을 축적하고 또 그 이윤의 일부를 교회와 사회로 환원하는 과정에서 노동자들의 권리와 수고가 무시된다면 하나님나라의 관점에서 볼 때 매우 치명적인 잘못이다. 그러지 않아도 현재 한국 사회는 비정규직 양산과 사회적 양극화 현상으로 몸살을 앓고 있다. 이런 상황에서 단지 실정법을 어기는 것이 아니라며 노조와의 약속을 어겨가면서 상당수의 비정규직을 해고하고 외주로 돌린 것은 정의롭지 못한 경영행위임을 부정할 수 없다. 이랜드 경영진의 입장에선 무척 서운하게 들리겠지만 엄격하게 판단하면 이는 땀 흘린 노동자들에게 돌아가야 할 몫의 상당 부분을 교회나 사회로 돌리는 것이나 다름없기 때문이다. 그와 함께 그 영광은 실질적인 차원에서 이랜드와 이랜드의 최고 경영진에게로 돌아간다. 이를 일종의 강도 행위라고 규정하면 지나친 것일까? 이랜드가 이런 문제에 휘말려 들어간 보다 근원적인 원인은 자본주의적 경쟁시장에서 성공해야 한다는 강박관념에 지나치게 사로잡혀왔기 때문이다.[10]

그러나 슬프고 아쉽게도 교회는 이런 문제를 진지하게 다루고자 하는 관심과 의지도 갖고 있지 않거니와 공평하고 정의롭게 다룰 만한 신학적·도덕적 역량을 지니고 있지 못하다. 다만 기독교 기업인이 성공하고 헌금과 주일성수를 비롯한 교회생활에 충실하면 그를 아주 훌륭한 모델로 제시할 뿐이다. 교회는 그런 이들이 대접받는 안식처로 변질된다. 이 모든 것은 근원을 살펴보면 맘몬과 자본주의가 부추긴 개교회성장주의에서 비롯된 것이다.

빗나간 정치 참여

교회가 강도의 소굴로서의 성격을 지니면 지닐수록 빗나간 정치 참여에 힘을 기울이게 되기 마련이다. 교회의 주축을 이루는 이들이 세상에서도 지배층에 속하는 이들이기 때문이다. 그들의 이익에 위협이 오면 교회는 그들의 이익을 지켜주기 위해 같이 나서게 된다. 한국 보수교회의 리더들은 대체적으로 자본주의 사회에서 덕을 본 장본인들이다. 이 점이 한국 보수교회로 하여금 빗나간 정치 참여에 발을 들이게 만든 주요인이다.

민주화 이전의 한국 교회

서슬 퍼렇던 군부독재 치하에서는 아주 소수의 진보적인 그리스도인들과 교회를 제외하고 대다수의 한국 교회가 독재정권과 우호적인 관계를 맺었다. 표면적으로는 정교분리 원칙을 내세웠지만 이는 단지 진보적 크리스천들의 저항적 정치 참여를 차단하기 위한 수단에 지나지 않았다. 정교분리 원칙을 주장하는 지도층 인사들 자신은 오히려 군부독재정권을 옹호하는 다양한 정치 참여를 하였다. 성명서 발표를 통해 독재정권에 대한 지지의사를 밝히는가 하면 독재자가 마련한 조찬기도회에 참여하여 정권 친화적 기도와 설교로 독재정권의 정당화 작업에 지대한 공을 세웠다.[11]

박정희 개발독재정권은 국가 주도의 자본주의를, 전두환 군부정권은 자유주의적 자본주의를 추구했다. 한국 교회가 독재정권을 실질적으로 후원한 것은 앞서 간략하게 언급한 것처럼 철저한 반공사상과 친자본주의적 입장을 공유한 데서 비롯된 바가 크다. 한 걸음 더 나아가 독재정권의 지지와 후원을 받아냄으로써 교회의 물적 기반을 확고하게 세워보고자 하는 열망의 소산이기도 했다. 자본주의와 맘몬에 눈이 먼 교회 지도자들은 하나님나라의 전망과 시각에서 불의한 독재정권과 자본주의를 비판할 능력을 상실했다.

민주화 이후의 한국 보수교회

1987년 6월 민주항쟁을 통해 민주화가 본격적으로 진행된 지 15년이 흐르자 교계 보수층 인사들은 정치 참여의 신학적 정당성을 부르짖으며 본격적인 정치 참여에 나서게 되었다.[12] 이 역시 빗나간 것이었다. 결정적 계기는 2002년 말 효순·미선의 사망으로 촉발된 SOFA개정촉구 촛불집회와 노무현 대통령의 당선이었다. 보수적 교계지도자들 눈에 노무현 참여정부는 친북좌파 정권이었다. 강한 위기의식을 느낀 이들은 한기총을 중심으로 해서 2003년 1월부터 북한 김정일 정권을 강력히 규탄하고 미국 부시 정권을 절대적으로 지지하는 숭미주의 성격의 대규모 집회를 열기 시작했다.[13] 급기야 2004년 총선을 앞두고는 한국기독당(현재 기독자유민주당)을 창당하여 정치권 진입을 시도했으나 실패했다.[14] 그런가 하면 이들보다는 신선한 이미지를 갖고 있던 교계 중진들과 상대적으로 젊은 세대들이 연대하여 적극적인 사회참여를 목적으로 한 '기독교사회책임'을 결성하였다. 선진화와 중도통합을 이념으로 내세움으로 사실상 소위 친자본주의적 뉴라이트와 별다를 바 없는 노선을 택했다.[15]

그리고 2005년 보수교계 지도자들의 빗나간 정치 참여를 극적으로 보여준 사건이 발생했다. 교계 지도자들이 영락교회에 모여 삭발까지 하고 성도들을 동원해 대대적인 정치 참여를 한 것이다. 이를 통해 기어이 관철시킨 것은 2005년 개정사학법의 재개정이었다. 그 핵심은 개방형이사 선임방식의 변경이다. 원래의 개정사학법은 교원, 학부모, 지역인사로 구성된 학교운영위원회(대학의 경우 대학평의회)가 이사의 4분의 1을 2배수 추천하면 재단이 임명하게 했다. 재개정된 사학법에선 개방이사의 추천 주체가 5인 이상 홀수로 구성되는 개방이사추천위원회로 변경되었다. 일반 사학은 개방이사추천위원의 과반수를 학교운영위(또는 대학평의회)가 추천하고 나머지는 재단이 추천한다. 종교사학은 종단측이 과반수를 추천하고 그 나머지를 학교운영위(혹은 대학평의회)가 추천한다. 이로써 사학재단은 개방형 이사의 임명권뿐 아니라 추천 과정에도 참여할 수 있게 되어 그 권한이 대폭 강화된 셈이다. 그런가 하면 이사장의 직계존비속 및 배우자의 학교장 취임 금지 조항도 삭제됨으로 말미암아 사학의 공공성이 축소될 수 있는 가능성이 더 커졌다.

이러한 재개정을 촉구한 명분으로 교계 지도자들은 종교와 선교의 자유를 내세웠다. 하지만 자세히 들여다보면 자본과 종교가 결탁된 기득권 유지가 그 핵심에 있는 것을 발견할 수 있다. 도대체 이사 중 4분의 1이 기독사학재단이 직접 임명하지 않은 인사이기 때문에 기독교교육을 제대로 시킬 수 없다면, 그렇게까지 영적 권위와 영향력을 상실한 기독교사학은 정직하게 문을 닫아야 하지 않을까, 하는 것이 의식 있는 사람들의 생각이다. 진리와 사랑의 힘보다는 정치적·법적 힘에 의존한 기독교교육에 무슨 의미가 있을까, 질문을 던지지 않을 수 없다.

교회가 예언자적 사명을 감당하기 위해 정치적 이슈에 정의와 평화의 목소리를 내는 것은 바람직한 일이다. 그러나 한국 보수 교회는 불행하게도 민주화를 전후로 해서 표현 방식만 전혀 달랐을 뿐 일관성 있게 자본주의 사회에서의 기득권 유지를 위해 정치에 참여해왔다. 이렇게 빗나간 정치 참여의 불행한 모습을 지켜본 김지방 기자는 책을 마무리하며 한국 교회에 간절히 호소한다.

> 교회가 정치에 참여하려면, 그것은 권력을 향한 질주가 아니라 오히려 권력에서 소외된 이들을 향한 섬김의 활동이 되어야 한다.[16]

무신론보다 용납할 수 없는 것

마르크스는 당시 자신이 거하고 있던 영국의 국교의 현실을 발견하고 《자본론》 서문에 다음과 같이 썼다.

> 예컨대 영국 국교는 교회 재산의 39분의 1에 대해 공격하는 것보다 39개 신조 중 38개 조항에 대해 공격하는 것을 더 쉽게 용서할 것입니다. 오늘날 무신론 자체는 현존하는 재산관계에 대한 비판에 비하면 작은 죄에 지나지 않습니다.[17]

이는 당시 영국 국교가 경제적 풍요와 배타적 재산권을 강조하는 자본주의 정신과 가치관에 얼마나 깊이 물들어 있었는가를 단적으로 보여준다. 하나님은 교회가 부패하여 하나님의 음성을 듣지 않으면 이렇게 교회 밖의 사람들을 통해서 부끄럽게 만드신다.

오늘 우리 한국 교회의 모습도 여기서 그렇게 멀지 않다. 한국 교회가 일반 언론으로부터 심각한 비판과 경고를 받는 경우가 이미 제법 많았다. 교회가 예수님의 십자가의 도를 잘 증언해서 핍박을 받는다면 이는 자랑스러운 일이다. 그러나 교회가 세상의 도덕과 양심의 수준에도 못 미쳐 비판을 받는다면 얼마나 통탄할 노릇인가. 이런 부끄러운 상태에서 벗어나 세상의 소금과 빛이 되려면 한국 교회는 환골탈태하는 심정으로 스스로 개혁의 길을 떠나야 한다.

교회 안으로 깊이 스며들어와 있는 자본주의적 요소를 밝혀내고 과감히 폐기해야 한다. 성경을 뒤트는 해석, 다양한 버전의 기복신앙, 값싼 은혜와 죽은 믿음을 청산해야 한다. 이런 요소들로 말미암아 발생한 교회의 부패현상도 정직하게 대면해야 한다. 개교회성장주의로 말미암은 여러 가지 부끄러운 일들, 교회가 강도의 소굴로 전락해가고 있는 실정, 기득권 유지를 위한 빗나간 정치 참여가 오늘 우리의 얼굴이라는 점을 깊이 깨달아야 한다. 그럴 때 비로소 주님의 은혜 가운데 한국 교회를 개혁해가는 길이 열리기 시작할 것이다.

이제 제2부에선 교회가 맘몬의 굴레에서 벗어나 개혁의 길을 걸어가기 위해 한국 교회가 적극적으로 해야 할 일이 무엇인지 성찰해보고자 한다.

2부

맘몬에서 해방되는 길

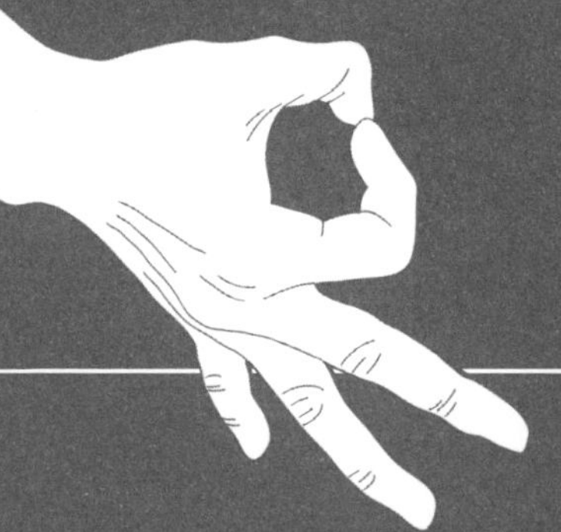

5장

구원 없이 맘몬을 이길 수 없다

지금까지 한국 교회가 오늘 이렇게 부패한 모습으로 존재하게 된 것은 자본주의적 요소가 교회 안으로 깊이 들어와버렸기 때문이라는 점을 살펴보았다. 이 장부터 시작하여 마지막 장까지는 교회 안에 깊이 들어와 있는 자본주의적 요소를 제거할 수 있는 방안에 대하여 살펴보고자 한다.

앞서 거듭 말한 것처럼 자본주의가 교회를 사로잡을 만큼 그렇게 강력한 힘과 매력을 갖게 된 원천은 배후세력인 맘몬이다. 곧 살펴보겠지만 '맘몬'은 예수님이 사용하신 표현으로, 부富, 물질적 풍요, 좀 더 적나라하게 표현하자면 돈을 의인화한 단어이다. 말하자면 돈의 신이다. 이는 맘몬과 돈은 현실 세상에서 불가분의 관계에 놓여 있음을 의미한다. 그래서 이 장에선 대부분의 경우 인간에게 표면적으로 다가오는 실체를 강조할 때는 '돈'으로, 그 이면의 영적 성질을 강조할 때는 '맘몬'으로 표기한다.

그러므로 교회가 자본주의의 틀에서 벗어나려면 그 강력한 배후세력인 맘몬의 정체를 정확히 파악하는 것이 최우선적 과제이다. 맘몬이 어떤 존재인지도 모르고 그와 싸우려는 것처럼 위험한 것이 없다. 가장 무서운 것은 맘몬의 은밀한 교란작전과 침투작전에 말려들어 싸워보기도 전에 스스로 무너지는 것이다. 그런가 하면 엉뚱한 상대와 싸우거나 헛발질하다가 지쳐버릴 수도, 얕잡아봤다가 큰 낭패를 당할 수도 있다. 둘째 단계는 진정한 구원의 길을 걸어감으로써 하나님이 주시는 영생을 깊이 맛보는 것이다. 인간은 맘몬에게 적수가 안 된다. 그의 유혹과 위협을 이겨낼 만큼 강하지 못하다. 맘몬은 하나님이 우리 안에 거하시고 우리가 그 안에 거할 때 비로소 물리칠 수 있는 존재다. 인간의 힘만으로 덤벼들다가는 깊은 패배주의에 빠지기 쉽고 그러다 기회주의자로 변절할 위험성이 무척 높다.

그러면 먼저 돈과 맘몬의 정체부터 파헤쳐보기로 한다.

돈의 본질과 정체

돈은 케인스가 말한 것처럼 '경제적 가치로 보편적 형식을 가진 가장 안정된 물건'이다.[1] 자본주의 사회에서 돈은 소위 보편적 등가물等價物로서의 역할을 한다. 예컨대 최신형 스마트폰이 출시되었는데 그 가격이 95만 원으로 매겨졌다고 하자. 그러면 95만 원이란 돈은 그 스마트폰과 같은 가치가 있는 물건이다. 이런 식으로 모든 물건의 등가물이 될 수 있기 때문에 돈은 보편성을 띠게 된다. 돈만 있으면 어떤 상품이든지 마음먹는 대로 구입할 수 있기에 가히 안정된 물건이라 할 만하다. 게다가 돈은 유동성이 있다. 몸으로 휴대하여 언제 어디서나 사용할 수도 있고, 인터넷

뱅킹을 통해 순식간에 원하는 곳으로 이동시킬 수 있다. 누군가를 만나기 위해 외출하거나 어떤 사업이나 활동을 추진하고자 할 때 은행계좌나 주머니에 돈이 그득하면 왠지 마음이 든든한 이유도 여기에 있다 할 것이다. 또한 돈은 다른 물건들과 달리 아무리 오래 저장해둔다고 해도, 통화량 증가에 따라 실질가치가 어느 정도 떨어지기는 하겠지만, 썩어 없어질 염려도 없다. 이른바 가치 저장성이 뛰어나다.

돈은 이렇게 보편적인 등가물로서의 성격, 유동성, 그리고 저장성을 지니고 있기 때문에 경제적 가치가 있는 그 어떤 것들보다도 선호되는 물건이다. 하지만 다이아몬드, 금과 은 같은 보석에서 부동산, 주식, 채권 그리고 보험 등도, 경제상황에 따라 가격과 난이도의 차이가 나지만 돈으로 다시 환원될 수 있기에 사람들이 좋아하는 것들이다. 그리고 사람들이 돈과 돈으로 환원될 수 있는 것들을 선호하는 이유는 그것들이 우리에게 물질적 풍요를 약속해주기 때문이다. 이렇게 돈, 돈으로 환원될 수 있는 것들, 그리고 돈이 가져다줄 수 있는 물질적 풍요는 아주 밀접한 관계에 놓여 있다. 그래서 돈의 본질과 정체를 파악하기 위해선 이 모든 것들을 묶어서 생각하는 것이 좋다. 이를 감안해서 본 장에선 이 모든 것을 다 포함해서 넓은 의미의 돈을 두고 이야기하려고 한다.[2]

물론 여기에는 일반화의 위험성이 있다. 왜냐하면 좁은 의미의 돈에는 독특한 성질이 있기 때문이다. 우선 돈은 사회적 합의와 신뢰에 의해서 그 효력이 발생한다. 그래서 현대 사회에서 돈의 움직임은 대부분의 경우 인터넷상의 숫자로 표시된다. 게다가 자본주의 사회에선 돈이 자본으로 화할 때 노동과의 비대칭적 관계를 이용하거나 금융시장의 메커니즘을 통해 자기를 증식해갈 수 있는 엄청난 힘을 갖게 된다. 한 걸음 더 나아가 돈은 모든 것을 상품으로 만들어버리려는 강력한 경향성을 지니고 있다. 그러므로 본 장에서 '돈'을 특별한 언급 없이 넓은 의미에서 사용할 땐 좁은 의미의 돈이 지니는 독특한 성질과는 무관한 공통적인 성질에 국한해 이야기한다는 점을 양지해주기 바란다.

그럼 이제 포괄적인 의미에서의 돈은 과연 어떤 본질을 갖고 있는가를 생각해보자. 먼저 돈의 본질에 대한 두 극단적 관점을 살펴보고자 한다. 하나는 이원론적 금욕주의이고 다른 하나는 물신주의이다. 이는 우리가 극복해나가야 할 관점들이다.

돈은 우상일 뿐이다? – 이원론적 금욕주의

이원론적 금욕주의란 돈으로 가장 명확하게 표현되는 물질적 풍요 자체를 우상으로 간주하여 죄악시하고 극단적 빈곤 자체를 선으로 여기는 태도를 말한다. 이러한 태도는 몸(혹은 물질)과 영혼(혹은 정신)에 대한 고대 그리스 철학자들의 이원론적 사상에서 영향을 받은 것이다. 이들은 인간의 몸을 '어두운 동굴', '어두운 대륙' 그리고 '영혼의 감옥' 등으로 표현했다.[3] 플라톤은 신체는 소멸되는 존재이지만 영혼은 '자연적인 불멸성'을 지니고 있다고 보았다. 진정한 인간이 되려면 육신의 탈을 벗어던지고 영혼만의 순수한 상태를 지향해야 한다. 인간의 신체적 필요와 욕구를 채워주는 물질 역시 그림자 같아서 실체가 없는 것이며 본질적 차원에서 보자면 도덕적 가치가 없다.

이러한 사상이 기독교 신학에 깊이 침투해 들어오면서 인간의 신체적 필요를 충족시켜주는 부와 물질문화의 세계를 부정적으로 보는 관점이 자리를 잡게 되었다. 이런 흐름 가운데 있는 기독교의 유형은 리처드 니버가 제시한 기독교와 문화의 관계 다섯 유형 중 첫 번째인 '문화에 대립하는 그리스도' 유형에 속한다.[4] 이들은 돈과 물질문화를 철저히 배격하는 극단적인 금욕주의 입장을 취한다. 테르툴리아누스는 원죄는 거의 사회를 통해서 전염된다고 보았으며 문화 자체야말로 죄가 가장 많이 있는 곳이라고 보았다.[5] 자연을 무척 사랑한 수도사로 유명한 성 프란체스코는 물질세계를 악하게 보는 전형적인 이원론자는 아니었다. 하지만 예수님의 지상 생활을 문자적으로 본받는 것이 그리스도인의 이상적인 삶의 모범이라고 믿고 모든 사적 소유를 포기하고 극단적인 빈곤의 길을 택하였다. 소유라곤 옷 한 벌뿐이었던 그는 '빈곤은 나의 배우자'라면서 생존수단으로서의 '구걸을 부끄럽게 여기는 것은 구원의 길의 적'이라고까지 말했다.[6]

토마스 아퀴나스는 아우구스티누스보다는 세상에 대하여 특히 정치에 대하여 좀 더 긍정적 의미를 부여한 것이 사실이다.[7] 그러나 사회, 경제 그리고 행정을 포괄하는 정치 영역을 교회와 분리시켰다. 전자는 자연의 영역으로 후자는 초자연의 영역으로 구분한 것이다. 그는 교회를 오직 인간의 영혼 문제에만 집중하는 전문기관으로 보는 관점을 열어놓았다.[8] 이는 유한한 존재인 인간과 무한한 존재이신 하나님과의 관계는 기본적으로 내면적인 것이라고 보는 경향을 더욱 강화시키는 결과를 낳았다. 자연스럽게 최소한의 돈과 물질로 생존을 이어가는 빈곤을 영적 완전을 향한 필수조건으로 강조하는 금욕주의로 이어졌다.[9] 이런 관점은 앞서 값비싼 은혜와 산 믿음에 대하여 이야기할 때 언급한 것처럼, 그리스도인들을 두 그룹으로 나누게 되었다. 수도원에서 철저하게 금욕적인 삶을 살아가는 사람을 다른 사람에게 나누어줄 수 있는 잉여공로를 쌓는 일급 그리스도인으로 간주했다. 현대에 이르러 금욕주의적 전통에 가장 근접한 집단으로는 아미시Amish 같은 신앙공동체를 들 수 있을 것이다.

이 지점에서 금욕주의와 복음적 가난의 차이를 간단하게 짚고 넘어가고자 한다. 깨끗한 부자론은 복음적 가난, 자발적 가난, 영성적 가난을 제자도의 중요한 한 부분으로 제시하는 이들을 금욕주의자라고 평가하는 경향이 있기 때문이다. 그러나 이는 오해 내지는 왜곡이라 할 수 있다. 예컨대 김영봉 목사의 경우 물질과 육신을 악하게 보거나 육신을 영의 감옥으로 보지 않고 오히려 물질과 육신을 하나님의 선물로 보기 때문이다.[10] 돈이 본질적으로 악하다고 생각지도 않는다.[11] 그래서 그는 '종교적 목적을 위해 극도의 자기부정과 자기 억압을 실천하는 사람'을 극단적 금욕주의자로 보고 경계한다. 이런 사람들은 생필품조차 거부하고 빈털터리로 살아가는 자체에서 신앙적 고결성을 찾는다든가,[12] 손을 들고 사는 것이 신을 영화롭게 하는 것이라고 믿어 10여 년 동안 손을 들고 사는 사람들 등을 의미한다.[13]

김영봉 목사는 다만 '인생의 일반적인 쾌락을 절제하고 물질적인 만족을 스스로 부정하는 사람'을 바른 금욕주의자라고 정의한다면 그런 의미에서 '기독교 신앙은 근본적으로 금욕적'이라고 주장한다. 극단적 금욕주의는 기독교 정신에 위배되지만 '금욕적 경향을 제거한 기독교'를 상상할 수 없다고 말한다.[14] 그리스도인이 금욕적으로 살아야 하는 이유는 두 가지이다. 하나는 가난한 이웃의 고통에 참여하고 그들의 가난을 치유하고자 함이다. 다른 하나는 인간이 부의 유혹에 취약한지라 자발적으로 가난하게 살면 다양한 신앙적 유익을 얻을 수 있기 때문이다. 예컨대 좀 더 자유롭게 하나님의 뜻을 찾을 수 있고, 하나님께 더 의존하게 되고, 고통당하는 사람들에게 민감해질 수 있고, 이웃의 도움을 받아들이는 겸손에 이르기가 한결 수월해진다.[15]

나는 이러한 김영봉 목사의 입장에 전적으로 동의한다. 그러면서도 약간의 아쉬움이 남는 부분이 있다. 그건 축제적 인물로서의 예수에 대한 평가가 지나칠 정도로 금욕적이라고 생각되기 때문이다. 물론 나도 김영봉 목사처럼 예수님을 '파티광'으로까지 묘사하는 것은 복음서에 기록된 예수를 왜곡하는 것이라고 생각한다.[16] 하지만 나는 예수님께서 '먹기를 탐하고 포도주를 즐기는 사람'(마 11:19, 개역개정)이라는 별명을 얻은 것에서 좀 더 긍정적인 의미를 찾아야 한다고 본다. 예수님은 전체적으로 금욕적인 삶을 사신 것이 분명하다. 하지만 예수님은 왜 금식은 하지 않으시면서 죄인과 세리들과 함께 음식 나누는 것은 그렇게 좋아하셨을까? 그 바쁘신 예수님이 왜 굳이 가나 혼인잔치에 참여하셔서 하객들이 이미 만취해 술맛도 제대로 분간하지 못할 정도에 이른 지점에서 최상급 포도주를 공급하는 기적을 베푸셨을까?(요 2:1-11) 질문해볼 필요가 있다.

물론 전자는 이른바 우정전도의 관점에서, 후자는 예수님의 영광을 나타내는 수단, 즉 표적의 관점에서 해석하는 것이 타당하고 또한 매우 중요하다는 것을 인정한다. 하지만 나는 한 걸음 더 나아가 인간의 육체적·물질적 삶을 아주 긍정적으로 보시고 마음껏 축복하는 예수님의 마음을 읽어낼 수 있어야 한다고 본다. 예수님은 이것이 본디 만물을 창조하실 때의 하나님 마음임을 보여주신다. 그리고 이 타락한 세상에선 이웃과 자신을 위해 금욕적인 삶을 살 수밖에 없지만 새 하늘 새 땅이 도래해 만물이 새로워지면 더 이상 금욕적인 삶이 필요 없게 될 것이라는 희망을 주신다.[17] 그런 점에서 예수님은 분명히 축제적 인물이시다. 예수님이 축제에 참여하신 것은 김영봉 목사가 이해한 것처럼 단순히 '나는 물질적인 면에선 금욕적인 삶을 살고 있지만 내 안에는 기쁨이 솟구친다'는 것을 보여주시기 위함만은 아니라고 생각한다.[18]

이런 관점에서 보자면 '가난으로 가난을 치유한다'는 김영봉 목사의 관점도 보완될 필요가 있어 보인다.[19] 물론 김영봉 목사의 초점은 자발적 가난의 동기가 극단적 금욕주의에 있는 것이 아니라 이웃의 가난을 치유하고자 하는 적극적 사랑에 있음을 보여주려는 데 있다. 그 점에 동의한다. 그러나 그 차원에 머물면 오해의 소지가 있다. 자칫 자발적 가난이 추구하는 사회는 모든 사람의 삶이 하향 평준화된 사회로 보일 수 있기 때문이다. 그리스도인이 자발적으로 가난해져야 하는 이유가 좀 더 적극적이고 긍정적일 필요가 있다. 그건 바로 지금처럼 일부의 사람이 부를 독점하는 것이 아니라 모든 사람이 더불어 충분한 수준의 물질적 풍요와 아름다운 문화를 향유할 수 있는 사회를 추구하기 위함이어야 한다.

이원론적이고 극단적인 금욕주의는 돈을 하나님의 위치에서 끌어내리는 데는 당장에 성공할 수 있다. 그러나 돈을 악마의 화신이요 소위 악의 축으로만 몰아 지옥으로 던져버림으로써 돈이 지니고 있는 본래적 선한 본질마저 파괴해버리는 우를 범하고 만다. 이 역시 하나님의 선한 뜻을 거스르는 심각한 오류이다. 금욕주의를 절대화하면 바리새인들과 율법학자들처럼 예수님을 '먹보요 술꾼'으로 경멸할 수 있는 위험성이 있다(눅 7:34). 골로새 교회 성도들처럼 예수 그리스도와의 연결고리가 끊어질 수도 있다는 점을 명심해야 한다(골 2:16-23).

돈은 하나님의 축복일 뿐이다? — 물신주의

물신주의는 이원론적 금욕주의와는 정반대로 돈을 지나치게 미화해 결과적으로 하나님의 위치에 올려놓는다는 점에서 또 다른 극단의 신학적 오류를 범한다. 예수님이 비유로 말씀하신 어리석은 부자야말로 물신주의자의 전형이라고 할 수 있다(눅 12:16-21). 그는 인간에게 의미 있고 만족스러운 삶을 가져다주는 것은 소유의 넉넉함에 있다고 판단했다. 밭에 소출이 풍성하자 그는 더 큰 창고를 만들어 저장해놓고 마음 편히 살겠노라고 스스로에게 말을 건넨다. 존재형 인간이 아니라 소유형 인간이 되기로 작심한 것이다. 하나님만이 줄 수 있는 것을 소유, 즉 요즘으로 말하자면 돈이 줄 수 있다고 착각한 셈이다. 그에게 돈은 하나님으로 변신했다.

물론 교회 안에선 아무리 용감할지라도 노골적으로 물신주의를 주장하는 사람은 없다. 문제는 암묵적인 혹은 은밀한 물신주의이다. 표면적으로는 하나님 제일주의를 말하는데 내용적으로는 돈이 주는 행복을 좇는 신앙이다. 이러한 물신주의적 경향성은 이미 3장에서 살펴본 바와 같이 '축복의 복음',《야베스의 기도》,《깨끗한 부자》,《긍정의 힘》 등의 다양한 형태로 발전해온 기복신앙을 통해 한국 교회에 만연해왔다.

물론 기복신앙의 주창자들은 방금 언급한 부자의 경우와는 달리 베푸는 삶을 적절히 언급함으로써 자신들이 물신주의의 노예가 되지 않았음을 항변하곤 한다. 그러나 다시 강조하지만 이는 물신주의의 핵심적 기조를 무너뜨리기에는 너무나 빈약하다. 베푸는 삶이란 따지고 보면 자신의 이기적 풍요와 번영을 정당화하는 수단 그 이상도 이하도 아니다. 하여 이들에게 물질적 번영과 풍요를 누리는 삶과 하나님을 믿는 삶은 정확히 같은 궤도를 그린다. 맘몬과 하나님이 충돌할 여지는 거의 없다. 그건 하나님이 껍데기뿐이라는 것을 증명한다.

자신을 위해선 하나님나라의 사역을 감당하는 데 꼭 필요한 것만으로 만족하고 그 나머지는 모두 하나님과 이웃의 것으로 여기라는 성경 전체의 가르침이 비집고 들어갈 틈이 없다. 아무리 긍정적인 믿음으로 살아도 가난의 굴레에서 벗어날 수 없는 수많은 사람들의 처절한 고통, 그리고 그런 굴레를 뒤집어씌우는 불의한 제도에 대하여 진지한 관심을 보이지 않는다. 사회적 양극화의 주범인 자본주의 경제제도에 노블레스 오블리주를 살짝 가미한 세상을 만들어가고자 한다. 그런 세상에서 가난한 사람들은 경제적 가난과 도덕적 자괴감이라는 이중적 고통을 겪는 반면, 풍요한 사람들은 경제적 부와 도덕적 만족감이라는 이중적 축복을 경험하며 살 수 있게 된다. 이것은 하나님나라의 모습과는 전혀 다르다.

이러한 물신주의와 기복신앙이 교회 안에서 폭발적 인기를 얻으며 성장해온 데는 1장에서 말한 바와 같이 경제적 진보를 개인과 국가의 최고 목표로 설정해온 자본주의 사회의 분위기가 단단히 한몫했다. 특히 1997년 IMF 관리체제 이후 자본주의의 극단적 형태인 신자유주의적 지구화의 물결이 한국 사회 안으로 밀려들어 오면서 물신주의는 전 사회적으로 하늘을 찌를 듯한 기세로 확산되었다. 짐 월리스가 잘 지적한 것처럼 어느 자동차 범퍼 스티커에 찍힌 슬로건이야말로 우리 사회와 교회의 지배적인 정신을 잘 대변해준다. "나는 소비한다. 고로 존재한다."[20] 소위 소비주의 존재론이다. 각종 미디어들은 사람의 품격이 자신이 타고 다니는 자동차, 살고 있는 집에 의해 결정된다는 생각을 끊임없이 주입시킨다. 최신형, 최고급의 상품을 소비하지 못하면 인간의 존엄성을 상실할 것 같은 두려움과 불안을 느끼게 만든다.

네덜란드의 기독경제학자인 하웃즈바르트 역시 1999년 10월 28일 새 천년을 앞둔 카이퍼 강연에서 20세기 말 전 세계를 지배하고 있는 영적·문화적 풍조로 소비주의를 지목했다. 인류가 소비주의라는 도그마에 홀려 집단최면에 걸린 상태로 20세기가 저물어가고 있다고 진단했다. 정확한 진단이다. 사람들은 경제가 발전하면 소비를 더 많이 할 수 있게 되고 그에 따라 인간의 자율성이 강화되고 자기 자신을 무한대로 확대해나갈 수 있다는 신화에 사로잡혀 있다. 하여 시편 23편을 패러디해서 다음과 같이 노래한다. "성장이 항상 나와 함께하리니 내게 부족함이 없으리로다."[21] 다양한 버전의 기복신앙은 이러한 시대정신에 성경적이고 신앙적인 용어의 옷을 입혀줌으로써 대중적 지지를 얻는 데 성공했다.

돈을 위험한 우상으로만 몰아세우며 부정하는 이원론적 금욕주의나 돈을 하나님의 축복으로만 간주하여 실제로는 하나님보다 돈을 더 사랑하는 물신주의, 모두 성경적인 입장이 아니다. 어느 입장을 택하든지 돈을 적절한 위치에 자리 잡게 할 수 없다. 그렇다면 그리스도인은 돈의 진정한 본질을 어떻게 이해해야 하는가?

좋은 돈

돈은 하나님의 축복의 표지가 될 수도 있고 우상이 될 수도 있는 이중성을 가지고 있다. 리처드 포스터의 표현을 빌리자면 돈에는 어두운 면과 밝은 면이 동시에 존재한다.[22] 그러나 이는 단순히 축적과정이나 사용방법에 따라 돈의 성격이 좌우된다는 말이 아니다. 그와는 상관없이 본질적인 차원에서조차 이중성을 지니고 있다는 말이다.

김동호 목사는 "돈은 돈일 뿐이다"라는 표현을 즐겨 사용한다. 돈 자체는 선도 악도 아니요, 인간의 손에 쥐어 사용될 때까지는 무취무색의 수동적 존재요 중립적 존재라는 점을 강조하기 위함이다. 김동호 목사의 주장은 반은 맞고 반은 틀린 이야기이다. 돈은 어떻게 사용되느냐에 따라 결과적으로 그 성격이 드러나는 측면이 있다는 점에서는 맞다. 그러나 사용되기 전까진 그 자체로 아무런 색깔도 지니고 있지 않으며 인간에게 아무런 힘도 발휘하지 않는 것처럼 가정한 것은 틀린 관점이다. 이는 돈이 역사성을 지니고 있다는 점을 충분히 고려하지 못한 결과이다. 돈은 본질적인 면에서 좋은 성질과 유혹적인 성질을 동시에 지니고 있다. 이것을 감안하지 않고 '돈은 돈일 뿐'이라고 쉽게 넘어간다면 이는 돈의 신 앞에서 스스로 무장해제를 하는 것과 별다를 바가 없다는 점을 깨달아야 한다.

앞서 언급한 대로 '돈'이란 단어를 돈뿐만 아니라 금, 은, 보석 등 돈으로 환원될 수 있는 경제적 가치가 있는 모든 것들, 그리고 돈이 가져다줄 수 있는 물질적 풍요까지 포함하는 넓은 의미로 사용한다면 돈에는 본질적으로 좋은 측면이 있다고 말할 수 있다. 예컨대 첫 사람 아담과 하와가 관리하고 누릴 수 있었던 에덴동산의 멋진 과수원, 강변에 빛나던 정금과 호마노 같은 보석, 그리고 향내 나는 베델리엄 등은 그 자체로 선하고 아름다운 것들이었다. 하나님이 창조하신 후 보시곤 '좋다'고 평가하셨기 때문이다. '좋다'로 번역된 히브리어 형용사 '토브'는 '즐거운'이라는 뜻만 아니라 '선한', '아름다운', '공정한', '올바른' 등의 의미도 갖고 있다. 놀라운 사실은 '여호와는 선하시다'고 노래할 때도 바로 이 단어가 사용된다는 점이다(시 100:5). 성경은 몸을 지닌 인간을 비롯해 물질적 풍요의 세계 역시 하나님의 선한 성품을 반영한다고 보고 있다는 것을 명쾌하게 보여주는 대목이다.

그래서 인간을 향한 하나님의 처음 두 명령은 몸과 물질과 깊은 관련을 맺고 있다. 데이비드 램은 이 두 명령을 자신의 책 중 한 단락의 소제목에 간략하게 담아낸다. "성관계를 많이 맺고 많이 먹어라."[23] 좀 민망한 소제목이다. 그러나 성경의 본뜻을 아주 잘 담아낸 표현이다. 창세기 1장 28절의 "생육하고 번성하여 땅에 충만하여라" 하는 명령을 신체적인 성관계를 많이 맺지 않고 수행할 방도가 딱히 없다. 소위 정신적 사랑만으론 불가능하다. 물론 현대과학이 발전해서 시험관 아기처럼 직접적인 성관계를 맺지 않고도 자녀를 낳을 수 있는 방법이 있긴 하지만 그건 극히 예외적으로 사용될 뿐이다. 물론 성관계가 몸으로만 맺어지는 것이어선 안 되겠지만 모든 성관계에 몸이 중요한 매개인 것은 너무나 명확하다. 하나님은 몸을 매개로 해서 인간이 누리는 기쁨에 매우 관대하시고 그 기쁨을 선물로 주시는 분이다. 그런 점에서 돈이 우리 몸의 즐거움과 강건함을 북돋는 데 도움이 된다면 이 역시 본질적으로 좋은 것이라는 점을 충분히 유추해낼 수 있다.

하나님이 인간에게 주신 두 번째 명령은 "동산에 있는 모든 나

무의 열매는, 네가 먹고 싶은 대로 먹어라"이다(창 2:16). 램은 이 명령의 진의는 단순히 '먹어라'가 아니라 '먹어라, 먹어라!'라고 말한다. 즉 '맘껏 많이 먹어라'이다. 이쯤 되면 하나님께서 몸과 물질세계를 통해 인간이 누릴 수 있는 행복을 얼마나 좋게 보시는가를 충분히 알아차릴 수 있다. 돈이 그런 행복에 기여한다면 그 점에서 돈은 본질적으로 좋은 것이라고 말할 수 있다.

이는 인간의 타락과 함께 종결된 이야기가 아니다. 성경은 다양한 각도에서 창세기의 축복이 장차 더 아름답고 풍성하게 실현될 것을 예고해준다. 예수님께서 가나의 혼인잔치에서 최상급 포도주를 제공하신 기적이 갖는 축제적 의미는 이미 살펴보았다. 예수님은 또한 마지막 만찬에서 장차 임할 하나님 아버지의 나라에서도 제자들과 만찬을 갖게 될 것이며 그 자리에서 이 땅의 포도주를 능가하는 새로운 포도주를 함께 마실 것을 약속하셨다(마 26:29). 부활하신 예수님은 제자들이 보는 앞에서 구운 생선 한 토막을 드심으로 부활의 세계에서도 음식을 맛있게 먹는 일이 있을 것을 보여주셨다(눅 24:36-43). 새 하늘과 새 땅에 관해 요한이 본 환상은 물론 상징적 요소를 갖고 있기에 문자적으로 해석해서는 안 되겠지만 그 안에 있는 물질적 요소가 이 세상의 물질적 요소와 일정한 연속성을 지니고 있는 것은 분명하다(계 21:1-22:5). 이로써 첫 창조는 타락으로 무위로 돌아간 것이 아니라 새 하늘 새 땅에서 완전한 성취를 이루게 된다. 그것을 상징하는 것이 바로 하나님과 어린 양의 보좌에서 흘러나오는 생명수의 강과, 강 좌우에 있어 매달 열매를 맺으며 그 잎사귀로 만국을 치유하는 생

명나무이다.[24]

이런 점에서 인간의 몸과 물질적 풍요를 통해 누리는 즐거움은 하나님의 눈으로 볼 때 본질적으로 좋은 것임을 분명히 알 수 있다. 그렇다면 돈이 순수하게 이러한 즐거움을 가져다줄 수 있다는 점에서 본질적으로 좋은 면이 있음 또한 분명해진다. 나중에 다시 언급하겠지만 대안화폐가 바로 이런 역할을 수행한다.

유혹적인 돈

그러나 문제는 돈과 인간 사이에, 제일 먼저 타락한 피조물인 뱀, 즉 사단이 파고들어왔다는 점이다. 최초의 인간은 사단의 유혹에 넘어가 범죄하고 타락했으며, 구속받은 그리스도인이라 할지라도 여전히 그 유혹을 받고 있다. 그런 실질적인 정황에서 보면 돈은 결코 중립적인 존재가 아니다. 이를 잘 간파한 사람이 바로 자크 엘륄이다.

> 부는 유혹이다. 부 자체는 악이 아니라 유혹이다. … 부가 유혹이란 말은 부가 중립적이 아니라는 뜻이다. 부는 사람과 관계를 맺을 때, 인간의 위대한 정신과 가치를 드러내는 것이 아니라 오히려 인간의 악을 주로 드러낸다. 부는 타락의 기회다.[25]

인간의 타락 이후 더 이상 부, 즉 돈은 진공상태에서 중립적으로 존재하지 않는다. 돈의 배후에는 항상 유혹적인 권세가 도사리고 있다. 그래서 예수님은 돈을 묘사하면서 '맘몬'이라는 아람어를 사용하신 것이다(마 6:24; 눅 16:13). 돈이나 부를 나타내는 다른 통상적인 단어들도 있었지만[26] 굳이 '맘몬'이라는 단어를 선택함으로써 돈을 의인화하고 유사 신격을 지닌 존재로 표현하셨다.[27] 즉, 인간에게 행복과 만족을 약속하고 절대적 복종을 얻어낼 수 있는 유혹적 힘을 지닌 존재로 간주하셨다. 리처드 포스터도 돈을 신약성경에서 언급되는 '정사와 권세들'이라는 맥락에서 볼 때에야 그 정체를 명확하게 파악할 수 있다고 주장한다.[28] 그가 잘 꿰뚫어봤듯이 돈은 지상의 통치자들과 사회제도와 다른 많은 일들의 배후에서 강한 영향력을 행사하는 권위와 세력 가운데 하나이다. 자본주의 제도를 바꾸기가 그처럼 어려운 까닭은 배후에 이런 강력한 힘이 도사리고 있기 때문이다.

그래서 예수님은 돈을 맘몬이라 부르시며 인격성과 영적 속성을 지닌 하나님의 대항마, 즉 경쟁신으로 간주하신 것이 분명하다. 포스터는 경쟁신으로서의 맘몬의 정체를 명쾌하게 설명한다.

> 예수님과 신약성경의 모든 저자들에 따르면 돈의 배후에는 아주 실질적인 영적인 힘이 있어서 돈을 활성화시키고 돈에게 고유한 생명을 주고 있다. 따라서 돈은 활동적인 행위자요active agent, 그 자신에 대한 법이요, 돈은 인간으로 하여금 돈에 헌신하도록 영감을 불어 넣어줄 능력이 있다.[29]

포스터의 돈에 대한 이 같은 묘사는 넓은 의미의 돈에도 해당

되지만 특히 좁은 의미의 돈에서 더 분명하고 강력하게 드러난다. 앞서 간략하게 설명했듯이 경제활동의 발전과정에서 돈이 보편적 등가물로 존재하면서 다른 어떤 경제적 가치보다도 강력한 힘을 갖게 되었기 때문이다. 그래서 돈이 맘몬이라는 점은 좁은 의미의 돈에서 그 의미가 더 확연하게 드러난다. 그러므로 포스터가 언급한 돈을 좁은 의미로 해석해서 그의 말의 뜻을 좀 더 살펴보도록 하자.

첫째, 돈은 활동적인 행위자이다. 돈의 배후에는 맘몬이라는 아주 실질적이고 영적인 힘이 있어서 돈을 살아 움직이게 만든다. 돈에게 돈만이 갖고 있는 고유한 생명을 불어넣어준다. 돈은 그래서 수동적이고 중립적인 존재가 결코 아니다. "돈은 돈일 뿐이다"라는 말이 위험한 것은 바로 그래서다. 이는 "마약은 마약일 뿐이다"라고 말하는 것보다 더 무서운 일이다. 마약은 중립적이지 않다. 사람을 끌어당기는 힘이 있다. 몸과 마음의 건강이 무너져가는 것을 본인이 느낌에도 불구하고 마약은 세차게 그를 자기에게 끌어당긴다. 돈의 힘은 그 보편성에서 마약의 힘과 상대할 바가 아니다. 마약엔 그다지 끌리지 않아도 돈에 안 끌리는 사람은 거의 없다. 그러니 마약을 조심해야 할진대 돈은 더욱 조심해야 한다.

맘몬에게 고유한 생명을 부여받은 돈은 활동적인 행위자이다. 예컨대 우리가 귀갓길 골목길에서 5만 원권 지폐 꾸러미가 땅바닥에 떨어져 있는 걸 보았다고 하자. 우리의 첫 번째 반응은 무엇일까? 나는 돈과 관련된 강의를 할 때마다 이 질문을 항상 던진다. 그러면 예외 없이 즉각 답이 나온다. "좌우를 살핍니다." "왜지요?" "누가 보지 않는지 살펴보려고요." 그다음 질문은 할 필요도 없다. 우리 머리를 돌려 좌우를 살피게 한 존재는 누구인가? 물론 우리 안에 있는 탐욕이라고 말할 수도 있을 것이다. 그러나 그 탐욕을 꿈틀거리게 만든 것은 바로 돈이다. 돈은 바로 우리 마음 깊은 곳을 움직여 마침내 발과 손을 움직여 돈뭉치를 몰래 움켜쥐게 만드는 활동적 행위자이다.

둘째, 돈은 자신에 대한 법이다. 즉, 돈은 스스로 자기를 통제하지 타자에게 통제받는 법이 없다는 이야기다. 그래서 돈은 필연적으로 하나님과 충돌하게 되어 있다. 둘 중 하나를 택해야 하는 순간이 반드시 온다. 돈은 자기 힘을 마음껏 발휘할 수 있도록 자기에게 유리한 법을 스스로 만들어가기 때문이다. 그렇게 돈이 만든 법이 바로 자본주의 사회의 법이다. 사유재산권법과 계약법이 대표적이다. 이 법의 기초 위에 자유경쟁시장이 작동한다. 이런 사회에서 합법적으로 가장 큰 힘을 발휘하는 것은 바로 돈이다. 돈을 많이 가지고 있을수록 경쟁에 유리하고 더욱 많은 돈을 축적할 수 있는 가능성과 기회를 확보하게 된다. 이런 돈의 법칙을 규제하려고 하면 돈은 가만히 있지 않는다. 앞서 언급했듯이 정운찬 전 동반성장위원장이 '초과이윤공유제'를 들고 나오자 그런 이야기는 어떤 경제학 책에도 나오지 않는다며 강력한 목소리를 냈다. 이후 이 논의는 쑥 들어가버리고 말았다. 돈은 자신을 증식할 수 있는 힘을 제한하는 법을 용납하지 않는다.

또한 돈은 자기 힘을 확대하기 위해 세상에 존재하는 모든 것을 상품으로 전환시킬 수 있는 법 체제를 도모한다. 가장 강력한 법은 실정법이고 다음은 관행, 그다음은 암거래법이다. 이 셋을 합하면 돈으로 살 수 없는 것은 거의 없어진다. 심지어 가난한 어린이에게서 장기를 떼어내 팔고 사지 않는가? 근대 사회에 들어와 모든 것을 상품화할 수 있는 돈의 힘을 가장 명확하게 파악한 사람이 종교를 신랄하게 비판한 마르크스라는 점은 역사의 아이러니다. 그는 《경제학-철학수고》의 '돈의 힘'이라는 단락에서 셰익스피어야말로 돈의 실질적 성격을 탁월하게 묘사했다고 하면서 그의 작품을 인용한다.

> 금? 노랗고 반짝이고 값비싼 금?
> …
> 요만큼만 있으면 검정을 하양으로, 추한 것도 아름답게 만들 수 있지.
> 틀린 것도 옳게, 천한 것도 품위 있게, 늙은 것도 젊게, 겁쟁이도 용사로 만들어주고.
> … 젠장, 이게 뭐란 말인가.
> 그래! 이것이 너를 돌보던 사제들과 종들을 네 곁에서 끌고 가버릴 거야.
> 건장한 사람이 베고 있던 베개도 빼버릴걸.
> 이 노란 색깔 노예가
> 종교들을 만들었다 부쉈다 하며, 저주받은 자들을 축복하네.
> 허연 문둥병자도 흠모받을 수 있게 만들며, 도둑놈들에게,

자리와 직위를 부여해 높은 자리에 앉아 있는 고관들과 함께
존경과 복종을 받게 만드는구나.
바로 이게 그 일을 해내지.
시들어버린 과부를 새댁으로 만드는 일, 말이야.
…
그래 천벌 받은 땅으로 오거라.
인류 공동의 창녀여![30]

그러곤 이어서 자기 말로 돈의 권세를 이야기한다. 다소 길지만 정확하고 예리한 성찰을 담고 있기에 인용한다.

돈의 힘이 세질수록 내 힘도 세진다. 돈의 속성이 소유자인 나의 속성이자 나의 가장 중요한 힘이다. 따라서 내가 누구이고 무엇을 할 수 있는지는 결코 내 개성에 따라 결정되는 문제가 아니다. 나는 추남이지만 매우 아름다운 여성을 살 수 있다. 그러므로 나는 추남이 아니며, 못생긴 데서 비롯한 불쾌감조차 돈 덕택에 사라진다. … 돈이 존경받으므로 그 소유자도 존경받는다. 돈이 지고지상이므로 그 주인도 지고지상이 된다. 게다가 내가 정직하지 않아서 곤경에 처해도 돈이 나를 구해준다. 그러므로 나는 정직한 사람이 된다. 나는 멍청이지만, 돈이 만물의 지혜인데 어찌 그 소유자를 멍청하다 할 수 있겠는가? 게다가 그 소유자는 현명한 사람을 살 수 있는데, 현명한 자를 지배하는 사람보다 더 현명한 사람이 어디 있는가?

돈 덕택에 인간의 마음이 바라는 것을 모두 할 수 있는 나는 인간의 능력을 모두 갖춘 사람이 아니겠는가? 그러므로 돈이 내 무능을 정반대로 바꾸는 것 아니겠는가?[31]

영국의 저명한 문화비평가인 테리 이글턴은 돈에 대한 마르크스의 성찰을 해설하면서 돈의 힘을 간결하게 정리해준다.

돈이 가진 마술 같은 면은 그것이 엄청난 인간적 가능성들을 자신의 협소한 반경 안에 압축해서 집어넣는다는 점이다. … 돈 자체가 일종의 환원론이다. 돈은 한 줌의 동전 속에 우주 전체를 집어넣는다.[32]

기복신앙이 교회 안에 탄생한 것도 돈이 '한 줌의 동전 속'에 기독교 신앙까지 집어넣은 결과라 할 수 있다. 돈은 소중한 것이라고 여겨지는 것은 하나도 남김없이 자기 배 속으로 집어넣는다. 이것이 정확히 우리가 몸담고 살아가는 자본주의 사회의 현실임을 날마다 구체적으로 경험하며 우리는 살아가고 있다.

셋째, 돈은 사람들로 하여금 자발적으로 자기에게 헌신하도록 만드는 힘을 갖고 있다. 이 점 역시 맘몬이 유일한 하나님의 대항마로 나설 수 있는 이유이다. 마치 하나님께서 흙으로 빚은 인간에게 생기를 불어넣으시듯(창 2:7), 그리스도께서 죄인들에게 성령의 바람을 불어넣으시듯(요 20:22), 맘몬도 사람들에게 영감을 불어넣는다. 그 영력은 실로 대단하다. 왜냐하면 맘몬의 피해를 입은 당사자들, 즉 맘몬이 지배하는 자본주의 사회의 정의롭지 못한 경쟁에서 밀려나 가난해진 사람들까지도 맘몬을 사랑하고 맘몬에게 충성하게 만드는 힘이 있기 때문이다.

맘몬에게 영감을 받은 가난한 사람의 모습을 엘륄은 정확하게 묘사한다.

> 오늘날의 세계는 재물이 차고 넘쳐 가난한 사람들까지도 부자들의 정신에 동참하게 되었다. 이제 우리들은 이렇게 말한다. "세상에 사람과 견줄 만한 것이 무엇이 있겠는가? 인간은 결국 자연의 힘을 정복했으며 부를 축적했으며 필요한 모든 것을 생산해낼 수 있게 되었다. 이제 인간은 풍요의 시대를 누릴 수 있게 되었다. 나 자신은 아직 그렇지 못하지만 곧 그렇게 될 것이다."[33]

맘몬은 가난한 사람들에게 끊임없이 희망을 불어넣어준다. "열심히 살아라. 긍정의 힘을 믿어라. 그러면 언젠가 너도 성공할 것이다. 부를 거머쥘 날이 오고야 말 것이다." 이건 일종의 영감을 불어넣은 것이다. 왜냐하면 현실은 분명히 달리 말하고 있기 때문이다. 이런 메시지는 냉정하게 말하자면 이른바 '희망고문'이다. 희망을 빙자해 사람을 고문하는 것이다. 개천에서 용 난다고 끊임없이 희망을 불어넣어 개천에서 용만 쓰게 하는 일이다.

그런데 놀랍다. 사람들은 개천에서 용쓰는 한이 있어도 개천의 존재를 불가피하게 만든 장본인인 맘몬의 품을 떠나려 하지 않는다. 이는 마치 주로 서민들이 로또복권을 많이 사는 심리와 유사하다. 로또는 불특정 다수의 서민들이 제일 많이 사기 때문에 전체적으로 보면 다수 서민들의 주머니를 털어서 소수를 위한 당첨금, 공공복지, 문화사업, 그리고 사기업의 이윤으로 사용하는 격이다. 게다가 로또 1등에 당첨될 확률은 일생 동안 벼락에 16번이나 맞아 죽을 확률이라니, 제로에 가까운 것이다. 하지만 유혹은 매주 당첨되어 실제로 거액을 챙기는 사람들을 목도하는 데서 비롯된다. 다음엔 내가 되지 말란 법이 어디 있는가, 하는 달콤한 소리가 파고든다. 마음 한구석으로는, 자신이 당첨금을 타지 못한다 해도 자기가 낸 돈 일부는 어쨌든 좋은 일에 쓰일 거라 생각하며 자신의 투기심을 은밀하게 정당화한다.

왜 사람들은 맘몬의 속삭임에 사기성이 있다는 걸 내심 알면서도 넘어가는 것일까? 그건 앞서도 언급한 것처럼 돈의 힘, 즉 돈이 지니고 있는 '무한한 교환 가능성' 때문이다.[34] 돈만 있으면 무엇이든지 내가 원하는 것을 내 손에 쥘 수 있다. 그러니 구두쇠의 심정도 이해할 만하다. 구두쇠가 돈을 움켜쥐고 풀지 않는 것은 '무한한 교환 가능성'이 주는 달콤한 꿈과 안정감 때문이다. 그리고 그 가능성 때문에 돈이 누리는 힘을 너무나 잘 안다. 그래서 노년이 되면 우스갯말로 친구들끼리 이야기한다. "자네, 빈 통장이라도 몇 개 꼭 갖게 있게. 그래야 자식들한테 무시 안 당한다고!"

같은 맥락에서 철학자 강신주는 돈이 기독교의 신이 지녔던 속성을 계승하고 있다고 말한 짐멜의 생각을 잘 정리해준다. 두 가지 면에서 그렇다. 하나는 신의 초월성과 포괄성이다. 기독교의 신은 모든 개별자들을 초월하여 대립관계에 있는 그들을 화해시키고 통일시키는 분이시다(엡 1:10; 2:11–22). 돈 역시 무한한 교환 가능성을 지니고 있기 때문에 모든 것을 초월하여 자신의 지배 아래 서로 다른 것들이 자유롭게 교환되게 만든다. 돈에 경외심이 생기는 원초적 이유다. 다른 하나는 기독교의 신이 인간에게 안정과 평화를 주듯이 돈 역시 그 소유자에게 엄청난 황홀감과 안정감을 가져다준다. 그래서 신자들이 신의 은총을 찾아 교회로 자발적으로 돌아가듯, 자본주의 사회의 시민들은 돈이 하사하는 평온을 누리기 위해 노동현장으로 달려간다.[35]

사람들이 이렇게 자기가 소유하고 있는 돈의 양을 늘리려고 애쓰는 것은 돈이 갖고 있는 놀라운 매력, 즉 무한한 교환 가능성을 실제로 누리려면 자신이 갖고 있는 돈의 양을 무한대로 늘려가는 길밖에는 없기 때문이다. 그래서 돈에 대한 욕망은 다른 물질에 대한 욕망과 질적으로 다르다. 다른 것은 아무리 좋아도 일정한 양을 소비하거나 누리게 되면 욕망이 사그라지기 마련이다. 예컨대 하루에 밥 열 끼를 먹었는데도 또 먹고 싶다면 의사의 전문적 진단을 받아봐야 한다. 그러나 돈은 다르다. 아무리 모아도 여전히 '배가 고프다'. 그런 사람을 두고 병원에 가라고 하지 않는다. 아니 오히려 프런티어 정신, 기업가 정신이 투철하다고 칭찬한다. 그래서 돈은 단순히 물질이 아니다.[36] 돈은 자기 안에 무한한 교환 가능성을 지니고 있어서 사람들로 하여금 자기를 더 많이 소유하도록 영감을 불어넣어주는 존재다. 니체는 돈에 감동받아 돈을 전폭적으로 사랑하는 마음으로 돈에 아낌없이 헌신하는 현대 서구인 상을 신앙인과 비교하며 명확하게 묘사한다.

> 이전에 하나님을 사랑하기 위해 하던 것을 이제는 돈을 사랑하기 위해 한다. 돈은 오늘 우리에게 권력과 선한 양심을 누리고 있다는 최고로 고양된 감정을 갖게 만들어주기 때문이다.[37]

돈에는 바로 이런 힘이 있기 때문에 예수님은 돈을 굳이 맘몬이라 명명하신 것이다.

그런데 따지고 보면 돈의 '무한한 교환 가능성'에 홀려 열정적으로 돈 벌기 위해 노동하는 건 참 불행하고 슬픈 삶이다. 그런 노동을 마르크스는 시시포스의 노동에 비유한다.[38] 그는 돌을 애써 굴려 언덕 정상까지 올려놓으면 다시 돌이 바닥으로 굴러떨어져 일생 동안 돌을 굴려 올려야 하는 벌을 받은 존재다. 10억 원만 모으면 인생의 새로운 지평이 활짝 열릴 것 같은데 천만의 말씀이다. 그 고지에 올라가보니 바로 앞에 20억 원의 고지가 보인다. 이런 삶은 고단하게 반복된다. 하지만 사람들은, 현재의 고난이 장래의 영광과 족히 비교할 수 없다며 고지를 향해 올라간다.

오해를 무릅쓰고 마르크스를 인용하고, 물론 기독교인이긴 하지만 마르크스주의자인 이글턴을 인용하는 데는 그럴 만한 이유가 있다. 하나님은 자기 백성이 돈과 물질에 흔들려 분별력을 잃고 타락할 때 심지어 나귀와 그의 입을 통해서도 경고하시는 분이기 때문이다(민 22:2-35). 이런 관점에서 영국의 저명한 선교신학자 앤드루 커크는 니체, 프로이트 그리고 마르크스의 종교 비판과 구약 선지자들의 우상숭배 비판이 서로 맞닿아 있다는 점을 강조한다. "종교가 왜곡되고 조작된 하나님 상像을 반영한다면 우리는 무신론자가 되어야 한다"면서 그런 상황에서는 오히려 "어떤 점에서는 무신론자가 종교 애호가보다 참 하나님에게 더 가까울 수도 있지 않은가?" 하고 반문한다.[39]

이와 같이 돈의 이중성은 단순히 우리의 사용 여부에 따라 결과적으로만 드러나는 것이 아니라 그 자체의 본질이다. 그럼에도 돈은 돈일 뿐이라며 돈을 가볍게 대한다면 이미 돈의 교란작전에 말려드는 것이다. 깨끗한 부자론이 교묘하게 맘몬과 하나님을 동시에 섬길 수 있다는 착각과 유혹을 불러일으키는 기복신앙적 요소를 지니게 된 근원적 이유도 바로 여기서 찾을 수 있다. 돈은 본래 선한 것이지만 악의 권세의 수중에 들어가 우리를 능동적으로 유혹하는 존재가 되었다는 점을 파악하고 접근할 때, 비로소 우리는 돈을 악의 권세에서 철저히 해방시켜 본래의 선함을 드러내도록 사용할 수 있는 것이다. 돈을 하나님의 자리에서 끌어내리되 지옥으로 던져버리지 않고 하나님이 의도하신 대로 하나님 나라를 위하여 정의롭게 축적하고 아름답게 사용할 수 있는 길이 열리는 것이다.

돈은 언제 우상이 되는가

돈의 본질적 이중성은 우리를 중요한 질문 앞에 세운다. 어떻게 하면 돈의 좋은 면은 잘 실현되게 하고 돈의 유혹적인 면은 억제할 수 있을까? 이 질문에 답하기 위해 가장 먼저 필요한 것은 돈이 어떤 경우에 축복이 되고 어떤 경우에 우상이 되는지를 잘 살펴보는 것이다. 돈이 축복이 될 때 그 좋은 면이 드러나고 돈이 우상이 될 때 유혹적인 면이 강화될 것이기 때문이다.

축복이 되는 돈

돈이 진정으로 하나님의 축복이 될 수 있는 경우는 이 세상에서 매우 제한적이다. 돈이 억압과 착취의 과정 없이 축적될 뿐 아니라 어느 특정 개인이나 집단의 사적 유익만을 위해 소유되지 않고 진정으로 하나님과 이웃을 위해 공적으로 존재해야 하기 때문이다. 이런 조건이 충족되어야 비로소 돈은 악마적이고 유혹적인 힘의 영향권에서 해방되어 본래의 선한 상태로 돌아갈 수 있다.

이런 관점을 제대로 수용하려면 우선 성경은 소유한 돈의 양과 하나님의 축복 사이에 도식적 함수관계가 성립한다고 말하지 않는다는 점을 잘 이해해야 한다. 성경은 기복신앙이 주장하는 것처럼 '재물의 많고 적음이 하나님의 축복과 비례한다'거나 '믿음으로 하나님의 말씀에 순종하는 의인은 항상 재물의 축복을 받게 되어 있다'는 식의 도식적 함수관계를 이야기하지 않는다. 3장에서 언급한 잠언서의 경우처럼 시편 기자 역시 악인이 부귀와 영화를 누리는 반면 의인이 가난과 고통을 겪는 현실을 인정하기도 하며(시 37:7, 16) 그러한 상황에 대해 절규하는 목소리를 담아내기도 한다(시 73:16; 합 1:2–4). 뒤에서 다시 살펴보겠지만 예언자들은 부자가 하나님의 축복을 받은 사람이기는커녕 저주 아래 있으며 심판의 대상임을 자주 이야기한다(렘 5:26–30). 히브리서 기자 역시 하나님을 잘 믿은 의인들이 현세에서 심각한 고통을 겪는 경우가 많다는 점을 분명히 한다(히 11:35–39). 바울 자신도 그리스도의 부활이 없으면 자신은 이 세상에서 가장 불쌍한 자라고 스스로 고백할 만큼 극한 가난과 고통으로 얼룩진 삶을 살았다(고전 15:19). 그는 곳곳에 흩어져 있는 예수님의 제자들에게 하나님나라에 들어가려면 많은 환난을 겪어야 할 것이라며 그들을 준비시켰다(행 14:22).

이러한 일들이 일어나는 이유는 하나님이 금욕주의자여서도 아니고 하나님이 무능해서도 아니다. 자신의 백성들이 이 땅에서도 물질적 부를 함께 누리며 살아가는 축복을 누리게 하시려는 하나님의 선한 뜻과 의지에는 변화가 없으시다. 그러나 하나님은 죄악 된 인간의 자유까지도 존중하시며 역사를 섭리해가시기 때문에 이 뜻마저도 기계적으로 성취되는 것은 아니다. 그러므로 물질적 부를 누리는 사람만이 진정한 믿음의 사람이요 하나님의 축복을 받은 사람이라고 착각하는 것처럼 위험천만한 일이 없다. 그리스도인은 기복신앙에 내재되어 있는 왜곡된 승리주의적 과잉믿음이라는 함정에서 벗어나야 한다. 진정한 신앙인은 다니엘의 세 친구처럼 축복을 주고자 하시는 하나님의 선한 뜻을 흔들림 없이 믿으면서도 그 실현 여부를 하나님의 주권에 철저히 맡기며 축복에 대해 초연할 줄 아는 사람이다(단 3:16, 17).

그렇다면 물질적 부가 의인에게 주어지는 하나님의 축복의 한 양상이 될 수 있다고 말하는 구약의 말씀들을 어떻게 이해해야 할까?(신 28:1-14; 시 37:25; 112:3; 잠 10:22; 15:6; 30:8-9; 전 5:19)[40] 성경 저자들이 어떤 맥락에서 그렇게 말하는지 잘 살펴보는 것이 중요하다. '부'에 해당하는 단어가 모세오경엔 6번밖에 등장하지 않는다. 창세기에 '가난'이란 단어는 한 번도 나오지 않는다. 이는 가나안 정착 이전의 족장시대엔 뚜렷한 빈부의 차이가 없었고 어느 정도 있었다고 해도 아직 사회적 문제로 등장하지 않았다는 점을 반영한다고 볼 수 있다. 그 당시의 소유는 특정한 환경에 있는 다른 사람들에게 손해를 입히며 얻어진 특권이 아니었다. 또한 부는 어느 개인의 소유가 아니었으며 부족 혹은 가족의 소유였다. 한 사람이 부자가 되면 그 가족과 부족 전체가 부자가 되는 것과 같았다. 이런 상황에서 부는 하나님의 축복의 결과로 이해되었고 아브라함은 믿음으로 순종하는 삶은 물질적 축복으로 이어진다는 것을 보여주는 전형이 되었다.[41]

이런 맥락에서 신명기의 '축복장'(28:1-14)을 보면 축복의 진정한 뜻을 알 수 있다. 이스라엘 백성이 하나님의 말씀에 순종하면 하나님이 준비하신 다양한 물질적 축복이 임할 것을 약속해주신다. 여기서 축복받을 자는 특정 개인이 아니라 이스라엘 공동체다. 그러므로 그 약속의 핵심은 공동체 전체가 함께 축복을 누리게 됨으로 말미암아 그들 사이에 더 이상 가난한 자가 없게 될 것이라는 데 있다(신 15:4–5). 이는 어찌 보면 당연한 결과이다. 사회적 약자를 강력하게 보호하는 하나님의 법들, 특히 안식년법과 희년법을 이스라엘 백성 전체가 순종한다면 그들 가운데 가난한 사람이 존재할 이유가 전혀 없기 때문이다. 절대적 빈곤은 완전히 사라질 것이고 상대적 빈곤도 오늘날 자본주의 사회에선 상상조차 할 수 없을 정도로 미미한 수준에 머물게 될 것이다.

구약시대에는 신약시대와는 달리 이스라엘 백성이 땅을 비롯해 공동체적 부를 함께 누리는 것이 필수 불가결한 일이었다. 왜냐하면 당시 하나님의 구속역사는 신앙, 정치, 그리고 경제가 하나로 통합된 이스라엘 민족 단위 중심으로 펼쳐지고 있었기 때문이다. 이스라엘 민족이 정치경제 공동체로서 존속하지 못하면 그와 함께 하나님의 구속역사도 이어질 수 없는 상황이었다.[42] 그렇다고 하나님의 구속역사가 민족적 배타주의에 의거한 것은 아니었다. 하나님은 축복이 이스라엘 백성 안에 머물지 않고 이방 세계로까지 흘러넘치길 원하셨다. 이것이 아브라함을 축복의 근원으로 삼으신 중요한 이유 중 하나다(창 12:2–3). 솔로몬에게 물질적 풍요를 주신 이유도 단순히 솔로몬의 믿음을 사적으로 보상하고 축복하기 위한 것이 아니었다. 그건 마지막 때에 영광스럽게 도래할 보편적 하나님나라의 예표로 주어진 것이다. 이런 큰 맥락에서 백성들의 고역을 바탕으로 세워진 솔로몬 왕국의 부가 역설적으로 혹은 불가피하게 허용된 것일 뿐이다.[43] 이런 식의 역사 방식 또한 구약시대와 함께 종결되었다. 신약시대에 솔로몬이 누렸던 부를 한 개인이나 집단이 누리길 원한다면 이는 시대착오적 발상이다.

그러므로 이러한 공동체적 축복과 깊이 연관된 물질적 풍요가 개인주의적 번영을 도모하는 오늘날의 기복신앙을 정당화하는 수단으로 사용될 수 없는 것은 너무나 분명하다. 돈과 재물은 빈부의 격차를 만들어내는 원인이 되지 않고 공동체 전체를 위한 것이 될 때, 비로소 진정한 하나님의 축복이 되는 것이다. 이웃의 가난과 고통을 외면한 채 사적 향유만을 위해 축적하고 사용하는 물질적 풍요는 하나님의 축복에 해당하지 않는다.

또한 성경은 부를 하나님의 축복으로 받아 누리는 사람들이 모두 돈에 대한 이기적 탐욕으로부터 자유로운 사람이라는 사실을 보여준다. 그 대표적인 예로 아브라함, 욥 그리고 솔로몬을 들 수 있다. 이들은 부의 축복을 받을 때, 모두 돈보다 하나님을 더 사랑하는 사람들이었다. 결코 부의 축적과 향유를 신앙생활의 목표로 간주하지 않았다. 욥이 그렇게 혹독한 시련과 고통을 받은 이유는 무엇인가? 그가 개인적으로나 가정적으로 물질적 부나 육체적 건강의 축복을 누리기 위해 혹은 누리는 결과로 하나님을 믿고 의롭게 사는 것이 아님을 증명해 보이시려는 하나님의 강한 의지 때문이었다(욥 1:8–12; 2:3–6). 욥은 비록 하나님의 눈으로 볼 때 완벽할 수는 없었지만 이를 증명하였다(욥 1:21–22; 2:10; 42:1–6). 솔로몬도 자신의 부귀와 영화를 하나님께 구하지 않았기 때문에 하나님은 기쁨으로 그를 축복하셨다(왕상 3:4–14). 그러므로 아브라함, 욥, 그리고 솔로몬의 축복받은 삶은, 물질적 부를 사실상 삶의 구체적 목표로 삼는 오늘날의 기복신앙이나 깨끗한 부자론의 성경적 근거가 될 수 없다.

이렇게 보면 오늘의 자본주의 사회에서 돈이 축복이 되기는 거의 불가능하다 할 것이다. 그러기에 그리스도인들은 그런 축복이 가능한 이상적 세상을 실현하기 위한 노력을 포기해선 안 된다. 나중에 다시 언급하겠지만 그것은 자본주의 사회의 점진적인 개혁, 더 나아가서 근본적인 변혁을 뜻한다. 예수님이 우리에게 제시하는 실천 기준은 온전한 하나님 자신, 즉 하나님의 나라임을 항상 기억해야 한다(마 5:48; 6:33). 예수님은 이 기준을 제시하실 때 새 하늘과 새 땅이 도래하기 전에는 온전한 실현이 불가능하다는 것을 이미 아셨을 것이다. 그럼에도 불구하고 이를 제시하신 이유는 어디에 있을까? 우리를 끊임없는 절망과 패배의 함정으로 몰아넣기 위함은 분명히 아닐 것이다. 우리로 하여금 매순간 주님의 은혜를 힘입어 현실에 안주하지 않고 이상을 향하여 끊임없이 정진하는 멋진 삶을 살아가게 하시기 위함일 것이다. 그러므로 우리는 돈이 축복이 될 수 있는 세상을 꿈꾸며, 그의 근사치적 실현을 위해 함께 애써야 할 것이다.

이런 세상을 향해 전진하려면 돈이 어떤 경우에 우상으로 전락하는가를 파악할 수 있는 예리한 눈이 더욱 절실히 요청된다.

우상이 되는 돈

부가 억압과 착취의 결과로 축적되며 공동체 전체보다는 특정 개인과 가족, 집단에 의해서 집중적으로 향유될 때, 부 즉 돈은 우상이 된다. 그런 현실에선 돈의 가치가 그 밖의 모든 것을 합친 가치보다 더 중요해졌다는 것을 의미하기 때문이다. 일부가 돈을 향유하기 위해 하나님, 사회정의 그리고 공동체가 짓밟히고 만다. 소수에게 집중된 부는 절대화된다. 이렇게 돈이 우상화되면 부당한 부의 축적과정을 정당화해주는 논리와 이념이 지배층에 의해 보편화된다. 성경은 이렇게 우상화된 돈과 부에 대하여 맹렬한 비판을 가한다.

우선 성경 전체적으로 볼 때 부자를 악인과 일치시키는 흐름이 매우 강하다는 것을 알 수 있다. 이는 정의로운 공동체적 부의 축적과 분배가 현실세계에서 얼마나 어려운가를 반증해주는 대목이다. 멕시코의 저명한 해방신학자인 호세 미란다와 코스타리카의 IVF 간사 출신 구약신학자 토머스 행크스는 매우 자세한 성경 주석을 통해 이를 잘 밝혀냈다.

물론 미란다[44] 역시 앞서 밝힌 것과 같은 이유로 아브라함이 누린 축복과 신명기의 공동체적 축복은 문제 삼지 않는다. 그러나 예언서와 시편 그리고 부에 대한 예수님의 강력한 비판을 자세히 살피면서 이스라엘 왕정시대와 로마제국의 통치하에서 축적된 부는 결코 정의로운 부가 아니었음을 밝혀낸다. 미란다는 무엇보다도 성경 곳곳에서 '부자'와 '악인'이 동일시되고 있는 점에 주목한다. 이는 구체적으로 이사야 53장 9절에 잘 나타나 있다.

그는 강포를 행치 아니하였고 그의 입에 거짓이 없었으나 그의 무덤이 **악인들**과 함께 있었으며 그가 죽은 후에 **부자**와 함께 있었도다(개역개정).

이사야는 하나님의 종이 억압이나 불의를 자행하거나 입에 거짓을 담은 적이 없지만 악인 즉 부자의 무덤에 묻힌 것을 한탄한다. 여기서 이사야는 특정한 악인과 특정한 부자를 동일시하는 것이 아니라 일반적으로 부자는 악인이라고 규정하고 있다는 점에 주목해야 한다. 이는 억압과 거짓을 행하지 않고는 부를 축적할 수 없는 당시의 사회적 현실을 반영하는 것이다.

또한 미란다는 아모스(암 3:10; 5:7, 11), 예레미야(렘 5:27, 28; 6:6, 7) 하박국(합 1:3-4) 그리고 미가(2:1-2) 역시 권력으로 사회적 약자들을 등쳐먹는 부자들을 비판할 때, 어떤 특정 인물이나 특정 상황에 대해 전혀 언급하지 않는다는 점에 주목한다. 이 점 또한 예언자들이 부자들 전반과 성읍들의 일상적 현실에 관해 비판하고 있기 때문이라고 역설한다. 그에 따르면 하박국이 '정의가 비틀어졌다'고 한탄할 때(합 1:4), 억압과 착취가 합법적으로 자행되고 있는 상황을 개탄하는 것이다. 아모스가 '정의를 소태같이 쓰게 변질시켰다'(암 5:7)고 비판할 때도 같은 정황에 가슴 아파하고 분노한 것이다. 그들은 특정 개인의 도덕적 불의에 주목하지 않고 사회구조 자체에 깃들어 있는 불의에 초점을 맞추었다.

불의한 부의 축적은 특정한 사람에 의한 노골적이고 직접적인 착취와 억압을 통해서만 이루어지는 것이 아니다. 예컨대 특정 부자가 개인적으로 착한 성품의 소유자이고 실정법을 잘 준수하며 부를 축적한다 해도, 그 과정에서 얼마든지 억압과 착취가 일어날 수 있다. 정치경제 체제 자체가 불의할 때 그렇게 된다. 이런 정치경제 구조에선 '모든 부자가 악한 것은 아니다'라고 항변하는 것은 별 의미가 없다. 오히려 부자들의 개인적인 선한 의도나 양심적인 행동과는 관계없이, 부자라는 사실 그 자체 때문에 불가피하게 악한 사람이 된다는 것이 진실에 훨씬 더 가깝다. 왜냐하면 아무리 개인 도덕에서는 양심적일지라도 부를 축적하는 과정에서 사회적 약자의 권리를 원천적으로 억압하는 악한 제도에 의존했기 때문이다. 이런 분석과 진단이 심성이 착한 부자, 그리고 특히 깨끗한 부를 창출할 수 있다고 믿는 이들에겐 매우 부당하고 억울하게 들릴 것이다. 그렇지만 현실을 정확하게 평가하는 성경의 분석과 진단을 열린 마음으로 정직하게 바라보아야 한다.

성경은 한 걸음 더 나아가 곳곳에서 하나님은 부와 가난을 대역전 시키는 분임을 보여준다. 이 점을 분명히 하기 위해 미란다는 불구덩이에 떨어진 부자와 아브라함 품에 안긴 거지 나사로의 비유(눅 16:19-31), 부자가 천국에 들어가기 어렵다는 선언(막 10:25), 가난한 자가 누릴 행복과 부자가 당할 화의 비교(눅 6:20, 24), 그리고 메시아의 도래와 함께 이루어질 부자와 가난한 자의 대역전을 찬양하는 마리아의 노래(눅 1:53)를 연결시켜서 살펴본다.

이 본문들은 개인적 구원 차원에서 해석하려면 도저히 이해가 되지 않는다. 한 개인의 구원과 심판은 그 개인의 회개와 믿음 여부에 달려 있다고 가르치는 성경의 전반적 가르침과 충돌하는 사태가 벌어지기 때문이다. 이 본문들은 구원과 심판의 기준이 각자의 정치경제적 신분에 달려 있다고 말하는 까닭이다. 그러나 개인적 구원의 차원을 일단 접어놓고 사회적 구원의 차원에서만 접근해가면 그 진의가 명확하게 드러난다. 이 본문들은 세상을 바라볼 때 개인의 죄가 아닌 구조적 죄에 주목한다. 각 개인의 도덕성과는 상관없이 부자와 가난한 사람으로 갈라놓은 사회구조 자체가 불의하다는 데 초점을 맞추며, 하나님나라에서는 바로 이 구조적 불의가 바로잡힌다는 점을 강조한다. 그래서 개인 신앙과 관계없이 가난한 사람은 가난하기 때문에 부자가 되고 부자는 부자이기 때문에 가난해진다고 말하는 것이다.

개인 구원의 차원과 사회 구원의 차원을 논리적으로 혹은 신학적으로 어떻게 종합해야 할지 성경은 체계적으로 일목요연하게 설명해주지 않는다. 성경 저자들은 오늘의 조직신학자들 같은 사람들은 아니기 때문이다. 그러나 너무 실망할 이유는 없다. 하나님은 우리를 신뢰하시고 그 작업을 우리에게 맡기셨다.

그런데 이 둘을 연결시키는 데 피해야 할 두 극단이 있다. 하나는 개인 구원에만 초점을 맞춰 사회 구원을 무력화시키는 오류다. 예컨대 부자와 나사로의 비유를 이해할 때 개인적 차원으로 환원할 수 있다. 부자가 심판을 받은 것은 단지 하나님을 무시하고 개인적 차원에서 나사로를 돌보지 않았기 때문이라고 받아들인다. 나사로가 아브라함의 품에 안긴 것은 가난해서가 아니라 하나님을 믿었기 때문이었을 거라고 추측한다. 그러나 이런 해석은 비유의 맥락을 완전히 무시하는 것이고 성경의 전체적 흐름에도 맞지 않기 때문에 분명한 오류다. 비유에서 아브라함은 부자에게 왜 부자와 나사로의 운명이 갈렸는지 명확하게 설명한다. "얘야, 되돌아보아라. 네가 살아 있을 동안에 너는 온갖 호사를 다 누렸지만, 나사로는 온갖 괴로움을 다 겪었다. 그래서 그는 지금 여기서 위로를 받고, 너는 고통을 받는다"(눅 16:25). 그 이상도 그 이하도 아니다. 하나님나라는 사회경제적 삶의 대반전이요 역전이라고 못 박아서 말해준다.

다른 하나는 사회 구원만 강조하다 개인 구원을 외면하는 오류다. 이와 관련해선 6장에서 좀 더 자세히 다룰 것이다. 다만 여기선 이 두 극단만 피한다면 둘을 연계시키는 다양한 방식에 대하여는 피차간에 존중하고 배우려는 자세가 중요한다는 점을 강조하고 싶다. 그리고 간단히 나의 연결방식을 제시하고자 한다. 우리는 하나님나라의 복음을 접할 때 죄를 총체적으로 깨달아야 한다. 개인적인 죄와 내가 몸담고 있는 사회의 구조적인 죄를 모두 발견하고 회개해야 한다. 예수 그리스도의 십자가와 부활을 통한 죄 사함의 은혜를 믿음으로 받아들여야 한다. 그래야 구원이 자신에게 임한다. 구원을 경험한 그리스도인은 총체적인 제자도를 실천해야 한다. 이는 세상 한가운데로 들어가 사회적 약자들을 구조적 억압에서 건져내기 원하시는 하나님의 뜻을 실현해나가는 삶을 포함해야 한다. 좀 더 구체적으로는 자본주의 사회의 구조악을 발견하고 변혁시켜나가는 것을 의미한다. 그래서 구조적으로 고통을 겪는 이들이 그 체제에서 벗어나 하나님나라의 정의와 평화를 맛볼 수 있도록 해야 한다.

행크스도 성경에 나타난 '억압'과 '가난'이라는 단어의 철저한 분석을 통해 그 상관관계를 입증함으로써 미란다와 유사한 결론에 도달한다.[45] 첫째, 억압은 성경신학의 가장 근본적인 구조를 결정짓는 범주이다. 둘째, 가톨릭 신학과 개신교 신학을 통틀어서 고전신학에 이런 주제가 거의 등장하지 않는 것은 놀라운 일이다. 셋째, 성경신학은 억압이 가난의 가장 기본적인 원인임을 충분히 증명해준다. 넷째, 성경의 영어 번역은 자주 성경이 보여주는 직관과 사회경제적 분석의 급진성을 숨긴다. 다섯째, 해방 그리고 출애굽과 희년에 비견할 만한 사회구조 변화를 추구하는 그리스도인의 행동이 필요하다. 마지막으로 신약은 새로운 요소를 첨가하기는 하지만 억압이 가난의 가장 기본적인 원인이라는 구약의 가르침을 부정하지 않는다.[46]

이와 같이 성경은 비록 사회과학적 분석틀과 용어를 사용하지 않지만 사회적 현실의 핵심을 정확하게 읽어낸다. 즉 이스라엘 왕정과 로마 통치하에서 합법적인 절차를 통해 가난한 자들을 억압하고 착취하고 있으면서도 마치 정의를 행하고 있는 것처럼 스스로를 속이는 기득권층과 그들을 받쳐주고 있는 불의한 제도를 맹렬하게 비판한다. 가난한 사람들을 합법적으로 억압하고 착취해서 얻어낸 부는 결코 하나님의 축복이 아닐 뿐 아니라, 하나님을 버리게 만드는 무서운 우상이 될 수밖에 없다는 점을 경고한다. 그래서 사회불의는 우상숭배와 함께 한 동전의 양면을 이룬다고 선언한다(렘 22:1-9).

그러면 어떻게 돈을 우상으로 만들어가는 맘몬과 싸워 승리를 거둘 수 있을까? 가장 근원적인 답은 우리 각자가 우선 구원의 길을 걸어가는 것이다.

구원의 길

바울이 잘 말해준 것처럼 그리스도인의 가장 근원적인 싸움은 인간을 적대자로 상대하는 것이 아니다. 이 어두운 세상을 배후에서 조종하는 실세, 즉 악의 영을 상대로 하는 것이다(엡 6:11-12). 그 악의 영은 구체적인 삶의 현실에서 돈의 신으로 활동한다. 돈의 신이 바로 예수님이 예리하게 간파하신 맘몬이다. 맘몬과 맞서 이길 수 있는 자연인으로서의 인간은 이 땅에 존재하지 않는다. 앞서 잘 살펴본 것처럼 맘몬의 유혹이 너무나 강렬하기 때문이다. 그리고 맘몬의 유혹을 뿌리칠 때 오는 두려움 역시 압도적이기 때문이다. 냉혹한 생존경쟁의 대열에서 스스로 물러나거나 강제로 밀려날 때 겪게 될 가난과 사회적 무시는 생각만 해도 소름 끼치는 일이다.

맘몬이 내미는 당근을 거부하려면 맘몬이 약속하는 것보다 훨씬 더 아름다운 그 무엇을 발견해야 한다. 맘몬이 우리를 위협하기 위해 드는 채찍에 대한 두려움을 이기려면 나를 안전하게 지켜주실 누군가에 대한 확신이 서야 한다. 이 두 가지는 궁극적으로 진실한 회개와 믿음을 통해 얻게 되는 구원의 경험을 통해서만 얻을 수 있다. 세속적인 인간으로 남아 있거나 적당히 종교적인 존재가 되어서는 맘몬을 이길 재간이 없다.

구원 없이 맘몬을 이길 수 없다

구원을 모르는 한 맘몬을 이길 수 없다는 점을《나에게 돈이란 무엇일까?》라는 책을 우연히 읽게 되면서 마음에 더 깊이 새기게 되었다.[47] 길담서원의 청소년 강좌를 책으로 엮은 것인데, 어려운 주제를 청소년들의 눈높이에 맞추어 설명하고 있기에 아주 흥미롭게 읽을 수 있다. 단어와 표현은 쉬웠지만 깊이는 전혀 모자라지 않았다.

그중에서 강신주의 글 "돈이란 무엇인가"와 "돈을 어떻게 극복할 것인가"가 이 글의 주제와 관련이 있다. 그가 제시한 해답은 네 가지이다.[48] 첫째, 상품에 들어가지 않는 것을 확대해야 한다. 될 수 있는 대로 이익을 남기기 위해 물건을 만들지 말고 서로 잘 사용하거나 선물로 주고받기 위해 만들자는 것이다. 그러면 자본주의는 완전히 붕괴한다고 말한다. 그러면서 이렇게 말한다.

> 하지만 현실적으로 이게 가능할까요? 여기에는 하나의 전제가 있습니다. 탐욕을 버릴 수 있어야 하는 거예요. … 고민이 필요한 지점입니다.[49]

그 고민을 어떻게 풀어나가야 할지 더 이상 해결책이 없다. 구원 없인 맘몬을 이길 수 없다는 걸 확인시켜주는 대목이다.

둘째, 서로 간에 인격적 관계, 상호신뢰를 회복함으로써 국가권력이 공인하는 화폐의 위력을 약화시켜야 한다. 말하자면 서로의 노동생산물을 교환하는 데 사용할 수 있는 대안화폐를 사용하자는 것이다. 간단히 이야기하면, 공동체 구성원이 자기가 제공할 수 있는 노동에 근거하여 증서를 대안화폐 형태로 발행한다. 화폐의 단위는 공동체가 서로 약속해서 결정한다. 그러면 그 증서를 갖고 서로의 노동의 결과물을 교환한다. 미용사는 자기가 발행한 대안화폐로 음식을 사 먹는다. 그러면 음식점 주인은 나중에 그 화폐를 미용사에게 들고 가서 머리를 하는 식이다. 각 노동의 가격은 사회적 합의를 통해 결정한다. 그러면 자기증식 수단으로서의 화폐, 즉 돈은 설 자리가 점점 줄어든다. 그러나 문제는 여전히 남는다. 이것은 인격적 관계와 상호신뢰를 바탕으로 이뤄질 수 있는데 어떤 자원으로 그게 가능하겠느냐는 것이다.

셋째, 인간을 목적으로 대하고 돈을 수단으로 삼아야 한다. 스펙을 쌓아 자신을 기능이 많이 담긴 상품으로 시장에 내놓는 분위기를 약화시키자는 이야기다. 이렇게 이야기해놓고 강신주는 또 솔직히 고백한다.

> 현실에서는 참 힘든 얘깁니다. 더군다나 인간이 수단으로 전락한 자본주의 사회에서는 더욱 그렇습니다. 이런 것들이 가능하려면 권력이나 자본이 주는 인간에 대한 비관적 전망을 극복해야 합니다.[50]

역시 당위로서는 정말 좋은 말이다. 그러나 우리 심성에 이미 깊이 파고든 비관적 전망을 무슨 힘으로 극복하느냐는 질문은 여전히 남는다.

넷째, 인간관계의 직접성을 강화시켜 '돈 없으면 죽는다'는 자본주의 사회의 위협을 약화시켜야 한다. 자신의 상품가치가 사라져 먹고살 길이 막연해져도 의지할 수 있는 이웃이 있다면 그만큼 돈의 위력은 약해질 수밖에 없다. 아름다운 세상, 꿈꾸고 싶은 세상이다. 그러나 그렇게 친밀하게 상부상조하는 공동체를 무슨 자원으로 만들어갈 수 있겠는가 질문할 때 이 역시 답이 쉽게 나오지 않는다. 그래도 그는 결론을 맺으면서 희망을 이야기한다.

> 하지만 어떤 사회든 영원한 것은 없다, 세상은 늘 새롭고 보다 나은 쪽을 향해 진보한다는 것 역시 인간의 역사가 보여준 분명한 진리입니다. 희망은 있어요.[51]

어떤 절망적인 순간에도 희망을 잃지 않는 사람을 나는 마음 깊이 존중한다. 예컨대 "결국 내겐 절망할 권리가 없다. 나는 희망을 고집한다"고 말한 하워드 진 같은 분을 존경하고 사랑한다.[52] 나는 그가 하나님을 믿는지는 잘 모른다. 만일 아니라면 그렇게 희망을 고집하는 마음에서 신비감마저 든다. 본인은 인정하지 않을지 모르겠지만 그 안에 이미 하나님이 계시지 않을까 하는 생각이 든다. 아무튼 나로선 하나님을 믿지 않고는 위에 제시된 길을 온전히 걸어감으로 마침내 맘몬을 완전하게 무릎 꿇리는 것이 불가능하다고 생각한다.

물론 구원만 제대로 경험하면 하루아침에 위의 길을 수월하게 걸어갈 수 있다는 이야기는 아니다. 원래 기본기가 부족한 경우 하나님을 모르는 이들보다도 오히려 못할 수도 있다. 다만 구원을 경험하면 맘몬과 싸워 이길 수 있는 충분한 자원을 내장하게 된다는 이야기를 하고 싶은 것이다. 신앙이 자라가면서 이 자원을 잘 활용하는 법을 배우게 될 것이다. 거기에 희망이 있다고 본다.

그런데 신앙을 가지려면 제대로 된 신앙을 가져야 한다. 율법주의적 종교성만 가지고 맘몬과 싸워 이기는 건 어림도 없는 일이다. 참된 신앙으로 참된 구원을 경험해야 한다. 이는 누가복음서에 연이어 대조적으로 등장하는 두 인물, 부자 청년 지도자와 세리장 삭개오를 비교해보면 명확하게 드러난다.

율법적 종교성으로 맘몬을 이길 수 없다

누가복음 18장 18-30절에 등장하는 주인공은 아주 탁월한 인물이다. 젊은 사람인데(마 19:22) 이미 지도자의 위치에 올랐을 뿐 아니라 부까지 누리고 있는 사람이다. 어려서부터 신앙생활도 열심히 해온 사람이다. 요즘 식으로 표현하자면 그는 깨끗한 부자였다. 그러나 그는 아직 영생을 얻었다는 확신을 갖고 있지 못했다. 말하자면 구원의 확신이 없었던 것이다. 그래서 그는 맘몬의 권세에 은밀하게 굴복할 수밖에 없었다. 그가 맘몬을 이기려면 구원을 받아 영생을 누려야 했다. 하여 예수님은 그를 진실로 사랑하는 마음으로 구원의 길로 초대한다. 그러나 그는 초대를 거절한다. 그는 맘몬의 손아귀에서 벗어나지 못한 상태로 머문다. 구원의 은혜를 거부하는 한 그는 맘몬에서 벗어날 수 없었다.

이 이야기에서 우리는 너무나 중요한 교훈을 얻는다. 구원이 빠진 피상적이고 율법주의적인 종교생활은 아무리 훌륭해 보여도 맘몬 앞에서 참으로 무기력하다는 점이다. 왜냐하면 훌륭하게 보이는 바로 그 종교성 때문에 자신 안에 깊숙이 들어와 있는 돈에 대한 탐욕을 보지 못하게 되기 때문이다. 탐욕에 대하여 무방비 상태에 놓인다. 맘몬은 형식적인 경건에 아랑곳하지 않고 숨겨진 탐욕을 타고 내 안으로 쑥 들어와 버린다. 그리고 실질적인 나의 주인이 된다.

그의 모습을 살펴보면 자기기만의 함정이 얼마나 무서운 것인가를 발견하게 된다. 첫째, 그는 자신의 경건한 언어 사용에 스스로 속아 맘몬에 무기력할 수밖에 없었다. 그는 예수님께 나오면서 예수님을 '선하신 선생님'이라고 부른다. 예수님은 이에 이의를 제기한다. "어찌하여 너는 나를 선하다고 하느냐? 하나님 한 분밖에는 선한 분이 없다." 여기엔 심오한 뜻이 있다. 그는 예수님 앞에 '선하다'라는 말을 붙임으로서 자신이 예수님의 선함을 알아볼 정도로 선한 것에 관심이 많은 사람이요 선에 대한 통찰력을 지니고 있는 사람이라고 착각하고 있었다. 그러나 예수님은 그의 언어 사용이 피상적이고 종교적인 언어습관임을 직관적으로 알아차리신 것이다. 그는 하나님 한 분밖에는 선한 분이 없다는 진리를 진지하게 생각지 않았다. 그래서 예수님은 그의 언어 사용의 피상성, 그리고 한 걸음 더 나아가 그 기만성에 이의를 제기하고 제동을 거신 것이다.

그는 자신의 경건한 언어 사용 때문에 스스로 속고 있다. 자기 속 깊은 곳에 탐욕이 숨어 있으리라고는 상상조차 할 수 없었다.

맘몬은 바로 이런 종교인의 자기기만을 틈타 인간의 내면에서 꿈틀거리는 은밀한 탐욕과 자유롭게 교류한다. 경건한 언어 사용만으론 맘몬을 이길 수 없는 이유다. 경건한 언어들을 교회와 일상생활에서 자주 사용한다고 맘몬을 이기리라 생각한다면 우리는 정말 위험한 상태에 놓여 있는 셈이다.

둘째, 그는 자신의 율법주의적 종교성에 속아 맘몬의 포로 상태에서 벗어날 수 없었다. 그의 율법주의적 종교성은 예수님께 "무엇을 행해야 영생을 얻겠습니까"라고 질문한 데서 잘 드러난다. 그는 율법 준수를 통해서 영생을 얻을 수 있다는 착각에 빠져 있었다. 예수님께서 자신이 이미 다 알고 있는 십계명 중 순서를 바꿔서 7, 6, 8, 9, 5계명을 언급하자, 그는 자신 있게 "나는 이런 모든 것은 어려서부터 다 지켰습니다"라고 답했다. 그가 특별히 교만해서가 아니었다. 이런 고백은 예수 그리스도를 만나기 전의 바울도 할 수 있었다(빌 3:6). 당시 경건한 유대교 지도자들은 사람이 율법을 통으로 다 지킬 수 있다고 생각했다.

이는 구약시대의 언약에 대한 오해로부터 기인한 것이다. 구약시대도 신약시대와 마찬가지로 하나님은 율법준수를 구원과 영생을 가능케 하는 진실한 믿음의 증거로 보았지, 구원과 영생의 조건으로 간주하지 않으셨다. 출애굽기 전체를 보면 이 점이 분명해진다. 먼저 출애굽이라는 구원의 은혜를 베푸시고 구원받은 자들이 지켜야 할 율법을 주시고, 그 율법을 완전히 지키지 못할 줄 아시고 성막제사를 통해 지속적으로 죄 사함을 받아 언약관계를 유지할 수 있는 길을 열어주신다.

그런데 그만 유대인들은 이를 율법주의적으로 이해하기 시작했다. 십계명을 비롯해 율법을 다 지키는 것이 가능하다고 착각했다. 그러나 그것은 착각인 만큼 율법을 다 지켰다고 스스로 생각해도 존재 깊은 밑바닥에서 올라오는 불안감을 이겨낼 수는 없었다. '나는 과연 영생을 얻은 것일까?' 본문의 주인공은 바로 그런 불안감을 안고 예수님께 나온 것이다. 이 상황에서 그가 던져야 할 바른 질문은 '내가 누구인가'여야 했다. 자신의 깊은 곳을 들여다보고 자기 행동으로는 도저히 영생에 이를 수 없는 탐욕적인 존재임을 깨닫고 하나님의 은혜의 보좌로 나아가야 한다. 그래야만 진정한 구원을 경험할 수 있고 그때에야 비로소 탐욕을 타고 은밀하게 침투해 들어오는 맘몬을 격퇴할 수 있다. 그러나 그는 율법주의적 종교성에 대한 미련을 떨쳐버릴 수 없었다. '그럼 뭘 더 행해야 하는 거지?'라고 질문한다. 그 질문에 답을 얻으려고 급기야는 예수님에게까지 온 것이다.

이런 영적 상태에선 도저히 맘몬을 이길 수가 없다. 왜냐하면 '무엇을 행해야 영생을 얻을 수 있지?'라는 질문에 머물러 있는 한, 자기 속 깊은 곳을 성찰할 가능성은 전혀 없기 때문이다. 그 속에 들어 있는 탐욕은 들키지 않고 그의 내면에서 은밀하게 작동할 수 있게 된다. 맘몬은 바로 그 틈을 이용해 마음 깊은 곳으로 들어온다. 그래서 율법주의는 놀랍게도 맘몬 숭배와 아주 친화적인 관계에 놓이게 된다. 누가는 누가복음 16장 14절에서 돈을 사랑하는 바리새인을 언급한다. 이는 전혀 낯설거나 괴기한 이야기가 아니다. 돈 사랑과 율법주의는 아주 잘 통한다. 깨끗한 부자론이 위태로운 이유가 여기에 있다. 하나님의 몫과 이웃 몫의 일정한 기준을 제시하고 그 기준을 준수하면 내 몫을 자유롭고 즐겁게 누려도 된다고 말하는 것이 율법주의다. 그런 율법주의는 내 몫에 대한 탐욕이 도사리고 있다는 것을 보지 못한다. 더 정확하게 말하면 탐욕을 보려고 하지 않는다. 그래서 율법주의와 물질적 탐욕은 친화적이다. 율법주의적 종교성으론 맘몬을 이길 수 없는 분명한 이유다.

이 부자 지도자는 예수님을 통해 맘몬을 이길 수 있는 길을 찾을 수도 있었다. 그러나 기만적인 종교성에 대한 집착 때문에 그는 그 길을 가지 못한다. 맘몬의 노예 상태로 머물고 만다. 예수님은 그의 율법주의적 종교성 안에 숨겨져 있는 탐욕과 맘몬을 간파하셨다. 그가 맘몬에게서 해방될 수 있는 유일한 길은 자신 안에 은밀하게 숨겨진 탐욕을 발견하고 기만적인 종교성을 벗어던짐으로써 영생을 얻을 수 있는 진정한 구원의 길을 걸어가는 것이다. 하여 예수님은 그를 깨우칠 수 있는 결정적인 말씀을 하신다.

> 너에게는 한 가지 부족한 것이 있다. 가서, 네가 가진 것을 다 팔아서, 가난한 사람들에게 주어라. 그리하면, 네가 하늘에서 보화를 차지하게 될 것이다. 그리고 와서, 나를 따라라(막 10:21하).

얼핏 생각하면 이 요청은 너무 야박하고 과도하게 느껴진다.

특히 아래에서 곧 다루겠지만 삭개오의 경우와 비교해보면 더욱 그렇다. 삭개오는 재산을 다 포기한 것 같지도 않은데 그에게 구원이 임했다고 말씀하신다. 그런데 왜 부자 지도자에게는 전 재산을 가난한 사람에 나눠주어야 구원을 받을 수 있다고 말씀하시는가? 왜 이중 잣대를 사용하시는가? 예수님은 노골적으로 불의한 부자는 사랑하지만 반듯해 보이는 율법주의적인 부자는 미워하시는가?

본문을 끝까지 읽고 찬찬히 생각해보면 그렇지 않다. 이 요청에는 그를 향한 예수님의 진실한 사랑이 가득 담겨 있음을 알 수 있다. 그래서 같은 이야기를 기록하면서 마가는 이 점을 분명히 한다. 독자를 배려하는 마가의 섬세하고 친절한 마음을 읽을 수 있는 대목이다.

> 예수께서 그를 눈여겨보시고, 사랑스럽게 여기셨다. 그리고 그에게 말씀하셨다(막 10:21상).

이 말씀을 마음에 담아 그 장면을 생각하다 보면 눈물이 난다. 솔직히 나는 이런 사람을 사랑하는 데 어려움을 느낀다. 기도를 정말 많이 해야 한다. 화부터 나기 때문이다. 그런데 예수님은 그를 찬찬히 바라보시면서 그를 사랑스럽게 여기신다. 이런 사람들과 상대하다가 자신도 모르게 스스로 괴물이 되어가는 나의 추하고 부끄러운 모습이 주님의 눈동자에 비친다. 주님의 깊은 사랑은 나를 씻어주신다.

그러기에 이 본문을 읽을 때마다 더욱 마음이 아프다. 이 부자 청년은 예수님의 사랑을 거절하기 때문이다. 예수님이 그에게 이런 어려운 요청을 한 진의는 그 자리에 함께 있던 사람들에게 주신 주님의 말씀에 담겨 있다.

사람은 할 수 없는 일이라도, 하나님은 하실 수 있다(눅 18:27).

이는 예수님께서 처음부터 부자 지도자가 자기 힘으로 전 재산을 다 팔아서 가난한 사람에게 줄 수 있을 것이라고 기대하지 않으셨다는 것을 의미한다. 그럼에도 예수님께서 굳이 힘겨운 요청을 하신 이유는 단 하나다. 그의 율법주의적 종교성 때문에 숨겨져온 탐욕을 보게 하시기 위함이었다. 그래서 그가 이제는 더 이상 '무엇을 더 행해야 구원을 얻을까' 질문하지 않고 겸허하게 하나님의 은혜로 나아가 영생을 얻길 원하셨다.

부자 지도자는 깊은 근심에 빠졌다. 전 재산을 팔지 못하는 것이 신앙으로 포장된 은밀한 탐욕인가, 아니면 하나님이 축복으로 혹은 은사로 내게 주신 정당한 몫을 지키려는 신앙적 자세인가? 그는 후자를 택했다. 그는 기만적 종교성에 대한 집착을 버리지 못했다. 율법주의적 종교성을 빙자하여 자기 탐욕을 은밀하게 감추고 맘몬이 주는 불안한 행복을 누리는 길을 택했다. 참 슬픈 일이다. 기만적 종교성에 대한 집착 때문에 우리는 맘몬을 이기지 못한다.

예수님은 모든 사람에게 이런 요청을 하지 않으신다. 기만적 종교성에 속아 탐욕적인 맘몬 숭배라는 함정에 빠져 있는 사람들에게 요청하신다. 그러므로 내 자신이 그런 사람이 아니란 확신이 든다면 이 말씀을 두려워할 필요가 전혀 없다. 그러나 이는 '나에겐 그런 요청을 하지 않으실 거야!'라는 안도감 때문이 아니다. 진정으로 영생을 경험하며 사는 사람이라면 이미 언제라도 전 재산뿐 아니라 자기 존재 전체를 주님께 드릴 준비를 하며 사는 사람일 것이기 때문이다.

구원받아 맘몬을 이긴 부자, 삭개오!

누가는 부자 지도자 이야기에 이어 아주 대조되는 인물을 등장시킨다. 그가 바로 세리장으로서 부자인 삭개오이다(눅 19:1-10). 둘 다 부자요 맘몬의 노예로 살아온 존재라는 점에서 공통점을 갖고 있다. 그러나 그들이 걸어온 삶의 모습은 표면상 너무나 달랐다. 부자 지도자는 그야말로 누가 보더라도 반듯한 삶을 살았다. 그러나 삭개오는 그야말로 누가 보더라도 음흉하고 더러운 길을 걸어왔다. 그런데 예수님을 만난 결과는 너무나 달랐다. 부자 지도자는 맘몬의 노예 상태로 머물렀지만 삭개오는 그에서 벗어난다. 놀라운 일이다. 삭개오를 통해 우리는 맘몬에서 해방될 수 있는 가장 근원적인 해법은 예수님이 제시하신 구원의 길을 걸어가는 데 있음을 깨닫는다. 맘몬과 싸워 이겨야 구원에 이르는 것이 아니다. 구원을 받아야 맘몬과 싸워 이길 수 있다. 이 점을 마음 깊이 새기기 위해 삭개오가 구원받아 맘몬에서 해방되는 과정을 살펴보자.

삭개오는 당시 주요 세관이 있었던 여리고에서 세리장의 위치까지 올랐다. 여리고는 유다 지역 중 가장 비옥한 땅에 위치해 있었으며, 가장 부유한 도시 중 하나였다. 헤롯 궁궐도 있었다. 삭개오는 그 도시에서 세금업무를 총괄하는 사람으로서 수하에 여러 세리를 두고 있었다. 잘 알려진 바와 같이 당시 세리는 로마 권력을 등에 업고 이스라엘 백성들에게서 세금을 거두는 업무를 감당하는 사람들이었다. 그들은 삭개오가 스스로 고백한 것처럼 로마 정부의 용인과 비호하에 로마 당국에 바쳐야 하는 것보다 더 많은 세금을 받아내 착복했다. 그러니 삭개오는 세리장의 자리까지 올라오면서 많은 부를 축적할 수 있었다. 아마도 여리고에서 가장 부유한 사람 중 하나였을지도 모른다.

그는 부를 축적하고 누리기 위해 다른 모든 가치를 포기했다. 하나님과 이웃에 대한 사랑, 민족에 대한 충성과 의리를 저버렸다. 양심도 내팽개쳤다. 맘몬의 노예로 살아온 것이다. 그러니 동족으로부터 미움을 사고 죄인 취급을 받은 것이 당연한 일이었다. 예수님도 이 현실을 잘 아시고 산상수훈에서 "자기를 사랑하는 사람을 사랑하는 건 세리들도 하는 일 아니냐?" 반문하실 정도였다(마 5:46). 그런데 바로 그런 사람이 예수님을 통해 맘몬에서 해방된다. 이는 맘몬 숭배가 기승을 부리는 자본주의 사회 한복판에서 살아가고 있는 우리 모두에게 놀라운 희망이 아닐 수 없다.

그는 어느 날 예수님이 여리고에 들어온다는 소식을 듣고 일과를 중단하고 예수님을 보러 나간다. 그는 키가 작은 사람이었다.

그런데 예수님을 보러 나온 사람이 너무 많아 삭개오는 도저히 예수님을 볼 길이 없었다. 그러나 그는 포기하지 않는다. 다음 기회로 미루지도 않는다. 오늘 꼭 봐야 한다는 심정으로 앞으로 달려 나간다. 예수님이 지나가는 길목에 있는 뽕나무 위로 올라간다. 당시로서는 대단한 행동이다. 품위고 자존심이고 모두 잊어버렸다. 예수님을 보고 싶어 하는 갈망과 호기심이 대단했던 것을 알 수 있다.

무엇이 그토록 예수를 보고 싶어 하는 마음을 절실하게 불러일으킨 걸까? 그는 그동안 돈만 충분히 손에 거머쥐면 행복하게 잘 살 줄 굳게 믿었다. 그건 일종의 믿음이었다. 그리고 인생의 어느 지점까지는 그게 진실이라는 걸 온몸과 마음으로 경험할 수 있었다. 그런데 뭐가 계기가 되었는지 어느 순간 그 믿음에 균열이 가기 시작한 것이다. 돈으로 채워지지 않는 인생의 무엇, 그 깊은 갈망을 인지하기 시작한 것이다. 시시포스의 노동에 지치기 시작했다. 돈이 갖고 있는 신적 매력도 점점 시들해졌다. 그와 함께 기대감도 사그라졌다. 그렇다고 돈을 향한 열망이 완전히 사라진 것은 아니다. 다만 이게 전부가 아닌데 하는 생각이 그의 마음을 사로잡기 시작한 것이다. 자기 안에 있는 텅 빈 공간에 대한 느낌! 그것이 바로 그를 예수님께로 이끌어간 동력이었다.

맘몬에서 벗어나려면 이런 갈망을 인식해야 한다. 꼭 의식적이지 않아도 된다. 무의식적이라도 이 갈망을 느끼고 이를 해소하고 싶은 열망이 마음 한가운데서 솟아올라야 한다. 그것 자체가 은혜이다. 이 갈망은 억지로 느끼게 만들 수 없기 때문이다. 이는 어느 날 느껴져야 한다. 물론 깊은 성찰이 도움이 된다. 인생의 어떤 극적인 사건이 계기가 될 수도 있다. 독서, 누군가와의 만남과 대화가 출발점이 될 수도 있다. 그러나 분명한 것은 위로부터 오는 보이지 않는 은혜가 아니고는 맘몬이 주는 행복과 만족의 거짓됨을 절감한다는 것은 불가능한 일이다. 그래서 나는 기도할 때마다 맘몬에 속한 것으로 채울 수 없는 그 갈망을 알게 해달라고 간절히 구한다. 내 경험으로는 그 기도보다 더 확실하게, 그리고 신속하게 주님께서 응답하는 기도는 없다.

예수님의 눈길은 그렇게 갈망으로 가득 찬 사람을 놓치는 법이 없다. 그 수많은 사람 중에서 뽕나무에 올라간 그를 발견하고야 만다. 그리고 말씀하신다. “삭개오야, 어서 내려오너라. 오늘은 내가 네 집에서 묵어야 하겠다.” 놀라운 제안이다. 당시 사람들은 세리, 더구나 세리장과 함께하기를 꺼렸음이 분명하다. 그는 부정한 죄인이기 때문이다. 실제로 예수님께서 삭개오의 집에 묵으러 들어가자 이를 지켜본 무리들은 수군거렸다. “그가 죄인의 집에 묵으려고 들어갔다”(눅 19:7). 그러나 예수님은 이러한 당시 대중의 분위기를 아랑곳하지 않고 삭개오 한 사람을 향해 자신의 사랑을 집중하신다.

삭개오가 한 것이라고는 예수님이 어떤 사람인가 보고 싶어서 뽕나무로 올라간 것이 전부다. 아직 진실하게 자신의 죄를 깨닫고 회개한 것이 아니다. 하지만 예수님은 삭개오라는 존재를 있는 그대로 가슴에 품으신다. 이를 위해 예수님은 사람들에게 오해와 비난을 기꺼이 받으신다. 우리는 이걸 ‘은혜’라고 부른다.

오늘도 우리는 우리 각자를 사랑의 눈길로 바라보시고 각자의 이름을 부르시며 "오늘은 내가 그대와 함께하고 싶다"고 말씀하시는 예수님을 만날 수 있다.

이유는 두 가지다. 첫째, 바울이 잘 묘사한 대로 '우리가 아직 약할 때', '우리가 아직 죄인이었을 때' 그리스도께서 경건하지 않은 우리 각자를 위하여 죽으심으로 우리에 대한 하나님의 사랑을 실증하셨기 때문이다(롬 5:6-8). 이는 역사적 사실이다. 그러므로 우리는 우리를 향하신 예수님의 사랑을 허공에서 찾을 필요가 전혀 없다. 객관적 사실로 돌아가기만 하면 된다. 거기서 길이 열린다.

둘째, 역시 바울이 잘 표현한 것처럼 우리가 예수님의 사랑을 묵상할 때, 아니 우리가 전혀 기대하지 않았던 순간일지라도 성령을 통해 하나님의 사랑이 우리에게 부어질 수 있기 때문이다(롬 5:5). 이런 역사는 이미 일어났고 지금도 일어나고 있으며 앞으로도 일어날 것이다. 그러므로 우리는 언제라도 성령을 통해 우리에게 다가오셔서 사랑을 부어주시는 예수님을 만날 수 있다. 팀 켈러 목사의 책을 읽으면서 은혜 받았던 것이 기억난다. 그는 책을 끝내며 한 성도의 이야기를 전해준다.

> 제 교회의 한 여성도는 아주 어두웠던 시절 이렇게 불평했습니다. "저는 이렇게 기도하고 또 기도했어요. '하나님, 나로 하여금 당신을 찾게 해주세요.' 그러나 아무런 변화가 없잖아요." 그런데 어느 날 그의 신앙 친구가 그녀에게 한 가지 제안을 했습니다. "기도를 이렇게 바꿔보면 어떨까? '하나님, 나에

게 오셔서 나를 찾아주세요. 어쨌든 당신은 잃은 양을 찾아나서는 선한 목자이시잖아요'라고 말이야." 그녀는 이 이야기를 저에게 해주면서 이렇게 말을 맺었습니다. "제가 이 이야기를 목사님께 해드리는 이유는 단 하나랍니다. 그분이 저를 찾아오셨기 때문이죠."[53]

그 이후 내 기도 시간에 이 이야기가 자주 떠올랐다. 기도가 어려울 때면 종종 그녀의 친구가 제안한 대로 기도하곤 했다. 내가 이 이야기를 이 책에 쓰는 이유도 마찬가지다. 그분이 나를 찾아오셨기 때문이다.

삭개오는 예수님의 사랑을 활짝 열린 마음으로 환영한다. 뽕나무에서 얼른 내려와서 기뻐하면서 예수님을 자신의 집으로 모셔들인다. 그는 예수님의 따뜻한 사랑을 냉소적으로 바라보지 않았다. 예수님의 진정성을 의심하지 않았다. 그는 예수님의 사랑을 받아들였고 그로 말미암아 예수님을 인격적으로 깊이 알게 되었다. 예수님의 진실하고 깊은 사랑은 삭개오 자신의 것이 되었다. 구원이 삭개오 안에서 실현되기 시작했다. 그는 돈이 결코 채워줄 수 없었던 이름 모를 텅 빈 공간이 너무나 아름다운 것들로 그득히 채워지는 것을 경험했다. 찬란한 순간이다. 삭개오는 존재의 변화를 체험했다.

이것이 바로 어린아이 같은 믿음이다. 어린아이는 자기 혼자 힘으로 살 수 없다는 것을 너무나 잘 안다. 그래서 늘 부모에게 의존하는 데 익숙하다. 엄마 아빠가 가까이 있어야 그제야 마음을 놓는다. 혼자 놀다가도 엄마 아빠를 반드시 찾는다. 대답이 없으면 금방 불안해진다. 그러다 울어버린다. 엄마 아빠가 나타나 자기를 안아주고 뽀뽀해주면 금방 눈물을 그친다. 만족하고 행복해한다.

인간은 존엄성을 지닌 존재다. 정말 대단한 존재다. 자부심과 긍지를 가질 만한 존재다. 개인의 자유와 권리를 존중하는 자유주의와 민주주의는 그래서 마땅히 존중받아야 하고 지켜져야 한다. 그러나 인간이 하나님은 아니다. 스스로 자신 안에 있는 텅 빈 공간을 채울 수가 없다. 하나님 앞에서는 어린아이와 같은 존재다. 삭개오는 예수님 앞에서 이를 받아들인 것이다. 우리도 모두 그랬으면 좋겠다. 그래야 아름다운 구원을 경험할 수 있기 때문이다. 돈과 맘몬이 결코 채워줄 수 없는 텅 빈 공간을 그분의 사랑이 아름답게 채워주는 것을 온몸과 마음으로 경험하게 된다. 세상에 가장 아름다운 것이 예수님의 사랑이라는 걸 알게 된다.

구원을 경험하자 삭개오는 맘몬에 대한 통쾌한 승리를 거두게 된다. 돈 앞에만 서면 오그라들었던 그였다. 모든 가치를 외면하고서라도 돈을 자기 주머니에 넣고 싶은 충동을 도무지 이길 도리가 없었다. 그런데 이제 그 돈의 위력에서, 맘몬의 위력에서 벗어난 것이다. 자기를 꽁꽁 묶고 있던 돈의 사슬이 맥없이 끊어져 나가는 것을 경험했다. 이제 비로소 자유인이 된 것이다. 무뎌졌던 그의 양심이 다시 살아났다. 가난한 사람들의 서러움과 고통이 가슴에 사무쳐왔다. 자신이 돈을 갈취했던 사람들의 고통과 억울함이 폐부를 찌르는 걸 경험했다. 하여 그는 예수님께 놀라운 고백을 한다.

"주님, 보십시오. 내 소유의 절반을 가난한 사람들에게 주겠습니다. 또 내가 누구에게서 강제로 빼앗은 것이 있으면, 네 배로 하여 갚아주겠습니다"(눅 19:8).

삭개오는 과감하게 재산의 반을 가난한 사람을 위해 기꺼이 내놓는다. 강제로 빼앗은 부분에 대하여는 네 배를 갚아주겠다고 다짐한다. 이는 율법이 요구하는 20퍼센트의 이자를 훌쩍 뛰어넘어(레 5:16; 민 5:7) 무려 300퍼센트의 이자를 붙여주는 것이다. 삭개오는 돈에 대한 탐욕에서 확실하게 해방되었다. 이 모습을 보고 예수님은 너무나 기뻐셨다. 그래서 선언하신다.

"오늘 구원이 이 집에 이르렀다. 이 사람도 아브라함의 자손이다. 인자는 잃은 것을 찾아 구원하러 왔다"(눅 19:9-10).

이처럼 돈에 대한 욕망, 즉 맘몬의 굴레에서 벗어나려면 삭개오처럼 진정한 구원을 경험해야 한다. 자신만의 노력으로는 안 된다. 율법주의적 종교성으로는 어림도 없다. 오히려 맘몬의 친구로 화해버릴 뿐이다. 맘몬에게 통쾌한 승리를 거둘 수 있는 가장 확실한 길은 삭개오처럼 예수님을 만나 구원의 기쁨을 발견하는 것이다. 느헤미야가 확신 있게 선언한 것처럼 주님으로 인해 기뻐하는 것이 우리에게 가장 큰 힘임을 알아야 한다(느 8:10). 그

힘으로 우리는 비로소 맘몬에 대항할 수 있다. 맘몬의 달콤한 유혹에서 벗어날 수 있으며 그의 무서운 위협 앞에서 담대히 맞설 수 있다. 이런 놀라운 은혜와 축복이 삭개오에게 임했듯이 한국 교회에 임하길 진심으로 기도한다. 자기 소유를 자기 몫이라고 주장하는 사람이 단 한 사람도 없었던, 그래서 나눔의 교제가 그렇게 풍성했던 예루살렘 초대교회의 자유로운 모습이 한국 교회에 새로운 모습으로 실현되는 그날이 속히 오길 고대한다.

6장
경제 문제는 믿음 문제다

앞 장에서 자본주의의 배후세력인 맘몬에 대해 근본부터 성찰해 보았다. 맘몬의 본질과 정체가 무엇이며 돈이 어떤 경우에 축복이 되며 우상이 될 수 있는지 살펴보았다. 맘몬과 맞서 근원적인 승리를 거두는 길은 구원을 경험하는 데 있다고 말했다. 그러나 그것만으로 맘몬과의 싸움이 깔끔하게 완료되는 것이 아니다. 맘몬과의 끈질긴 싸움을 싸워나갈 수 있는 기본적인 준비가 되었다고 보는 것이 정확할 것이다.

특히 자본주의 사회에서 맘몬과의 싸움은 참으로 끈질기고 치열하다. 제2차 세계대전 당시 노르망디 상륙작전의 승리로 연합군은 독일군에 대한 승기를 확실히 잡았다. 그러나 그 이후에도 베를린을 함락하고 항복을 받아내기까지 치열한 전투를 벌여야만 했다. 우리가 개인적 차원에서 맘몬과 싸워 결정적인 승리를 거두었다고 해서 맘몬이 항복하는 게 아니다. 맘몬은 나를 개인적으로 공격하기도 하지만 자본주의 사회구조 속으로 들어가 자기 세력을 방어하고 확대해나가려고 치열한 싸움을 벌인다. 때로 그리스도인들을 혼미케 하고, 전선을 흐리게 만들기도 한다. 이런 문제까지 그리스도인들이 신앙적으로 관여할 필요가 없다든지, 그래선 안 된다고 말한다.

지난 수년 동안 한국 사회는 경제와 직결된 다양한 문제들로 몸살을 앓아왔다. 지역 재개발로 말미암은 용산참사, 미국산 쇠고기 수입반대 촛불집회, 한미 FTA 저지 투쟁, 4대강 공사, 한진중공업 해고자 복직투쟁과 희망버스 운동, 24명에 이르는 쌍용자동차 해직노동자들과 그 가족들의 자살, 대기업 초과이윤 나누기, 보편적 무상급식으로 촉발된 복지 논쟁, 사회적 양극화와 재벌개혁을 둘러싼 경제민주화 논쟁 등, 참으로 많은 이슈가 있었다.

과연 이런 주제들이 그리스도인의 믿음과 무슨 상관이 있을까? 경제 문제가 믿음 문제라니! 믿음은 심오하고 아름답고 영원한 영적 세계에 속한 반면, 경제란 그저 일상적이고 찰나적인 몸의 세계에 속한 것이 아닌가? 믿음을 너무 세속적인 차원으로 끌어내리는 것이 아닌가? 혹 기독교 신앙과 관련이 있더라도 어디까지나 신앙의 주변문제이지 핵심과는 큰 상관이 없는 것 아닌가? 한국 교회 안에는 이런 반응을 보이는 분들이 대다수가 아닐까 하는 생각이 든다. 이 장은 바로 그런 분들을 마음에 두고 써나갔다.

자본주의 사회에서 발생하는 다양한 경제 문제가 믿음 문제라는 것을 분명히 하기 위해 네 가지를 말하고자 한다. 첫째, 경제 문제를 개인윤리의 차원뿐 아니라 사회구조적으로 이해하고 접근해야 하는 이유를 살핀다. 둘째, 정교분리 원칙의 원래 정신은 교회의 예언자적 정치 참여를 금하지 않는다는 점을 밝힌다. 셋째, 기독교 신앙은 통합적 세계관을 갖고 있기 때문에 경제 문제를 믿음 문제로 간주한다는 점을 이야기한다. 넷째, 하나님나라의 복음은 총체적 신학을 제시함으로써 경제 문제가 믿음 문제임을 분명히 한다는 점을 이야기할 것이다.

경제 문제의 구조적 성격

대부분의 그리스도인들은 경제영역을 생각할 때, 경제민주화 같은 구조적 차원보다는 개인윤리적 차원에서 접근하는 데 익숙하다. 돈을 어떻게 벌어야 하는가? 환경을 파괴하면서까지 돈을 벌어도 되는가? 그리스도인이 주식이나 부동산 매매 등을 통한 재테크에 참여해도 되는가? 어떤 직장을 택해야 하며 직장에서 어떻게 행동해야 하는가? 다양한 직원들과 어떤 관계를 맺어야 하는가? 술을 취하도록 마시게 되는 회식자리에 가도 되는가? 간다면 술을 마셔야 되는가, 마신다면 얼마큼이나 마셔도 되는 것인가, 삼차로 노래방까지 가도 되는가? 다른 회사 직원들과의 관계는 어떻게 맺어야 하는가? 번 돈을 어떻게 사용해야 하는가? 저축이나 보험 가입은 신앙적인 것인가? 소득 중 얼마큼이나 구제에 사용해야 하는가? 그리스도인도 부자로 살아도 되는가? 물론 모두 기독교적 관점에서 답을 찾아야 하는 중요한 질문들이다.

세 가지 관계

위의 질문들에 봉착하게 되는 것은 경제활동을 하다 보면 독일의 기독교 경제윤리학자 아르투르 리히가 잘 설명해준 것처럼 세 가지 차원에서의 직접적인 기본관계가 형성되기 때문이다.[1] 즉, 나와 나 자신의 관계, 나와 너/너희의 관계, 나/우리와 그것(자연)의 관계이다. 경제윤리적 성찰이란 이 기본적 관계들을 어떻게 설정해야 옳은가를 묻고 심사숙고하는 것이다.

우리는 경제활동을 하면서 자아실현에 대해 고민하게 된다. 단순히 경제적 소유에 집착할 것인지 아니면 자신의 존재가치를 추구할 것인지 스스로에게 묻는다. 건강하고 바른 자기 사랑의 과제를 안고 씨름하게 된다. 한 걸음 더 나아가 경제활동을 혼자 할 수 없기 때문에 다양한 사람들을 만나 이런저런 관계를 맺기 마련이다. 그들과의 관계 역시 중요한 윤리적 질문의 대상이다. 특히 자기를 사랑하듯이 이웃을 사랑해야 하는(마 22:39) 그리스도인에게 너무나 중요한 관계이다. 상대를 나의 경제적 이익을 위한 수단으로 삼을 것인지, 아니면 그의 인격과 존엄성을 존중해 그를 목적으로 대할 것인지 고민해야 한다. 마지막으로 모든 경제활동은 기본적으로 자연에 노동을 투여해 이루어지는 것일 뿐 아니라 생산과 소비 과정에서 자연에 직간접적으로 지대한 영향을 미치게 되어 있다. 자연을 단순히 인간의 단기적인 경제적 이익과 만족을 위한 수단으로 삼을 것인지 아니면 자연생태계의 보호와 존속에 방점을 찍을 것인지 성찰하고 책임 있는 결정을 내려야 한다.

경제활동을 하다 보면 이 세 가지 관계 속으로 들어가게 되며 그 와중에 앞서 언급한 다양한 질문들에 봉착하게 된다. 그런데 한 걸음 더 나아갈 필요가 있다. 개인윤리적 차원의 질문을 넘어 경제구조와 제도에 관한 질문에 이르러야 한다. 질문이 여기까지 진전되지 못하는 이유는 둘 중 하나이다. 구조와 제도를 아예 의식하지 못하든지, 아니면 그건 변하지 않거나, 변할 수 없거나, 혹은 변해서는 안 되는 일종의 상수常數로 놓고 생각하는 것이다. 둘 다 심각한 오류이다.

경제구조는 관계에 결정적 영향을 미친다

첫째, 모든 경제활동은 항상 구조와 제도를 매개로 삼아 벌어지는 것이고 그로 인해 결정적인 영향을 받고 있다는 점을 인식해야 한다.[2] 이는 앞서 언급한 세 가지 기본적 차원에 다 적용된다. 우선 나와 나 자신의 관계를 생각해보자. 그리스도인들이라면 대부분 경제활동을 통해 단순히 경제적 소유를 늘리는 것보다 자신 안에 있는 다양한 가능성을 창의적으로 실현하는 데서 더 중요한 의미를 찾고 싶어 한다. 그런데 무엇이 그런 노력을 가로막는가?

산업자본주의 사회 초기 모습을 그린 영화이기 때문에 오늘의 현실과 다른 면이 있지만, 찰리 채플린의 영화 〈모던 타임스〉는 여전히 우리에게 시사하는 바가 크다. 주인공은 빠르게 도는 컨베이어벨트 위에 놓여 숨 쉴 틈도 없이 움직이는 철제품 위의 작은 나사를 조이는 노동을 한다. 그러다 나사를 놓치고, 그 나사를 따라가며 조이려다 큰 기계 안으로 빨려 들어간다. 겨우 다시 기계에서 나오지만, 정신이 약간 이상해져서 뭐든지 보이는 대로 조이려고 한다. 동료의 코도 조이고 지나가는 여성 직원 스커트 엉덩이 부분에 달려 있는 단추도 조인다. 아주 코믹하게 그려서 웃음을 자아내지만 그 웃음은 참 슬픈 웃음이다. 도입 부분에는 영화의 주제를 알리는 자막이 뜬다.

> 모던 타임스, 산업과 개인, 기업에 대한 이야기—인류, 치열하게 행복을 추구하다!

오늘 한국 사회의 경제구조와 제도를 신자유주의 자유시장경제라고 규정하는 데 큰 이론이 없을 것이다.[3] 이는 본질적으로 자본주의의 한 형태로서 산업자본주의 초기와는 다른 점이 많은 것이 분명하다. 그래서 채플린 같은 노동을 하는 사람을 소위 3D업종에 종사하는 사람으로 취급하여 예외적 현상으로 보려고 한다. 그러나 가만히 노동의 질을 들여다보면 사실 별 차이가 없음을 곧 발견하게 된다. 그건 생산력 증대를 통한 자본이익의 극대화를 추구하는 현대 자본주의 사회가 필연적으로 요구하는 노동의 분업 때문이다. 생산직 노동자든 사무직 노동자든 대부분 잘게 쪼개진 일에 온 에너지를 쏟아붓는 것은 마찬가지다. 노동 강도도 여전하다. 노동을 통해 자기실현의 흐뭇함을 맛보는 사람이 도대체 얼마나 될까? 노동현장에서 맛보는 것은 행복이 아니라 누적되는 스트레스이다. 이런 현상은 자신이 개인적으로 아무리 노력한다 해도 벗어날 수 없는 객관적인 사실이다. 우리는 기본적으로 자본주의라는 구조와 제도가 요구하는 방식으로 노동할 수밖에 없기 때문이다. 그래서 나와 나 자신의 관계는 구조와 제도에 의해 치명적인 구속을 받게 된다.

이제 나와 너/너희의 관계를 생각해보자. 과연 우리는 경제활동을 하면서 자신을 사랑하듯 이웃을 사랑하라는 하나님의 중대한 계명을 진정으로 순종할 수 있을까? 무엇이든지 남에게 대접을 받고자 하는 대로 남을 대접하라는 황금률을 진정으로 실천할 수 있을까? 당신이 회사 중역이라고 생각해보라. 회사 형편이 어려워져 직원을 해고해야 하는 상황에 처했다. 신자유주의 경제체제란 노동의 유연성, 즉 쉬운 해고를 바탕으로 한 경제체제이다. 경쟁회사는 쉽게 해고를 실행하는데 당신 회사에선 직원의 존엄성과 생계를 지켜주기 위해 해고를 하지 않는다면 아마도 살아남기가 쉽지 않을 것이다. 자신의 자리를 지키기 위해 어쩔 수 없이 자신이 거느리는 직원 중 몇 명은 눈 딱 감고 해고해야 할 것이다. 그 직원의 딱한 가정 형편을 고려해선 안 된다. 형편을 일일이 생각하다 보면 과연 누구를 해고해야 할지 곤경에 처할 것이다.

2000년 기독교윤리실천운동에서 사회정의운동 분과를 섬기고 있을 때, 마침 한 기독교 기업의 노사분규가 길게 이어지고 있었다. 핵심적인 문제는 비정규직 노동자에 대한 차별대우와 비정규직 노동자의 고용증가였다. 중재 부탁을 받아 양측을 만날 기회가 있었다. 노조 측은 원래 주장에서 어느 정도 물러설 수 있는 유연성을 보였는데, 사측은 타협의 여지가 별로 없어 보였다. 그

때 사측 대표에게 답답한 심정으로 "업계에서 꼭 1등이 되려고 하지 않을 순 없을까요?" 하고 호소하듯 물었다. 돌아온 답은 아주 단호했다. "1등이 못 되면 도태됩니다." 기독교인으로서 용납하기는 어려웠지만 이해는 할 수 있었다. 그때는 마침 1997년 외환위기로 IMF의 도움을 받으면서 신자유주의 시장경제체제가 한국사회에 본격적으로 뿌리를 내리던 때였기 때문이다. 그런 구조적 조건하에서 노사분규를 단순히 경영자와 노동자들의 신앙과 인격에만 기대어 해결하기란 매우 어렵다. 이렇게 나와 너/너희의 관계 역시 구조와 제도에 의해 결정적으로 규정될 수밖에 없다.

마지막으로 나/우리와 그것(자연)의 관계를 생각해보자. 여름이 되면 우리는 기업들이 비가 억수같이 쏟아지는 것을 이용해 공장에서 나온 폐기물을 몰래 버린다는 뉴스를 종종 접하곤 한다. 못된 짓이다. 하지만 만일 당신이 그리스도인으로서 영세 기업의 소유주요 경영자라고 생각해보자. 과연 법이 규정하고 양심이 명령하는 대로 자연환경을 철저히 보호하면서도 회사가 살아남을 수 있을까 하는 현실적인 질문을 던지지 않을 수 없을 것이다.

신자유주의 경제체제는 원래 소위 외부효과라고 하는 단점을 안고 있다. 그 대표적 예가 바로 시장거래에서 비용으로 계산되지 않는 자연훼손과 파괴 효과이다. 오늘날의 제조산업은 기본적으로 기계와 화학소재를 많이 사용하기 때문에 생산과정에서 다양한 독소물질이 발생해 자연을 훼손하거나 파괴하는 경향이 있다. 그런데 신자유주의 경제체제는 자본의 이익을 최우선시하는 시장경제체제이기 때문에 그 부정적 효과에 대한 비용을 충분히 감안하지 않는 경향이 있다. 그래야 생산된 상품의 단가를 낮춰 많이 팔수 있고 결과적으로 자본의 이윤을 극대화할 수 있기 때문이다. 이를 시장 내 경제활동이 시장 밖으로 영향을 미친다는 의미에서 '외부효과'라고 한다. 시장이 스스로 풀지 못하기 때문에 이것은 시장의 실패라고 볼 수 있다.

물론 그동안 세계 곳곳에서 환경운동이 강하게 이는 바람에 기업도 눈치를 보지 않을 수 없는 시대가 되어가고 있다. 최근 필자가 사는 동네에 아주 작은 업체가 하나 생겼는데 그 간판에 '친환경 청소전문업체'라고 크게 적혀 있었다. 하지만 환경을 많이 파괴하는 회사일수록 대중적 이미지를 높이기 위해 자신들의 환경보호 노력을 과대 포장해 기업의 홍보수단으로 삼는 경향이 있다. 이런 구조적 현실에서 나 홀로 진정으로 환경을 보호하며 기업 활동을 하겠다는 것은 거의 순교적 각오가 없이는 불가능한 것이다. 이는 경영자만의 문제가 아니다. 노동자의 입장이든 소비자의 입장이든 고도로 공업화된 사회의 일원으로 살아가는 한, 제도 자체가 만들어내는 대규모 환경파괴 활동으로부터 완벽하게 자유로워지는 것은 불가능하다.

이러한 신자유주의적 자본주의 경제구조와 제도는 자연에서 스스로 발생하거나 하늘에서 뚝 떨어진 것이 아니라 인간이 사회적으로 만들어낸 생산물이다. 그러나 한번 정착이 되면 인간이 쉽게 제어하거나 통제할 수 없다. 마르크스가 잘 밝힌 것처럼 제도들은 자신들 안에 내재되어 있는 법칙에 따라 일정한 방향으로 나아가기 때문에 오히려 인간을 실질적으로 강제할 수 있는 힘을 지니게 된다.[4] 인간의 피조물인 구조와 제도가 오히려 주체가 되고 창조자인 인간은 이에 순응할 수밖에 없는 객체로 전락하게 된다. 그러므로 그리스도인들은 구조와 제도가 하나님의 명령에 순종하는 삶을 살아가는 데 어느 정도의 강제력을 갖고 영향을 미치고 있는지 깊이 성찰해야만 한다. 그리고 그것이 하나님의 명령을 준행하는 데 결정적 장애가 되고 있다면 이를 변혁하기 위해 치열한 노력을 기울여야 할 것이다.

구조는 바꿀 수 있다

구조와 제도에 대한 질문을 던지지 않는 것이 오류인 두 번째 이유는 기존의 경제구조와 제도는 일정한 강제력을 갖고 있기는 하지만 만유인력의 법칙처럼 자연적인 절대불변의 상수가 아니기 때문이다. 만일 그것이 자연적인 상수라면 그 자체가 옳은지 그른지 깊이 성찰할 이유가 별로 없다. 그래봤자 바꿀 수 없거나, 바꿨다간 큰 혼란과 낭패를 겪게 될 것이기 때문이다. 기존 구조와 제도에 순응하면서 윤리적으로 가장 바르게 걸어갈 수 있는 길이 무엇인지 찾는 것 외에 별도리가 없다. 물론 그 과정에서 구조와 제도 내부의 부족한 부분들, 즉 제대로 작동하지 않거나 서로 충돌하거나 보완되어야 할 부분들을 찾아 개선할 여지는 있다. 하지만 그건 어디까지나 상수로 작동하는 기존 제도의 핵심적인 틀은 흔들지 않는다는 전제하에 이루어지게 된다. 사실상 시중에 나와 있는 경제에 대한 수많은 책 중 대다수는 그런 가정하에 저술된 것이다.

그러나 분명한 것은 현재 엄청난 강제력을 갖고 우리의 경제활동을 지배하고 있는 신자유주의 경제체제도 결코 자연적인 절대 불변의 상수는 아니라는 점이다. 국민 대다수가 사회적 합의를 이루면 내일이라도 그 체제를 근원적으로 바꿔나갈 수 있다. 또 바꾼다고 반드시 재앙이 내릴 것이라고 과학적으로 예단할 수 없다. 다만 그 과정이 어려울 따름이다. 기존 체제에서 더 큰 이익을 얻는 집단이 단결해 사용 가능한 모든 힘을 총동원하여 변혁의 길을 가로막고 있기 때문이다. 이런 각도에서 볼 때, 다음 책에서 본격적으로 다루겠지만, '대안은 없다'는 말처럼 신화적이고 억압적인 표현은 없다.

심지어 신자유주의 경제체제에서 수혜를 입은 투기의 귀재 조지 소로스마저 시장근본주의, 즉 자유시장경제체제는 누구도 절대로 건드려서는 안 된다는 신념야말로 열린 사회의 적이라고 주장하지 않았는가?[5] 그는 자신이 열심히 활동하던 금융시장의 가장 큰 문제는 거기에 기계적인 세계관이 너무 강하게 작동하고 있다는 데서 찾았다.[6] 말하자면 너무나 많은 사람들이 자연계가 중력의 법칙에 따라 움직이듯 시장도 균형의 법칙에[7] 따라 움직인다고 굳게 믿는다는 것이다. 이렇게 믿는 사람은 중력의 법칙과 그 법칙을 따르는 자연계를 바꿀 수 없듯이 균형의 법칙과 그 법칙을 따르는 자유시장경제체제를 바꿀 수 없으며 만일 바꾸면 큰 재앙이 일어날 것이라고 주장한다. 그러나 소로스는 자유시장경제체제를 온몸으로 경험하면서 그런 생각이야말로 합리적 판단에 기초한 것이 아니라 일종의 신념에서 비롯된 것임을 발견한 것이다.

그러므로 그리스도인들이 경제영역을 신앙과 윤리의 관점에서 성찰하려면 통합적 접근이 필요하다. 먼저 하나님은 우리가 경제 활동을 통해서 나/우리, 너/너희, 그리고 그것(자연) 사이에 어떤 모습의 관계를 맺기 원하시는지 그 규범들을 찾아야 한다. 둘째, 현재의 구조와 제도가 그 규범들을 실천해가는 데 어떤 영향을 미치고 있는지 비판적으로 성찰해야 한다. 셋째, 그 규범을 실천해가는 데 최대한의 가능성을 열어주는 현실적인 구조와 제도는 무엇인지 찾아가야 한다.

이 과정에서 중요한 것은 하나님나라의 완전한 지평을 결코 놓치지 않는 것이다. 그 지평을 향하여 끊임없이 나아가지 않는 한 역사의 한계가 어디에 있는지 머릿속 계산만으로 미리 알 수 있는 길은 없기 때문이다. 이는 마치 역도 선수가 끊임없이 도전하지 않으면 자기가 어디까지 들 수 있는지 분명하게 가늠할 수 없는 것과 같다. 역대 최고기록을 내는 선수는 바로 그런 도전 정신을 가진 이들이다.

그러나 사회적 이상을 추구하며 역사적 한계치를 가늠하려 할 때에는 좀 더 깊은 성찰이 필요하다. 그 이상을 추구하는 과정에서 나뿐 아니라 사회의 다른 구성원에게 구체적인, 때로는 치명적인 영향을 직간접으로 미칠 수 있기 때문이다. 결국 우리는 현상을 유지할 때 치러야 할 분명한 대가와 이상을 추구할 때 일어날 가능성이 있는 부작용을 놓고 하나님 앞에서 깊이 성찰하고 사심 없이 선택하고 결정해야 한다. 그리고 그 결과에 대해 인간으로서 질 수 있는 모든 책임을 져야 할 것이다.

그런데 한국의 그리스도인들은 대체로 이러한 고민과 성찰, 그리고 책임 있는 결단과 선택에 그다지 관심이 없어 보인다. 왜 그런 것일까?

정교분리 원칙이란 무엇인가

> 오늘날 우리는 이전 세대가 왜 그렇게 노예제도와 남아프리카의 인종차별 정책을 오랫동안 지지했는지, 그리고 동물보호에 관해 관심이 없었는지 이해하기 어렵다. 마찬가지로 아마 후세대들은 우리의 시대정신이 왜 그렇게도 빈곤 문제에 대해 민감하지 않고 연대적이지 않았는지 거의 이해할 수 없을 것이다.[8]

이 글을 읽으면서 마음이 뭉클해지면서 아려왔다. 빈곤 문제는 대표적인 경제문제 중 하나이다. 그런데 그리스도인들마저 빈곤 문제를 외면하는 시대정신에 끌려가고 있는 것이 너무 슬펐다. 교회가 이러한 우리의 시대정신에서 벗어나 새로운 길을 열어가려면 아프더라도 그 이유들을 먼저 신랄하게 캐물어야 할 것이다. 그 중요한 이유 중 하나가 정교분리 원칙에 대한 잘못된 해석이다. 오랫동안 특히 한국 교회는 교회가 정치 문제에 관여하는 것은 정교분리 원칙을 어기는 것이라고 가르쳐왔다. 과연 그럴까?

본래 정신

대한민국 현행 헌법 제20조는 다음과 같다. "① 모든 국민은 종교의 자유를 가진다. ② 국교는 인정되지 아니하며 종교와 정치는 분리된다." 이러한 정교분리 원칙의 헌법적 선언의 원조를 일반적으로 미국 수정헌법 제1조(1791년 인준)에서 찾는다. "의회는 국교의 수립에 관한, 혹은 종교의 자유로운 행사를 금지하는 법을 제정할 수 없다." 토머스 제퍼슨이 제3대 대통령으로 취임한 지 얼마 안 되었을 때, 어느 침례교 신자가 대선을 격렬하게 치르면서 생긴 상처를 치유하기 위한 '금식의 날'을 전국적으로 선포해줄 것을 요청했다. 그러나 제퍼슨은 연방정부가 종교적 이유 때문에 어느 한 날을 특별하게 선정하는 것은 정당치 않다고 생각했다. 그래서 그는 1802년 1월 1일 다음과 같이 답장을 보냈다.

> 종교는 오직 사람과 그의 하나님 사이에서 일어나는 일에 관련되어 있다고 믿습니다. 그러기에 그의 신앙과 예배에 대하여 그 어떤 사람에게도 의무가 없습니다. 또한 정부의 입법권은 행동에만 미칠 뿐 견해들에 대해서는 미치지 못합니다. 이에 대해 당신도 저와 같은 신념을 가지고 있으리라고 생각합니다. 그래서 저는 엄숙한 존경심을 가지고 의회는 '국교의 수립에 관한, 혹은 종교의 자유로운 행사를 금지하는 법을 제정할 수 없다'고 선언한 미국 국민 전체의 행위에 대해 깊이 생각하지 않을 수 없습니다. 이 선언이 의도한 바는 교회와 국가 사이에 분리의 벽을 쌓아올리는 것입니다.[9]

물론 이 글에 나타난 제퍼슨의 종교에 대한 이해가 지나치게 개인주의적이라는 점은 신학적으로 문제가 있다.[10] 그러나 그보다 중요한 것은 수정헌법 제1조에 담긴 정교분리 정신에 대한 그의 해석이다. 그는 그 핵심이 국가가 자신의 입법권을 활용하여 특정 종교를 지지해서는 안 된다는 데 있다고 보았다. 그가 언급한 교회와 국가의 분리에는 종교가 정치·경제 문제에 대해 일체 침묵을 지키고 어떤 간섭도 해선 안 된다는 내용을 포함하고 있지 않다. 이를 잘 이해한 사람이 프랜시스 쉐퍼이다.[11] 정교분리의 원래 정신에 의하면 국가는 교회가 자신의 신앙적 양심에 따라, 국가가 하는 잘못에 대하여 예언자적 발언과 행동을 하는 자유를 막을 권리가 없다.

왜곡

그런데 이러한 정교분리 원칙이 교회를 향해 정치에 대해서는 완전히 손을 털 것을 요구하는 원칙으로 잘못 이해되어온 것이다. 이러한 흐름의 단초는 이미 중세의 대표적 신학자인 아퀴나스에서부터 조금씩 나타나기 시작했다. 왜냐하면 그는 삶의 사회적·경제적·행정적 측면은 자연에 속한 것으로서 교회와는 완전히 분리된 정치적인 영역에 속하는 것으로 보기 시작했기 때문이다.[12] 이러한 분리는 급진정통주의 운동의 대표적 신학자인 영국의 존 밀뱅크가 자세히 분석해주는 것처럼 중세시대가 막을 내리고 근대사회가 열리면서 본격화되었다고 볼 수 있다.[13]

중세엔 기독교왕국이 존재했다. 이 왕국은 하나의 통일된 공동체로서 그 안에 종교적 사제조직과 정치적 왕국조직이 함께 어우러졌다. 그러므로 당시에는 이른바 세속은 사제 중심의 종교 영역으로부터 독립된 자율적 공간이나 영역으로 존재하지 않았다. 세속은 시간 개념으로서, 타락과 종말 사이라는 중간 시간을 의미했다. 이 중간 시간의 특징은 두 가지다. 하나는 죄악 된 인간성 때문에 나쁜 증상들이 발생한다. 다른 하나는 그 증상들에 대처하느라 강제력을 사용하는 정의와 사적 재산이 필요했고, 그렇지 않아도 망가진 이성이 곤욕을 치러야만 한다.[14] 그러나 근대사회가 열리면서 세속은 교회로부터 확실히 독립된 공간과 영역을 쟁취하고 교회는 인간의 내면세계를 돌보는 것으로 밀려나기 시작했다. 이것이 바로 신앙이 사적인 것으로 전락하는 과정이다.

이러한 현상은 오늘날 세계적으로 보편화되어가고 있는 자유주의 정치사상과 맞물려 있다. 폴 마셜이 잘 지적한 것처럼 자유주의자들이 말하는 종교의 자유는 어디까지나 영혼의 구원과 관련되어 있는 것이다.[15] 그 자유는 공적이고 정치적인 영역까지 확대되지 않는다. 이러한 종교적 자유의 허상을 보면서 하우어워스는 '왜 종교의 자유가 교묘한 유혹인가'라는 질문을 던진다.[16] 물론 그렇다고 중세의 기독교왕국 모델이 가장 성경적이고 이상적이니 그 시대로 다시 돌아가자는 말이 아니다. 다만 근대화 과정에서 기독교 신앙이 인간의 내적 영역으로 갇히게 되었음에도 불구하고, 이를 오히려 성경에서 원래 의도된 자리로 돌아가는 긍정적인 현상으로 이해하게 된 것은 심각한 오류라는 뜻이다. 선교사들에 의해 초창기 한국에 들어온 기독교는 이런 신학에 깊이 젖어 있었다. 이에 대한 간헐적인 반성과 도전이 있었지만 대세를 뒤집는 데는 역부족이었다. 정교분리에 대한 그릇된 이해는 정치·경제적 무관심을 교회 안에 정착시키는 데 중요한 역할을 해왔다.

중립은 없다

정교분리 원칙과 관련해 마지막으로 언급하고 싶은 것은 정교분리 원칙에 충실하기 위해 교회가 정치적 발언이나 행위를 일절 하지 않는다고 해서 정치에 관여하지 않는 것이 아니란 점이다. 우리는 흔히 서로 대결하고 있는 경제구조와 제도들에 대해 중립을 지키거나 침묵하면 특별한 입장을 취하지 않았기 때문에 책임질 정치적 행위를 하지 않았다고 생각한다. 그러나 정치·경제 현실은 그렇지 않다. 중립이나 침묵은 결과적으로 지배적인 구조와 제도를 지지하는 효과를 낳기 때문이다. 두 가지 측면에서 그렇다.

우선 중립과 침묵을 지키다 보면 자신도 모르는 사이에 지배적인 정치·경제 구조, 그리고 거기에 담겨 있는 정당화 논리를 수용하게 될 가능성이 매우 높아진다. 필자는 IMF 관리체제가 시작된 직후 김대중 대통령을 위시하여 많은 지도층 인사들이 반복하여 강조한 점을 잊을 수 없다. “노동자의 30퍼센트가 희생해서 국민경제 전체가 살 수 있다면 그 길을 가야 하지 않겠습니까?” 얼마나 그럴듯한 이야기인가? 그러나 우리는 왜 이런 질문을 던져볼 수 없었을까? “재벌의 30퍼센트가 희생해서 국민경제가 살 수 있다면 그 길을 가야 하지 않겠습니까?" 왠지 이 질문은 도발적으로 들리기도 하고 경제학적으로 무식하게 들리기도 한다. 그 이유는 간단하다. 우리의 경제윤리적 판단이 이미 지배적 구조와 제도에 의해서 경도되어 있기 때문이다. 이런 식으로 중립과 침묵은 우리를 자신도 모르게 지배세력의 지지자로 만들 가능성이 매우 높다.

둘째, 현실 정치에선 중립이나 침묵은 항상 지배세력에 힘을 실어주는 실질적 효과를 낳기 때문이다. 특히 민주주의 사회에서는 정국이 다수의 투표와 여론에 의해 결정적으로 움직이기 때문에 더욱 그러하다. 침묵과 중립은 다수와 소수 사이의 기존 판세에 아무런 영향을 미치지 않는다. 그 결과 비록 의도하지 않았을지라도 현재 판세를 굳히는 역할을 한다. 실질적으로 다수 입장을 지지한 것과 똑같은 효과를 낳는다. 그럼에도 중립 혹은 침묵을 지켰다고 그 결과에 대해 아무런 책임이 없다며 손을 털 수 있을까? IMF가 요구하는 신자유주의 정책들을 김대중 정부가 수용한 지 16년이 흘렀다. 빈부양극화의 심화, 비정규직 양산과 차별 대우, 그리고 고용의 불안정성이 바로 그 직접적인 결과다. 과연 16년 동안 중립이나 침묵을 지켰다고 그런 결과들에 대해 나는 아무 책임이 없다고 말할 수 있을까? 이러한 불편한 질문 앞에 서지 않으려면 적극적으로 신앙윤리적 관점에서 경제구조와 제도에 대해 진지하게 성찰해야 한다. 그를 바탕으로 자신의 입장을 정리하고 책임 있는 정치행위를 해야 한다.

성경과 기독교 신앙은 앞서 5장에서 언급한 왜곡된 이원론과는 달리 통합적 세계관을 제시한다. 물질세계를 거짓된 세계요 악한 세계로 규정하는 이원론은 우리를 정치·경제적 무관심으로 이끌어간다. 그러나 물질세계와 영적 세계를 하나로 아우르는 통합적 세계관은 정치·경제영역에 적극적으로 뛰어들어 하나님나라의 가치를 실현해가도록 도전한다.

성경과 기독교 신앙이 제시하는 통합적 세계관의 가장 기본적인 틀은 창조·타락·구속이라는 이야기이다.[17] 창조 이야기는 하나님께서 창조질서를 만드셨고 그 가운데 인간에게 소위 문화사명을 부여했음을 보여준다. 그 사명은 결혼을 통해 가정을 이루고 더 나아가 정치·경제 공동체를 형성하여 자연을 돌보며 문화를 창조해나가는 것이다(창 1:26-28). 타락 이야기는 이 질서와 사명이 여전히 타락한 인간에게도 유효한 것임을 보여준다. 이는 노아에게 문화창조의 명령이 다시 한 번 주어지는 것에서 나타난다(창 9:1, 2). 다만 가인의 후예들이 만든 문화와 바벨탑 사건에서 잘 드러나듯이, 타락한 인간은 문화 창조를 통해 하나님의 영광과 이웃의 행복을 구하기보다는 자기만족과 영광을 구하게 되었다는 점이 다를 뿐이다. 타락은 하나님이 부여하신 창조질서와 문화사명이라는 구조 자체를 철폐하거나 변경시킨 것이 아니라, 그 구조가 추구하는 방향에 변화를 가져온 것이다.

이런 맥락에서 구속 이야기는 하나님의 구속 사건이 인간을 창조질서나 문화사명의 영역에서 해방시켜 그와는 전혀 무관한 영적인 영역으로 들어가게 한 것이 아님을 분명히 보여준다. 예수님은 창조세계를 포기하지 않으셨다. 아브라함 카이퍼가 자유대학교 교수 취임강연에서 언급한 것처럼 "예수 그리스도께서 창조세계 전체에 대해 '이것은 내 것이다!'라고 외치지 않으신 영역은 단 한 평도 없다."[18] 하여 예수님은 제자들을 위한 제사장적 기도에서 그 기도의 목적이 그들을 세상에서 데려가기 위함이 아니라 그들이 세상 한가운데 있으면서 악에 빠지지 않게 하는 데 있다고 밝히셨다(요 17:15). 하나님 아버지께서 예수님을 세상에 보내신 것처럼 예수님도 제자들을 세상에 보냈다고 말씀하셨다(요 17:18). 이는 예수님이 자신의 제자들을 '세상의 소금과 빛'이라고 부른 데서 극명하게 드러난다(마 5:13-16).

이를 잘 파악한 칼뱅은 놀랍게도 《기독교 강요》에서 공직은 '인간의 생애를 통틀어서 모든 소명 중에서 가장 성스럽고 명예로운 것'이라고까지 말한다.[19] 죄악 된 세상에서 문화명령을 수행하기 위해서 기꺼이 손에 때를 묻히는 것은 매우 귀한 일임을 믿었기 때문이다. 물론 주님의 재림과 함께 하나님나라가 완성될 때까지는 이 땅에서, 아니 심지어 교회 안에서조차 완벽하게 정의로운 공동체를 만들 수 없다. 하지만 완성에 대한 간절한 소망과 확신을 갖고 있기에 결코 냉소주의에 빠지지 않고 그 방향을 향해 힘차게 실천의 삶을 살아가야 하며 또 그렇게 살아갈 수 있는 것이다.

이런 삶을 살아가기 위해선 카이퍼가 주장한 것처럼 인간의 전

실존이 신神 의식意識에 젖어야 한다.[20] 이는 경제활동을 할 때에도 과연 이 현장에서 하나님이 원하시는 바는 무엇인가를 의식하는 것을 의미한다. 이는 경제 영역에 대한 진지한 신앙윤리적 성찰을 요구한다.

총체적 복음

통합적 세계관을 제대로 이해하게 될 때 복음도 자연스럽게 총체적으로 파악하게 된다. 총체적 복음에 직면하면 그리스도인은 사회참여를 향한 강한 도전을 받게 된다. 경제 영역이 사회참여의 중요한 한 장임을 발견하게 되고 경제 문제가 곧 믿음 문제임을 확실히 깨닫게 된다.

그런데 근대 교회사를 돌아보면 복음에 대한 이해는 상당히 오랫동안 양극단으로 갈라져 있었다. 복음을 이야기할 때 보수 진영에서는 영혼구원을 강조하고 진보 진영에서는 사회구원을 강조하는 경향이 있었다. 총체적인 복음이란 이 두 영역을 하나로 아우르는 것을 의미한다. 그 흐름이 본격적으로 자리를 잡게 된 계기는 1974년 영국의 성공회 신부 존 스토트의 주도하에 이루어진 로잔 언약의 발표였다.

물론 복음주의적 사회참여와 진보 진영의 사회구원 사이에는 그 신학적 의미에서 여전히 일정한 차이가 존재한다. 하지만 양자가 추구하는 정치경제 현실의 변화는 동일할 수 있다. 어떤 경우에는 복음주의적 사회참여가 진보 진영보다 더 급진적인 변화를 추구할 수도 있다. 이는 보통 복음주의 특유의 열정적 신앙과 이들이 채택한 사회분석의 급진성에 기인한다. 그런 경우일지라도 복음주의 신학자들은 진보적 신학자들과는 달리 정의를 향한 사회적 변화에 온전한 구원의 의미까지 부여하지는 않는다. 이는 온전한 구원을 그리스도를 인격적으로 자신의 구원자요 주님으로 고백하는 사람에게 일어나는 하나님의 역사에 국한시키기 때문이다.[21]

그러나 총체적 복음은 이런 구분 때문에 사회참여의 신앙적·신학적 중요성을 결코 약화시키지 않는다. 예컨대 대표적 복음주의자 중 하나인 로날드 사이더는 가난한 자 편에서 정의를 추구하는 것을 외면하는 복음주의 신학은 정통에서 벗어난 것이며 이단적이라고까지 맹렬하게 비판한 바 있다. 왜냐하면 이는 성경에 나타난 명확한 계시를 거부하고 그 자리에 주변 사회의 물질주의적 관점과 가치를 채워 넣었다는 증거이기 때문이다.[22]

사회참여를 촉구하는 총체적 복음 전체를 체계적으로 상세히 서술하는 것은 이 책의 범위를 넘는 것이라고 생각한다. 그러므로 여기에서는 사회참여와 관련된 부분을 중심으로 총체적 복음이 담고 있는 핵심적인 신학적 주제들을 간략하게 소개하고자 한다.[23]

하나님

총체적 복음은 성경에 나타난 하나님을 좀 더 깊이 있게 이해할 수 있게 해준다. 그리고 그를 통해 사회참여의 당위성을 찾게 된다.

먼저 하나님은 좁은 의미의 종교적인 영역의 하나님일 뿐 아니라 **자연세계의 하나님**이시기도 하다. 하나님은 5장에서도 언급했듯이 천지, 즉 물질세계를 창조하시고 그것을 보시면서 7번이나 좋다고 평가하셨다(창 1:4, 10, 12, 18, 21, 25, 31). 그에 해당하는 원어는 히브리어 형용사 '토브'인데 '즐거운', '선한', '가치 있는', '(윤리적으로) 옳은' 등의 다양한 뜻을 갖고 있다. 이는 하나님이 창조하신 물질세계에 하나님 자신의 좋으심, 선하심 그리고 옳으심이 담겨 있다는 것을 의미한다(시 100:5). 인간에게는 공동체를 형성하여 그렇게 좋은 물질세계에 노동을 함께 투여해 창의적으로 아름다운 문화를 만들어가라는 청지기의 사명을 주신다. 그것이 곧 앞서 언급한 문화사명이다. 문화사명은 인간의 타락과 구속의 과정을 거치면서 사라진 것이 아니라 더 강고해졌다. 경제활동은 문화사명의 중요한 한 축이다.

다음으로, 하나님은 단순히 복음을 믿는 자들을 의롭다고 인정해주실 뿐 아니라 그들에게 **정의의 실천을 요청하시는 분**이시다. 이 점을 제대로 이해하면 의롭게 된 그리스도인들에게 사회에서 정의를 추구하는 행동이 얼마나 중요한 사명인가를 깨닫게 된다.

구약의 히브리사상에서 정의는 관계라는 배경을 통해서 이해된다. 관계를 맺으면 당사자 사이에 서로 상응하는 다양한 권리와 의무가 형성된다. 정의란 그렇게 형성된 권리가 그에 상응하는 의무의 수행으로 실현되는 것을 의미한다. 하나님은 인간과 언약을 맺으심으로 특정한 관계를 맺으셨다. 하나님과 인간 사이에 권리와 의무가 형성되었다. 하나님의 정의란 하나님께서 인간과 맺은 언약에서 비롯되는 자신의 의무를 충실하게 지키시는 것이다. 즉, 언약의 백성인 이스라엘을 원수의 손에서 구출해내 그 언약의 공동체를 회복시키시는 것이다. 또한 그들이 죄 가운데 빠질지라도 그들을 버리지 않고 용서하시고 하나님의 백성으로 회복시켜주신다. 그러므로 하나님의 정의는 성경에서 종종 하나님의 구원을 의미한다.[24]

이렇게 하나님의 정의를 덧입은 하나님의 백성에겐 하나님이 명하신 바를 실천해야 할 의무와 사명이 생긴다. 그러므로 하나님의 백성의 정의란 바로 그 명령을 준행하는 것이다. 그 명령의 핵심은 예수님께서 잘 말씀하셨듯이 수직적으로는 하나님을 전적으로 사랑하는 것이고 수평적으로는 이웃을 자신의 몸처럼 사랑하는 것이다.

이웃을 자신의 몸처럼 사랑하라는 계명에서 하나님은 특별히 사회적 약자들의 권리를 존중하고 회복시켜주는 것을 강조하신다. 그들이야말로 진정한 이웃으로 대우받지 못하는 존재들이기 때문이다.[25] 그래서 하나님의 정의를 덧입은 하나님의 백성이 실천해야 할 정의의 핵심은 억압과 가난에 시달리는 사회적 약자들의 잃어버린 권리를 회복시켜주는 것이다(출 23:6; 사 1:17; 렘 5:28[26]; 7:5, 6; 22:3). 하나님을 사랑한다고 하면서 이러한 정의를 실천하지 않는다면 그 사랑은 거짓된 것이다. 그가 사랑하는 하나님은 참 하나님이 아니라 스스로 만들어낸 우상에 지나지 않는다. 바로 이것이 이스라엘 백성을 향한 선지자들의 외침의 핵심적인 주제이다(사 58:3-7; 암 5:21-24; 미 3:1-12; 6:6-8).

바울도 바로 이러한 구약의 배경을 가지고 로마서 1장 16-17절에서 '하나님의 정의'라는 단어를 사용하였다.[27]

> 나는 복음을 부끄러워하지 않습니다. 이 복음은 유대 사람을 비롯하여 그리스 사람에게 이르기까지, 모든 믿는 사람을 구원하는 하나님의 능력입니다. 하나님의 의가 복음 속에 나타납니다. 이 일은 오로지 믿음에 근거하여 일어납니다. 이것은 성경에 기록한바 "의인은 믿음으로 살 것이다" 한 것과 같습니다.

여기서 '의'로 번역된 헬라어 '디카이오쉬네'는 구약 히브리어 '체다카'에 상응하는 단어다. 그런데 구약에서 '체다카'는 36번 이상 '미쉬파트'란 단어와 짝을 이루어 등장하는데, 그 경우 그 의미에 그래도 가장 근접한 해석은 '사회정의'라 할 수 있다.[28] 그래서 '디카이오쉬네'를 애매한 '의'보다는 '정의'로 해석하는 것이 성경 전체 맥락에서 더 옳다고 생각된다.

복음에 하나님의 정의가 나타났다는 것은 복음을 통해서 하나님께서 언약에 따라 신실하게 죄인들을 구원하시는 하나님의 능력이 나타났다는 뜻이다.[29] 그러므로 여기서 하나님의 정의는 두 가지를 모두 포함한다. 즉, 죄인을 믿음을 통해 '의롭다고 인정하시는 것'과 '의롭게 만드는 것'을 포함한다.[30] 왜냐하면 죄인을 의롭다고 인정만 해주시고 의롭게 만들어주시지 않는다면 그를 자신의 백성으로 회복시키는 것 자체가 불가능하기 때문이다. 하나님은 오순절 성령강림 역사 후 믿는 모든 자들에게 죄 사함뿐 아니라 성령을 선물로 부어주심으로 그것이 가능하게 하셨다(행 2:38).

이렇게 믿음을 통해 하나님의 정의를 덧입는 그리스도인들에겐 자연히 정의로운 삶을 살아야 할 사명이 주어진다. 이때 정의로운 삶이란 위에서 말한 것처럼 하나님을 전적으로 사랑하고 이웃과의 정의로운 관계를 실현하는 것이다. 그래서 사도 바울 자신도 가난한 자들을 돌보는 것을 목숨을 걸 만큼 매우 중요한 사명으로 인식했으며(갈 2:10; 행 20:22–24; 21:13; 24:17; 롬 15:26) 그것이 바로 하나님의 정의(디카이오쉬네, 고후 9:9)임을 밝혔다.

그런데 적지 않은 그리스도인들이 이러한 정의를 단순히 구제와 봉사 차원으로만 이해하려고 한다. 그러나 우리는 신약이 항상 구약을 배경으로 쓰였다는 점을 잊어선 안 된다. 더구나 디모데후서 3장 16절은 구약이 성령의 감동으로 쓰인 책이기 때문에 그리스도인들에게 정의(디카이오쉬네)를 행한다는 것이 무엇인지 가르치는 데 유익하다고 명백하게 밝히고 있다. 그런 관점에서 바울이 왜 좀 더 적극적인 사회참여, 즉 정치·경제적 실천을 촉구하지 않았는지 살펴봐야 한다. 그럴 때 우리는 그 이유가 바울이 처해 있던 사회적·역사적 한계 때문이었지, 정의의 뜻 자체가 개인적·인격적 차원으로 축소되었기 때문이 아니었음을 발견하게 된다.[31]

셋째, 하나님은 구원받은 자신의 백성에게만 아니라 하나님을 모르는 일반 사람들에게도 정의를 실천할 것을 요구하신다. 하나님은 모세를 통해 정의를 행하라는 율법을 주시기 전부터 모든 인간에겐 정의를 행할 책임이 있음을 이미 분명히 하셨다. 이는 하나님께서 아브라함에게 주신 말씀에서 분명하게 드러난다.

> 아브라함은 강대한 나라가 되고 천하 만민은 그로 말미암아 복을 받게 될 것이 아니냐? 내가 그로 그 자식과 권속에게 명하여 여호와의 도를 지켜 의(체다카)와 공도(미쉬파트)를 행하게 하려고 그를 택하였나니 이는 나 여호와가 아브라함에게 대하여 말한 일을 이루려 함이니라(창 18:18-19, 개역개정).

하나님은 아직 아브라함에게 율법을 주지 않으셨다. 그러나 하나님은 이미 아브라함이 의와 공도, 즉 사회정의를 실천하는 것이 인간의 도리요 책임이라는 것을 알고 있음을 전제로 말씀하신다. 이것은 이른바 일반은총의 관점에서 이해할 수 있다. 즉, 하나님에 의해 창조된 모든 인간은 그가 하나님을 믿든 안 믿든 사회정의에 대한 일정한 깨달음을 갖고 있다는 점이다.

그런 관점에서 볼 때 아모스서 말씀도 쉽게 이해가 된다. 아모스는 하나님의 율법을 받지 않은 이방국가들, 즉 유다와 이스라엘의 주변 국가들의 불의를 책망하면서 하나님의 심판이 임할 것을 경고한다(암 1:3-2:3). 또한 다니엘은 바벨론의 왕 느부갓네살이 비록 하나님을 몰랐지만 그에게 정의(체다카)를 행해야, 즉 가난한 자들을 친절하게 돌봐야만 그의 번영이 존속될 수 있다고 조언한다(단 4:27).[32] 이는 그리스도인들이 세속화되고 다원화된 사회 속으로 들어가 사회정의를 추구하고자 할 때, 매우 중요한 의미를 갖게 된다. 굳이 성경적 표현들을 직접 사용하지 않아도 안 믿는 사람들과 사회정의에 대하여 논의할 수 있고 때로는 연대하고 때로는 비판할 수 있는 지점이 있다는 것을 가르쳐주기 때문이다.

인간

총체적 복음은 인간을 좀 더 깊이 이해하게 만들고 그에 기초해 사회참여를 향한 열정을 불러일으킨다. 우선, 인간은 하나님의 형상대로 창조되었기에 실로 **고귀한 존재**이다. 그래서 시인은 노래한다.

> 사람이 무엇이기에 주님께서 이렇게까지 생각하여주시며, 사람의 아들이 무엇이기에 주님께서 이렇게까지 돌보아주십니까? 주님께서는 그를 하나님보다 조금 못하게 하시고, 그에게 존귀하고 영화로운 왕관을 씌워주셨습니다. 주님께서 손수 지으신 만물을 다스리게 하시고, 모든 것을 그의 발아래에 두셨습니다(시 8:4-6).

인간은 그 가치에 있어서 온 우주를 통틀어 하나님 혹은 천사보다 조금 못하다. 그는 존귀하고 영화로운 존재이다. 하나님께서 손으로 만드신 만물을 다스릴 권위를 부여받았다. 이는 모든 인간은 인간됨 그 자체로 인해 누릴 권리가 있음을 의미한다. 이는 인간이 죄로 타락한 이후에도 마찬가지이다. 그래서 노아 홍수 후 하나님은 노아에게 이렇게 엄하게 말씀하신다.

> 사람은 하나님의 형상대로 지음을 받았으니, 누구든지 사람을 죽인 자는 죽임을 당할 것이다(창 9:6).

이 말씀에서 월터스토프는 다음과 같은 결론을 유추해낸다.

> 살인 금지는 하나님의 율법에 근거하지 않고 인간의 가치에 근거한다. 하나님의 형상을 지닌 모든 인간은 바로 그 이유 하나 때문에 살인당하지 않을 인간 고유의 권리를 지닌다.[33]

이는 사회에 어떤 실정법이 선포되기 전이라도 인간은 고유의 권리를 갖고 있다는 이야기다. 물론 이는 꼭 살인당하지 않을 권리만이 유일한 인간 고유의 권리라는 뜻은 아닐 것이다. 인간이 하나님의 형상대로 창조된 고귀한 존재로 살아가는 데 반드시 필요한 인간 고유의 권리에 대하여 얼마든지 폭넓게 생각할 수 있을 것이다. 그래서 인간이 하나님의 형상대로 존귀하게 창조되었다는 사실은 개신교 정의론에서 가장 근본적인 원칙으로 발전했다.[34] 즉, 그리스도인에겐 사회생활을 하면서 인간의 고유한 권리를 존중하고 회복시켜나가야 할 책임이 있다. 그것이 바로 사회참여를 통해 정의를 추구해야 할 이유이다.

다양한 인간 고유의 권리들은 인간이 **몸을 지닌 사회적 존재**로 창조되었다는 점과 연관 지어 생각할 때 그 내용이 더욱 구체화된다. 하나님은 첫 사람을 만드실 때 땅의 흙으로 빚으신 후 그 코에 생명의 기운을 불어넣어 살아 움직이는 네페쉬, 즉 존재로 지으셨다(창 2:7).[35] 이는 인간은 몸과 하나님이 주신 생명의 기운이 합쳐진 존재임을 의미한다. 인간의 기본 재료가 땅의 흙이었다는 것은 매우 의미심장하다. 시인이자 노래꾼인 홍순관은 땅의 위대함을 '흙과 숨'이라는 단상에서 이렇게 노래한다.

흙처럼 고운 숨은 없습니다.
얼마나 고우면 저 많은 것을 길러내며 산모産母의 소리도 없을까요.
흙처럼 너른 숨은 없습니다.
온갖 생명이 거기에 뿌리내려 마음 놓고 숨을 쉽니다.

…
흙처럼 착한 숨은 없습니다. 땅에 기대어 사는 어떤 미물微物이라도 마다하는 법이 없습니다.

사람은 흙이 숨이 된 것입니다.[36]

인간이 흙으로 지어진 몸을 지녔다는 점은 인간을 고귀하게 만드는 또 하나의 요소다. 성경은 그래서 몸을 영혼보다 가치가 덜한 것으로 폄하하지 않는다. 이는 창조 이야기뿐 아니라 부활 이야기에서도 분명해진다. 예수님은 새로운 몸으로 부활하셨다. 예수님이 십자가에 못 박혀 돌아가시자 제자들은 유대인들을 두려워해 모인 곳의 문을 닫고 숨어 있었다. 그런데 부활하신 예수님이 그들 가운에 나타나셔서 "너희에게 평화가 있어라" 하고 말씀하셨다. 그러나 그들은 깜짝 놀랐고 무서워했다. 유령이 나타난 줄로 생각했기 때문이다. 그때 부활하신 예수님은 그들을 안심시키신다.

> "내 손과 내 발을 보아라. 바로 나다. 나를 만져보아라. 유령은 살과 뼈가 없지만, 너희가 보다시피, 나는 살과 뼈가 있다"(눅 24:39).

그러고는 자신의 손과 발을 보여주셨다. 그러나 제자들은 너무 기뻐서 꿈인가 생시인가 하며 믿지 못했다. 그러자 예수님은 먹을 것을 청하셨다. 제자들이 구운 생선 한 토막을 드리자 그들이 보는 앞에서 잡수셨다. 예수님은 만져질 수 있고, 음식을 먹고 마실 수 있는 몸을 지닌 존재로 부활하신 것이다.

또한 놀랍고 중요한 것은 우리도 예수님처럼 부활할 것이라는 사실이다. 바울은 그 진리를 고린도전서 15장 42-44절에서 멋지게 표현한다.

> 죽은 사람들의 부활도 이와 같습니다. 썩을 것으로 심는데, 썩지 않을 것으로 살아납니다. 비천한 것으로 심는데, 영광스러

운 것으로 살아납니다. 약한 것으로 심는데, 강한 것으로 살아납니다. 자연적인 몸으로 심는데, 신령한 몸으로 살아납니다. 자연적인 몸이 있으면, 신령한 몸도 있습니다.

마지막 절의 '자연적인 몸'은 헬라어 원어로 '소마 프쉬키콘'이다. '소마'는 육체적인 몸을 의미하고 '프쉬키콘'은 몸을 수식하는 형용사이다. 그 명사형은 '프쉬케'이다. 그 뜻은 '숨', '호흡', '영혼', '생명' 등이다. '프쉬키콘'은 이 땅에서 숨을 쉬며 살아가는 것과 관련된 모든 것을 의미한다. '소마 프쉬키콘'이란 땅에서의 삶을 살아가는 몸을 의미한다. 그래서 '자연적인 몸'이라고 번역되었다. 그런데 부활하면 그 자연적인 몸이 '신령한 몸'으로 변화된다. '신령한 몸'은 헬라어 원어로 '소마 프뉴마티코스'이다. '프뉴마티코스'의 명사형은 '프뉴마'인데 그 뜻은 '영', '바람', '입김', '숨' 등이다. 이 영은 문맥상으로나 로마서 8장 12-13절과 연결시켜볼 때, 믿는 사람 안에 거하시는 영, 즉 하나님의 영으로 이해하는 것이 적절하다. 그렇다면 '소마 프뉴마티코스'는 성령과 교통하며 성령에 따라 움직이는 새로운 몸을 의미한다. 이 세상에서의 나와 부활 후의 나를 연결시켜주는 고리는 바로 소마, 몸이다. 부활하면 몸이 사라지는 것이 아니라 프쉬케가 프뉴마로 대체되어 몸에 변화가 일어나는 것이다.[37]

이만큼 그리스도인에게서 중요한 것은 몸이다. 이 땅에서 몸으로 살면서 신령한 몸으로 변할 것을 기대하고 소망한다. 그리고 몸으로 거룩하고 경건하게 사는 삶을 통해 그리스도께서 다시 오시는 날을 앞당겨야 한다(벧후 3:11-12). 몸이 없다면, 이 모든 것은 불가능해진다. 그러므로 몸의 필요를 채우는 것은 그리스도인으로서 인간답게 살아가는 데 필수적인 사항이 된다.[38] 이것은 그리스도인뿐 아니라 모든 인간에게 마찬가지로 적용될 수밖에 없다. 이는 하나님께서 사람을 창조하시면서 그에게 먹을 것을 약속해주신 것에서 분명하게 드러난다(창 1:29). 따라서 자연스럽게 살아가는 데 필요한 것들을 누릴 권리는 인간 고유의 권리라고 말할 수 있다. 그리스도인에게 인간의 물질적 필요를 충족시켜주는 경제 영역이 중요한 이유가 여기에 있다. 경제 영역이 정의로우려면 모든 사람에게 최소한 먹을거리를 제공해줌으로써 인간 고유의 권리를 보장할 수 있어야 한다. 그러므로 그리스도인은 바로 이런 관점에서 경제 영역을 진지하게 성찰할 필요가 있는 것이다.

한 걸음 더 나아가 인간은 공동체 안에서만 자신의 진정한 인간성을 구현해나갈 수 있는 **공동체적 존재**다. 이는 인간이 하나님의 형상대로 창조되었다는 점과 밀접하게 연결되어 있다. 하나님께서 자신을 일컬을 때 '우리'라는 복수를 사용하셨듯이 하나님은 한 분이시지만 그 안에 교제와 나눔이 있다(창 1:26). 즉, 하나님 자신이 공동체적 존재이시다. 신약에 와서 하나님은 자신이 성부, 성자, 성령의 하나님으로 존재하신다는 것을 분명히 보여주신다(마 3:16-17; 28:19-20). 성부, 성자, 성령은 서로 사랑하고 협력하셔서 신비롭게도 한 분으로 존재하신다. 이 아름다운 모습을 묘사하기 위해 초대교회 교부들은 '페리코레시스'라는 단어를 사용하였다. 이는 '빙 둘러'라는 전치사 '페리'와 '공간을 만들어

주다', '움직이다', '춤추다', '다정하게 배려하다'의 뜻을 지닌 동사 '코레오'의 합성어다. 그래서 직역하면 '빙 둘러 춤추다', '흐르다'라는 뜻이다. 성부, 성자, 성령 하나님은 서로를 다정하게 배려하면서 서로를 중심으로 돌며 춤을 추시는 분이다.[39]

인간은 바로 하나님의 그런 모습을 닮도록 창조된 존재이다. 존 스토트가 잘 표현한 것처럼 인간은 '공동체 속에서 살아가는 영혼과 육체의 통일체'[40]이다. 거기에 인간 본연의 가치와 존엄성이 있다. 즉, 아르헨티나의 대표적인 개신교 해방신학자인 호세 미구에스 보니노가 잘 지적한 대로 인간의 존엄성은 공동체적 협력을 통해 세계를 다스리고 가꾸는 정치·경제적 사명을 서로 평등한 존재로 수행할 수 있을 때 비로소 성취되는 것이다.[41] 여기서부터 인간 고유의 권리에 대한 확장된 개념을 정립할 수 있다. 이것은 인간의 진정한 가치에서 기인하는 것이기 때문에 인간 고유의 권리라고 규정할 수 있다.

정의로운 사회란 바로 구성원 모두의 이런 권리를 충족시키기 위해 서로 협력하며 살아가는 사회이다. 이는 경제 영역과 매우 중요하게 연결된다. 사이더의 표현을 빌리자면 경제 영역에서 "모든 사람 혹은 모든 가족은 품위 있는 삶을 살 만한 돈을 벌고 당당한 지역사회의 일원으로서 참여하기 위해 필요한 자원들(땅, 돈, 교육)에 접할" 권리가 있다.[42] 사회정의를 추구해야 할 그리스도인은 경제 영역에서 이런 권리는 구체적으로 무엇을 의미하는지 파악해야 하며, 어떻게, 그리고 어디까지 그런 권리가 보장되도록 할 수 있는지 깊이 성찰해야 한다.

총체적 복음은 예수 그리스도를 **구약의 성취자**라는 관점에서 좀 더 넓고 깊게 이해할 수 있게 해준다. 이는 사회참여의 당위성을 더욱 견고하게 해준다. 하나님은 자신을 거역하고 우상을 숭배하면서 이웃과의 정의를 짓밟은 이스라엘 백성에게 메시아를 약속하셨다. 그의 임무의 주요 핵심은 무너진 정의를 회복하는 것이다(사 11:1–5; 42:1–4). 예수님은 그 약속의 성취자로 이 땅에 오셨다. 이 점을 마태는 이사야 41장 9절과 이사야 42장 1–4절을 함께 인용하면서 아주 명확히 한다.

> 이것은 예언자 이사야를 시켜서 하신 말씀을 이루시려는 것이었다. "보아라, 내가 뽑은 나의 종, 내 마음에 드는 사랑하는 자, 내가 내 영을 그에게 줄 것이니, 그는 이방 사람들에게 공의(크리시스)를 선포할 것이다. 그는 다투지도 않고, 외치지도 않을 것이다. 거리에서 그의 소리를 들을 사람이 없을 것이다. 정의(크리시스)가 이길 때까지, 그는 상한 갈대를 꺾지 않고, 꺼져가는 심지를 끄지 않을 것이다. 이방 사람들이 그 이름에 희망을 걸 것이다"(마 12:17–21).

'공의'와 '정의'로 번역된 헬라어 '크리시스'는 구약의 '미쉬파트'에 해당하는 단어이다. '크리시스'는 '미쉬파트'를 대체하거나 무효화하지 않고 오히려 성취하고 심화시킨다.

예수님의 생애를 보면 이 점이 분명해진다. 우선 예수님은 당시 이름 없는 처녀 마리아의 몸을 통해 비천한 아이로 말구유에 탄생하셨다. 우리와 똑같은 몸을 지닌 신생아로 오시되 사회적으로 비천한 조건을 택하여 오셨다. 그 신학적 의미를 깊이 깨달은 마리아는 메시아의 탄생으로 대역전의 역사, 즉 정의의 역사가 이미 시작되었음을 노래하였다.

> 내 마음이 내 구주 하나님을 좋아함은, 그가 이 여종의 비천함을 보살펴주셨기 때문입니다. 이제부터는 모든 세대가 나를 행복하다 할 것입니다. 힘센 분이 나에게 큰일을 하셨기 때문입니다. 그의 이름은 거룩하고, 그의 자비하심은, 그를 두려워하는 사람들에게 대대로 있을 것입니다. 그는 그 팔로 권능을 행하시고 마음이 교만한 사람들을 흩으셨으니, 제왕들을 왕좌에서 끌어내리시고 비천한 사람을 높이셨습니다. 주린 사람들을 좋은 것으로 배부르게 하시고, 부한 사람들을 빈손으로 떠나보내셨습니다. 그는 자비를 기억하셔서, 자기의 종 이스라엘을 도우셨습니다. 우리 조상들에게 말씀하신 대로, 그 자비는 아브라함과 그 자손에게 영원토록 있을 것입니다(눅 1:47-55).

이 노래에 담긴 정치·경제적 표현들, 즉 '제왕', '왕좌', '비천함', '주림', '배부름', '부' 그리고 '빈손' 등을 영적인 의미로만 해석하는 것은 이 본문과 본문의 문학적·신학적 맥락을 철저히 왜곡하는 것이다. 이는 마리아가 메시아의 탄생을 아브라함과 그의 자손 이스라엘에게 주신 하나님의 언약의 맥락에서 이해하고 있다는 점에서 분명하게 드러난다. 구약의 성취는 육적인 것이 사라지고 영적인 것이 도래함으로 이루어지는 것이 아니다. 구약에서 약속된 영과 육의 아름답고 건강한 통합적 실체가 드디어 메시아의 탄생을 통해 역사 한가운데 실현됨으로 이루어지는 것이다.

이는 예수님 자신의 **총체적 사명선언**을 통해 아주 극명하게 증명된다. 누가에 의하면 예수님은 자신의 공적 사역을 시작하시면서 회당에 들어가 이사야 42장 7절, 58장 6절, 61장 1-2절을 찾아 읽으시고 이를 적절히 조합하셨다.

> 예수께서는, 자기가 자라나신 나사렛에 오셔서, 늘 하시던 대로 안식일에 회당에 들어가셨다. 그는 성경을 읽으려고 일어서서 예언자 이사야의 두루마리를 건네받아서, 그것을 펴시어, 이런 말씀이 있는 데를 찾으셨다. "주님의 영이 내게 내리셨다. 주님께서 내게 기름을 부으셔서, 가난한 사람에게 기쁜 소식을 전하게 하셨다. 주님께서 나를 보내셔서, 포로 된 사람들에게 해방을 선포하고, 눈먼 사람들에게 눈 뜸을 선포하고, 억눌린 사람들을 풀어주고, 주님의 은혜의 해를 선포하게 하셨다"(눅 4:16-19).

그리고 그 말씀이 바로 자신을 통해서 성취되었다고 선언하셨다(눅 4:21). 즉, 예수님은 자신이 성령을 받아 메시아의 사명, 즉 가난한 사람들에게 기쁜 소식을 전하고, 포로 된 사람들에게 해방을, 눈먼 사람들에게 눈 뜸을 선포하고, 억눌린 사람들을 풀어주는 임무를 수행하러 왔음을 분명히 하셨다. 더구나 이를 주님의 은혜의 해를 선포하는 것과 동일시했다.

적지 않은 이들이 이 선언 또한 영적으로만 이해하려고 한다. 가난한 사람은 마음이 가난한 사람, 포로 된 사람은 죄의 포로가 된 사람, 눈먼 사람은 영적으로 눈먼 사람, 억눌린 사람은 사단의 권세에 눌린 사람, 주님의 은혜는 죄 사함의 은혜로 해석한다. 그러면 예수님의 사역은 정치·경제 영역에서의 변화와는 아무런 관계가 없어진다. 죄를 깨닫고 사함 받아 영적으로 눈이 떠지고, 내면이 죄와 사단의 권세에서 해방되는 것에 국한된다. 반면에 어떤 이들은 이 선언을 정치·경제적으로만 이해하려고 한다. 그런 해석에 의하면 예수님은 경제적으로 가난하고 정치적으로 억압받는 이들에게 경제적 부와 정치적 해방을 안겨주는 정치·경제적 혁명가이다. 그 이상도 그 이하도 아니다.

그러나 예수님의 공생애 취임사를 바로 이해하려면 이러한 양극단을 피해 통합적이고 총체적으로 해석해야 한다.[43] 이는 예수님이 찾은 말씀들인 이사야 42장 7절과 58장 6절, 61장 1-2절을 성찰할 때 당연히 요구되는 바임을 알 수 있다. 예수님은 이사야 42장 7절에서 '눈먼 사람의 눈을 뜨게 하고'라는 대목을 인용하신다. 그런데 이 구절은 앞서 언급한 42장 1-4절에 이어지는 말씀으로, 공의를 실현하기 위해 오실 메시아가 하실 일들을 보여주는 대목의 한 부분이다. 앞서 밝힌 것처럼 하나님의 공의는 하나님과의 정의로운 관계와 인간 사이의 정의로운 관계를 다 포괄한다. 그런 맥락에서 볼 때 눈을 뜨게 한다는 것도 두 가지 측면 모두를 포괄하는 것으로 보는 것이 자연스럽다. 메시아는 실제로 육신의 눈을 뜨게 해줌으로써 더 이상 사회에서 무시당하거나 가난에 시달리지 않게 해주신다. 그의 존엄성을 회복시켜주심으로 인간 사이의 정의가 바로 세워지게 해주신다. 또한 죄로 말미암아 멀어버린 눈을 뜨게 해주심으로 하나님과의 관계를 바로 갖게 해주신다.

또한 이사야 61장 1-2절과 58장 6절 모두 희년을 반영하고 있다는 점에서 통합적 해석의 당위성을 찾을 수 있다. 이사야 61장 2절에 등장하는 주님의 은혜의 해가 희년을 일컫는다는 점은 일찍이 대부분의 신학자들이 동의하고 있는 바이다.[44] 토머스 행크스는 이사야 58장 6절 역시 희년 선포를 그 배경으로 삼고 있다는 점을 잘 논증해주었다.[45] 그중 한 가지만 언급하자면 이사야 58장의 중요한 질문이 '과연 하나님이 기뻐하는 금식이 무엇인가'라는 점과 밀접하게 연결되어 있다. 희년은 속죄일에 나팔 소리와 함께 시작된다(레 25:9). 그런데 속죄일은 이스라엘 백성에게 가장 중요한 금식의 날이다(레 16:29-31).[46] 예수님이 이사야 58장 6절에서 택한 표현은 '압제받는 사람을 놓아주는 것'이다. 이사야는 하나님이 기뻐하는 금식이 되려면 식음을 전폐하는 것만으론 되지 않고 이스라엘 백성들 가운데 압제받는 사람을 해방시켜주어야 한다고 말한 것이다. 예수님은 바로 이 표현을 이사야 61장 1-2절에 삽입시킴으로 자신이 희년의 해방사역에 깊은 열정을 갖고 계심을 분명히 하신 것이다.

예수님의 사명선언을 희년 선포의 맥락에서 볼 때, 예수님은 자신의 사역을 통합적으로 이해하셨음이 분명하다. 왜냐하면 방금 언급한 것처럼 속죄일과 희년 선포는 떼려야 뗄 수 없는 관계에 놓여 있기 때문이다. 이는 죄를 회개하고 사함 받아 하나님과 바른 관계를 맺는 것과 이웃과의 관계를 정의롭게 세우는 것은 동전의 양면과 같은 것임을 보여준다. 그러므로 예수님의 사명은 이 두 가지를 하나로 아우른 것이라고 보는 것이 가장 자연스러운 해석이다.

예수님은 자신의 사명선언에 충실하게 이 둘을 아우르는 **총체적 사역**을 감당하셨다. 먼저 가난한 사람들에게 어떻게 기쁜 소식을 전하셨는가 보자. 한편으로는 바리새인과 죄인의 기도 이야기에서 선명하게 볼 수 있는 것처럼 마음이 가난한 사람들은 하나님의 용서를 받는다는 기쁜 소식을 전하셨다(눅 18:9-14). 5장에서 본 것처럼 실제로 세리장 삭개오는 부자였지만 예수님은 그의 가난한 마음을 보시고 그에게 적극적으로 다가가셨다. 그가 철저하게 회개하자 그에게 구원이 이르렀다고 선언하시고 그를 아브라함의 자손이라고 인정해주셨다(눅 19:1-10). 삭개오에게 얼마나 기쁜 소식이었겠는가?

그런가 하면 사회로부터 외면당해온 경제적으로 가난한 자들을 진실로 사랑하셔서 예루살렘이 아닌 천대받는 땅 갈릴리를 중심으로 사역하셨다. 당연히 그의 주변에 몰려든 사람들은 경제적으로 가난한 사람들이 대부분이었다. 한번은 5천 명이 넘는 배고픈 무리들에게 먹을 것을 공급해주셨다. 이에 깊은 감동을 받은 무리들은 예수님을 왕으로 삼고 싶어 할 정도였다(요 6:3-15). 또한 예수님은 포도원 노동자의 비유를 통해서 영적인 메시지만을 주신 것이 아니라 그분의 경제관을 보여주셨다. 포도원 주인은 일자리가 없어 오후 5시가 되도록 거리에서 방황하던 노동자를 불러들여 겨우 1시간 정도 일하게 한 다음 하루 일당을 준다(마 20:1-16). 그런가 하면 재산을 다 팔아 가난한 사람에게 나눠준 다음 자신을 따르라고 부자 관원에게 도전하신다(막 10:21).

또한 5장에서 살펴본 바와 같이 예수님은 부자와 나사로의 비유를 통해서 현 세상의 불의한 빈부격차를 강력하게 비판하신다(눅 16:19-31). 죽음으로 그들의 형편은 대역전 된다. 나사로는 아브라함의 품에서 위로를 받고 부자는 음부에서 고통당한다. 놀라운 것은 그 대역전의 이유와 관련하여 나사로나 부자의 신앙에 대한 이야기가 전혀 없다는 점이다. 비유는 아브라함의 입을 통해 그 이유를 다음과 같이 설명한다.

> 그러나 아브라함이 말하였다. "얘야, 되돌아보아라. 네가 살아 있을 동안에 너는 온갖 호사를 다 누렸지만, 나사로는 온갖 괴로움을 다 겪었다. 그래서 그는 지금 여기서 위로를 받고, 너는 고통을 받는다"(눅 16:25).

놀랍지 않은가? 우리는 여기서 소위 구원론 혹은 내세론과 관련한 조직신학적 진리를 찾으려고 하면 안 된다. 비유를 통해 예수님이 정말 말하고자 하시는 핵심을 찾아야 한다. 그건 모세와 선지자의 가르침의 핵심을 극적으로 전하시려는 것이다(눅 16:29-31). 다시 말해 빈부의 극단적 양극화는 분명히 불의이며 하나님은 불의를 심판하셔서 정의를 세우신다는 점이다.

예수님은 이렇게 다양한 방법으로 사회적 계급에 의해 빈부가 고정화된 세상을 비판하신다. 그리고 모든 사람들이 고루고루 자신의 경제적 필요를 채우며 살아갈 수 있는 평등한 사회를 꿈꾸며 그를 실현하기 위해 최선을 다하셨다. 이런 예수님을 통해 도래한 하나님의 나라는 경제적으로 가난한 사람들에게 기쁜 소식이 아닐 수 없다.

둘째로, 예수님은 또한 총체적인 의미에서 포로 된 사람들에게 해방을 선포하시고 억눌린 자들을 해방시켜주셨다. '해방'이란 단어는 헬라어로 '아페시스'인데, 누가복음 24장 47절에서는 '죄를 용서함'이라는 뜻으로 사용되었다.

> 그들에게 말씀하셨다. "이렇게 기록되어 있다. 곧 '그리스도는 고난을 겪으시고, 사흘째 되는 날에 죽은 사람들 가운데서 살아나실 것이며, 그의 이름으로 죄 사함(아페시스)을 받게 하는 회개가 모든 민족에게 전파될 것이다' 하였다. 예루살렘에서부터 시작하여 너희는 이 일의 증인이다"(눅 24:46-48).

예수님은 분명히 죄인들에게 죄 사함의 길을 가르치셨고 그 길을 믿고 받아들이는 자들에게 죄 사함을 허락하셔서 죄의 속박에서 벗어나는 기쁨을 맛보게 하셨다. 예수님을 통해 죄 사함의 기쁨을 맛본 한 여인은 예수님의 등 뒤 발 곁에 서서 울면서 눈물로 예수님의 발을 적시고 자기 머리털로 닦고 그 발에 입을 맞추고 귀한 향유를 발랐다(눅 7:36-50).

그런가 하면 예수님은 당시 가난해서 빚을 못 갚아 감옥에 갇힌 사람들 그리고 지배층의 억압에 눌려 고통당하는 사람들의 편에 서서 그들을 지배 권력으로부터 해방시키기 위해 저항하셨다.[47] 그 상징적인 사건이 성전 정화 사건이다. 그것은 단순히 좁은 의미의 종교개혁적 사건이 아니다. 당시 로마제국은 안정적으로 공물을 받는다는 조건하에 예루살렘 성전 지배세력에게 조세권을 비롯해 상당한 자율권을 부여했다. 성전 지배세력은 신앙을 빙자하여 성전세 납부를 위한 동전교환, 제물매매 등 성전 안에 장사를 허용했고 거기서 엄청난 수익을 챙겼다. 말하자면 성전 안의 장사야말로 농민이 대다수인 이스라엘 백성을 수탈하는 주요 수단이었다. 그러므로 이스라엘 백성을 직접적으로 억압하고 착취하는 지배세력은 로마권력이라기보다는 바로 예루살렘 성전 중심의 종교세력이었다. 이들의 지배수단은 군사력이 아니라 안식일 준수, 십일조 납부, 그리고 성전제사 등을 주축으로 한 종교적 이데올로기였다.

하여 예수님은 억압받는 백성들을 해방시키기 위해 이 종교적 이데올로기에 정면으로 저항하셨다. 굳이 안식일에 병을 고치신 것도 바로 이런 관점에서 볼 때 그 깊은 뜻이 더 잘 드러난다. 그리고 마침내 억압적인 예루살렘 성전체제에 정면으로 도전하셨다. 예루살렘 지배세력과 그의 동조자들 혹은 하수인들이 뒤집어 쓰고 있던 종교적 이념의 껍질을 과감히 벗겨내고 그들의 진상을 폭로하셨다. 그들을 '강도'라고 명명하심으로 이념적 강제력을 이용해 이스라엘 백성을 수탈하는 자들이라고 비판하셨다(마 21:13). 그런가 하면 아버지의 집을 장사하는 집으로 만들었다는 말씀을 통해 그들을 경제적 이익을 추구하는 장사치로 규정하셨다(요 2:16). 이 모든 것은 가난에 시달리다 옥에 갇힌 사람들, 그리고 지배 권력에 억눌려온 사람들을 해방시키기 위한 것이었다.

마지막으로, 앞서 이미 언급했지만, 눈먼 자들에게 눈 뜸을 선포하셨다는 말씀의 총체적 의미를 생각해보자. 복음서에는 예수님께서 실제로 육신의 눈이 먼 사람의 눈을 뜨게 하신 사건이 적지 않다. 아마도 이사야나 예수님은 눈먼 사람들을 모든 병든 자들의 대표자로 보셨을 것이다. 이는 복음서의 다양한 병자들을 고치신 사건에서 분명해진다. 육체적 질병을 고쳐주는 것은 그 정치·경제적 의미가 깊다. 이는 복음서에 나타난 눈먼 사람들 대부분이 구걸하는 사람들이었다는 점에서도 드러난다. 예수님은 병든 자들의 질병을 고쳐주심으로 그들이 사회 속에서 자율적인 존재로 이웃과 품위 있는 관계를 맺으며 살아갈 수 있는 길을 열어주셨다. 건강의 정치·경제적 중요성은 현대 사회에서도 마찬가지이다. 국민들의 건강권을 얼마큼 보장해주느냐가 치열한 정쟁의 주제 중 하나인 이유도 여기에 있다.

또한 예수님은 영적으로 눈먼 다양한 사람들의 눈을 뜨게 하기 위해 많은 애를 쓰셨다. 대표적인 예로 니고데모와 사마리아 여인을 들 수 있다. 예수님은 니고데모에게 존재의 근본적인 거듭남에 관한 진리를 깨닫도록 애쓰신다. 예수님이 십자가에 못 박혀 돌아가신 후 그의 제자들은 다 도망가버린 상태에서 니고데모가 예수님의 장례를 위해 어마어마한 양의 향료를 가져온 것을 보면 예수님의 노력이 무위로 끝난 것은 아닌 것 같다(요 3:1-21; 19:39-40). 그런가 하면 예수님은 사마리아 여인의 존재 깊은 곳에 자리한 목마름을 보게 하시고 그리스도를 발견하는 기쁨을 맛보게 하신다(요 4:5-30). 예수님을 따르던 제자들과 무리들, 그리고 예수님에게 적대적이었던 유대인들과 유대교 지도자들은 각각 다른 의미에서 눈이 먼 사람들이었다. 예수님은 이들의 눈도 뜨게 해주기 위해 온 마음과 정성을 쏟으셨다.

예수님의 사역의 총체성을 제대로 이해할 때, 예수님의 말씀들을 균형 잡힌 시각으로 바라볼 수 있다. 예컨대 예수님께서 제자들을 세상의 소금과 빛으로 규정하시고 그들을 세상 한가운데로 보내신 사건의 총체적 의미를 발견하게 된다(마 5:13-16; 요 17:18; 20:21). 우리는 이 사명을 구제나 봉사 정도의 소극적 의미로 국한시키려 할 때가 많다. 그러나 미국의 저명한 기독교 사회윤리학자 스티븐 모트는 성경에서 빛은 어둠과 대항에서 싸우는 적극적이고 공격적인 힘을 나타낸다는 점을 강조한다. 그는 이사야 9장 2-7절에 주목하면서 빛의 역할은 바로 "피 흘리는 전쟁터에서 압제자의 막대기를 꺾는 것이요 정의를 세우는 것"임을 역설하였다.[48] 이렇게 볼 때 '세상의 빛'이 된다는 것은 세상의 정치·경제 체제를 하나님의 정의에 비추어 개혁해나가는 적극적인 사명도 포함한다는 것을 알 수 있다.

이런 총체적 그림 속에서 보면 위에서 언급한 예수님의 말씀들의(막 12:16, 7; 요 18:36) 참된 뜻을 제대로 이해할 수 있게 된다. "가이사의 것은 가이사에게 하나님의 것은 하나님께 바치라"는 말씀은 신앙과 정치가 아무 상관이 없다는 점을 가르치는 것이 아니다. 오히려 프랜시스 쉐퍼가 잘 지적했듯이 모든 시민정부는 하나님의 법 아래 있으므로 만일 그 법을 어기면 그의 몫은 박탈당할 수밖에 없으며 따라서 시민은 불복종할 권리가 있음을 시사해 주고 있는 것이다.[49]

또한 "내[예수님의] 나라는 이 세상에 속한 것이 아니라"는 말씀도 자세히 보면 주님의 나라는 정치·경제 영역과는 아무런 관계 없이 오직 영혼의 구원에만 적용된다는 말씀이 아니다. 오히려 커크가 잘 간파했듯이 주님의 나라는 세상 나라처럼 우리의 실제적인 삶을 모두 포괄하지만 세상 나라의 가치관과 다른 가치관을 가지고 있으며 하나님의 진리와 정의가 온전히 실현되는 새로운 나라임을 시사하는 말씀이다.[50]

예수님은 결코 비정치적인 인물이 아니셨다. 앞서 살펴보았듯이 예수님은 자신에게 주어진 사명에 비추어서 그리고 당시의 제한된 역사적 정황에서 최선을 다해 정치적인 삶을 사셨다. 예수님이 로마의 제국주의 권력에 구체적으로 항거하는 정치적 운동을 안 하셨다고 해서 그가 비정치적이었다거나 우리도 그런 식의 정치운동은 해서는 안 된다고 주장한다면 예수님의 진의를 왜곡하는 것이다. 만약 그렇다면 예수님께서 로마 선교를 위해 선교단체를 구체적으로 조직한 일이 없으시므로 우리도 그런 일을 해서는 안 된다고 말하는 것과 무엇이 다를 것인가?[51]

예수님의 사역은 당시에 로마권력과 관련해서도 충분히 정치적 함의를 갖고 있었다. 예수님의 대중적 지지도가 높아지자 대제사장과 바리새인들은 공회를 소집하여 대책회의를 열었다. 그들은 "이 사람[예수]을 그대로 두면 모두 그를 믿게 될 것이요, 그렇게 되면 로마 사람들이 와서 우리의 땅과 민족을 약탈할 것입니다"(요 11:48) 하고 우려를 표명했다. 이는 커크가 잘 지적한 것처럼 예수님과 그 추종자들의 움직임은 적어도 로마의 기존 정치·경제질서에 도전하는 정치적 함의를 띠고 있었음을 보여준다.[52] 그리스도인들이 진정으로 그리스도의 발자취를 따르는 제자 공동체가 되려면 오늘 우리 시대의 불의한 질서에 도전하는, 그래서 기존 질서에 위협적인 존재가 되어야 한다.

성령

총체적 복음엔 성령에 대한 더 깊은 이해가 담겨 있다. 성령은 메시아와 그의 백성들이 하나님나라의 정의를 실현할 수 있도록 힘과 열정, 용기를 불어넣어 주시는 분이시다. 이는 앞서 본 바와 같이 특히 이사야를 통해 명확하게 증언되고 있다. 이사야는 수차례에 걸쳐 메시아가 정의를 실현해나갈 수 있도록 하나님께서 그에게 성령을 부어주시리라는 것을 강조한다(사 11:2–5; 42:1–4; 61:1–3). 이사야가 말하는 정의란 위에서 언급한 것처럼 하나님을 전적으로 사랑하고 이웃과의 관계를 정의롭게 맺는 것이다. 후자의 핵심은 가난하고 억압받는 사회적 약자들을 악한 자들의 손아귀에서 해방시켜내는 정치·경제적 실천이다.

이는 예수 그리스도를 통해서 성취되었다. 하나님은 그에게 성령을 부어주셨고 앞서 언급한 바와 같이 희년을 선포하여 하나님나라의 정의를 실현하는 놀라운 사역을 감당하셨다(눅 4:18-19). 동일한 성령이 오순절에 기도하던 그리스도의 제자들에게 놀랍게 임하였다. 성령의 능력을 힘입자 그들은 자기 소유를 자기 것으로 주장하지 않았고 이웃의 필요를 볼 때마다 자신의 소유를 팔아 함께 나누었다. 그들 가운데 가난한 사람이 없었다. 예루살렘 공동체에 하나님나라의 정의가 아름답게 실현된 것이다(신 15:4-5; 행 2:44-45; 4:31-35).

성령은 단순히 신비한 체험을 통해 종교적 황홀경에 빠지도록 하는 분이 아니시다. 성령은 그리스도인 각자에게 은사를 나누어 주시는 것으로 그 사명을 다하는 것도 아니다. 한 걸음 더 나아가 성령은 하나님과 그 아들 예수 그리스도의 뜻은 하나님나라의 정의를 실현해나가는 데 있음을 그의 백성들 가슴 깊은 곳에 새겨주신다. 그 임무를 수행해나가는 데 필요한 내적 필요를 충분히 채워주신다.

성령을 받지 않고 정의를 추구하는 삶은 원천적으로 불가능하다. 정의를 실현해나가는 것은 불의로 세상을 지배하며 탐욕을 만족시켜나가는 악한 세력과의 치열한 전쟁을 의미하기 때문이다. 그 전쟁에 뛰어들었던 사람들 중 적지 않은 이들이 결국 좌절하여 냉소주의의 함정에 빠져버리거나 변절하는 것을 우리는 종종 목도하게 된다. 탐욕을 기반으로 한 불의를 퍼뜨리는 영적인 악종 바이러스는 인간만의 힘으로 대항하기엔 너무나 강력하고 끈질기다. 성령의 도움이 그래서 절실히 요청된다.

이 사실을 뒤집어보면 다른 성령을 분별할 수 있게 된다. 즉, 성령을 받았다고 주장하면서 하나님나라의 정의에 관심이 없다면 그 성령은 본래의 성령과는 다른 성령임이 분명하다. 신비한 경험, 황홀경, 기적을 동반한다 해도 그것은 진정한 성령이 가져다주는 것들이 아니다. 한국 교회가 진정으로 하나님나라의 정의를 추구하려면 교회 안에 돌아다니고 있는 다른 성령을 추방해야 한다. 그리고 참된 성령충만을 구해야 한다. 그리고 진정한 성령으로 충만할 때, 경제 영역에 대한 신앙윤리적 성찰은 너무나 당연한 것으로 다가올 것이다.

구원

총체적 복음에서 이야기하는 구원 역시 더 깊은 뜻을 갖고 있다. 구원은 단순히 영혼의 구원이 아니다. 이는 구원이 하나님나라와 직결되어 있다는 점에서 분명해진다(사 52:7; 막 10:24-26). 예수님 자신도 '구원'을 '하나님나라'와 동의어로 사용하고 있다(눅 18:24-27). 하나님나라는 지리적 '영역'을 뛰어넘는 대단히 포괄적인 개념이다. 그래서 더 적절한 번역은 '하나님의 통치'이다.[53] 당연히 하나님의 통치는 정치·경제적 영역까지도 포함한다. 하나님은 온 세상 만민의 통치자이시기 때문이다.

그러므로 구원받는다는 것은 존재의 모든 영역에서 하나님의 통치를 은혜로 받아 누리는 것이다. 이는 삶의 모든 영역에서 하나님의 통치를 거부하고 내 뜻과 욕심대로 살았던 죄를 하나님께 회개하고 예수 그리스도를 믿어 용서받음으로 이루어진다. 그러므로 여기서 죄란 단순히 시기, 질투, 거짓, 음란 등 개인윤리 차원에서의 죄만 아니라 정치·경제 영역에서 나와 내가 속한 공동체와 사회가 지은 사회윤리적 차원에서의 죄도 포함한다. 후자는 불의한 구조와 제도에 대한 무지, 그에 저항하지 않고 침묵하고 동조한 죄도 포함한다.

구원, 즉 하나님의 통치를 받는 것은 용서받는 것으로 멈추지 않는다. 선물로 받은 성령을 힘입어 삶의 모든 영역에서 하나님의 통치를 받들어 새로운 삶을 살아가는 것이다. 이는 단순히 묵상과 기도, 그리고 말씀공부를 통해 우리 내면세계에 하나님의 통치를 받아들여 그분과의 친밀한 교제를 맛보는 것에서 멈추지 않는다. 자연스럽게 우리의 일상에서 하나님나라와 그의 정의를 추구하는 삶으로 이어지게 된다. 즉, 내가 속한 신앙공동체, 그리고 한 걸음 더 나아가 일반 사회의 정치경제를 포함한 모든 영역에서 하나님의 통치가 최대한 실현되도록 치열한 노력을 기울여야 한다. 그것이 바로 베드로가 명한 대로 하나님나라의 도래를 열망하며 앞당기는 삶이다(벧후 3:12).

앞서 누누이 강조한 것처럼 수평적 차원, 즉 이웃과의 관계에서 하나님나라 정의의 핵심은 사회적 약자의 존엄성과 권리를 회복시켜주는 것이다. 그래서 예수님도 지극히 작은 자를 돌보는 실천을 해야 비로소 정의로운 자(디카이오스)로 인정받을 수 있고 영원한 생명을 누릴 수 있다고 분명히 못 박아 말씀하셨다(마 25:31–46). 이는 소위 행위구원을 말하는 것이 아니라, '구원의 은혜'와 '정의를 실현하는 사랑의 실천'이 구분될 수 없음을 보여주는 것이다. 구원을 이렇게 깊이 이해하게 될 때, 구원받은 그리스도인은 자연스럽게 정치·경제 영역에까지 깊은 관심을 갖게 될 것이고 신앙윤리적 성찰에 헌신할 수 있게 될 것이다.

교회

마지막으로 총체적 복음은 교회에 대한 더 깊은 이해를 제공한다. 총체적 복음을 통해 탄생된 교회는 세상적이어서는 안 되지만 세상 안에 있어야 한다(요 17:15, 16, 18). 세상을 이원론적으로 완전히 부정해도 안 되고 세상에 동화되어서도 안 된다. 세상 한가운데로 깊이 들어가되 세상에 도전하여 변혁을 도모하고 실현하는 공동체가 되어야 한다. 이를 존 스토트는 '거룩한 세속성'이라는 말로 적절히 표현했다.[54]

그러나 교회와 세상 혹은 문화의 올바른 관계에 대해서는 그동안 많은 논쟁이 있었다. 이 문제가 신약에서 얼마나 선명하게 다루어졌는지, 신약의 가르침을 오늘 현대 사회에 그대로 적용해야 되는 것인지 가늠하기가 어렵기 때문이다. 우선 신약을 보면 대략 세 가지 형태를 찾아볼 수 있다. 먼저, 예수님의 공생애 동안 함께했던 핵심적인 제자공동체의 모습은 가정을 떠나 다른 사람들의 선의와 후원에 의존하는 방랑공동체의 성격을 지녔다. 둘째, 트뢸치의 표현을 빌리자면 '사랑의 공산주의'를 실현한 예루살렘 생활공동체의 형태이다(행 2:41–47; 4:31–37).[55] 셋째, 바울의 선교를 통해 세워진, 어느 정도 제도화된 교회공동체의 형태이다. 이 교회는 국가를 인정하고, 일반 사회의 구성원으로 충실하게 살 것을 가르친다.[56] 로마제국의 정치·경제 제도에 대한 직접적인 도전을 담고 있는 내용을 찾아볼 수 없다. 예컨대 당시 정치·경제적 억압구조의 핵심이었던 노예제도를 폐지하자는 운동을 벌이지 않았다. 그래서 바울의 교회는 교회사 속에서 종종 교회를 정치적 무관심 속에 발목을 붙들어 매는 구실이 되었다.

그러나 이는 **바울에 대한 오해**에서 비롯된 것이다. 물론 바울은 사회적 질서의 필요에 근거해 노예제도의 유효성을 받아들였다. 그러나 본질적인 면에서 그 정당성까지 인정한 것은 아니었다.[57] 이는 바울이 도망친 노예 오네시모의 전 주인인 빌레몬에게 보낸 편지에서 분명하게 드러난다(몬 1:1–22). 오네시모는 감옥에서 바울을 만나 그리스도를 믿게 되었다. 오네시모는 그리스도 안에서 빌레몬뿐 아니라 바울에게도 사랑받는 형제이다. 본질적 정당성 혹은 합법성의 관점에서 보자면 오네시모는 더 이상 빌레몬의 노예가 아니다. 하지만 바울은 사회질서의 필요성을 인정했기 때문에 그가 여전히 빌레몬의 노예라는 사실의 유효성을 인정했다. 그래서 그를 빌레몬에게 돌려보내기로 작정했다. 그런데 만일 빌레몬이 여전히 오네시모를 노예로 간주하여 그에게 손해배상을 요구하거나 그에게 빌려준 것을 돌려받을 마음이 있다면 바울 자신에게 청구하라고 부탁한다. 바울이 빌레몬의 영적 아버지임을 감안할 때 이는 빌레몬에게 상당한 압박이다. 이것은 사실상 빌레몬에게 오네시모를 계속 노예로 간주할 것인지 아니면 믿음 안에서 형제로 간주할 것인지 양자택일을 요청한 것이나 다름없다. 이를 통해 바울은 노예제도의 신앙적 정당성은 인정할 수 없다는 속내를 넌지시 비친 것이다.

바울의 이러한 입장은 에베소서 6장 5–6절에서도 그대로 드러난다. 바울은 그리스도인이 된 주인과 노예에게 각각 권면함으로써 사회질서 면에서 노예제도의 유효성을 인정하고 들어간다. 그러나 그 관계설정의 실질적 내용을 들여다보면 바울은 노예제도를 근원적으로 무력화시키고 있음을 알 수 있다. 이는 그가 노예제도의 신앙적 정당성을 인정하지 않고 있다는 증거이다. 바울은 하나님께서 주인과 노예의 동일한 주인인데다 그분은 주인과 노예를 차별하지 않으신다는 점을 강조한다. 이로써 하나님 앞에서 주인과 노예는 평등한 존재임을 분명히 한다. 주인은 절대로 공갈협박을 통제의 무기로 삼아선 안 된다. 더 나아가 노예가 주인에게 하듯이 꼭 그렇게 주인도 노예를 대해야 한다(엡 6:9). 노예가 그리스도께 하듯 주인을 두려움과 떨림과 성실한 마음으로 순종해야 하는 것처럼 주인도 노예를 그렇게 대하여야 한다. 노예가 주인을 주님 섬기듯 기쁘게 섬겨야 하는 것처럼, 주인도 노예를 주님 섬기듯 기쁘게 섬겨야 한다.

당시의 관행에 비추어보면 혁명적인 발상이 아닐 수 없다. 만일 이 말씀이 구체적으로 실천되고 사회 전체적으로 확산된다면 사실상 노예제도는 폐지된 것이나 다름없다. 바울의 관점이 사회적 동의를 얻어 법제화된다면 그것은 필연적으로 노예제도의 폐지로 이어질 수밖에 없다. 교회사를 보면 실제로 바울의 관점, 즉 노예제도를 비롯한 로마 통치의 유효성은 인정하나 정당성은 부정하는 관점은 당시 힘없는 사회적 계급에 속했던 교회의 손에 들린 강력한 무기임이 입증되었다. 로마제국의 지배질서를 마치 '속이 텅 빈, 그래서 의미가 사라진 조개껍질'처럼 만들어버렸기 때문이다.[58]

그래서 신약학자 리처드 롱게네커는 바울이 비록 직접적으로 노예제도 폐지를 주창하지는 않았지만 폭발력이 잠재되어 있는 사상을 제시함으로써 그 목표를 향해 출발했다고 해석했다. 또한 바울의 급진적인 사회사상은 적절한 토양과 환경 위에 뿌려져 자랄 수 있도록 준비된 씨알과 같다고 이해했다.[59]

로마서 13장 1-7절도 이런 맥락에서 해석해야 본뜻을 제대로 파악할 수 있다. 흔히 이 말씀은 국가권력에 대한 무조건적 순종을 명하는 말씀으로 이해되었고 결국 교회의 정치적 관심을 최소화할 뿐 아니라 그나마 아주 보수적인 성향을 띠게 했다. 물론 바울은 국가권력을 하나님이 세우신 질서로 간주하고 그 유효성을 인정했다. 그러나 국가권력에 대한 바울의 가르침도 자세히 보면 국가권력의 정당성을 흔들 수 있는 혁명적인 요소가 담겨 있다. 당시 로마황제는 천하를 호령하는 '주'였다. 신적인 존재였다. 그러나 바울은 국가의 권위가 하나님께 받은 이차적인 것이라고 선언한다. 게다가 국가에 권위가 주어진 것은 정의수호의 책임 때문이다. 이는 뒤집어 말하면 국가권력이 정의수호의 책임을 다하지 않는다면, 권위를 부여한 하나님에게 거역함으로써 스스로 권위를 상실하게 된다는 것을 의미한다. 쉐퍼가 주장한 대로 로마서 13장 1–7절에서 추론할 수 있는 "가장 중요한 핵심은 어떤 지점에 이르게 되면 국가에 불순종하는 것이 권리일 뿐 아니라 의무라는 점"이다.[60]

국가권력은 그리스도인이 이 세상에서 사는 한 유효하다. 그럼에도 국가권력은 스스로 합법성과 정당성을 갖고 있는 것은 아니다. 왜냐하면 이 세상에서의 정의수호라는 목적을 위해 하나님이 임시로 허용한 것에 지나지 않기 때문이다. 정의수호를 위해서 국가권력이 존재하는 것이지 정의수호가 국가권력을 위해 존재하는 것이 아니다. 이는 마치 안식일을 위해 사람이 존재하는 것이 아니라 안식일이 사람을 위해 존재하는 것과 같은 이치이다. 그러므로 주님이 약속한 새 하늘과 새 땅이 펼쳐져 하나님나라가 완성되면 국가권력은 사라질 것이다. 거기에선 권력으로 사회정의를 수호해야 할 필요 자체가 없어질 것이기 때문이다. 그런 점에서 국가권력은 스스로의 정당성을 갖고 있지 못하다.

바울의 이런 관점을 제대로 이해한다면 바울의 가르침은 오늘 그리스도인의 정치·경제적 무관심이나 기존의 사회질서에 대한 순응주의를 정당화할 수 있는 근거가 전혀 되지 못한다. 오히려 바울의 관점을 변화되어가는 역사적 상황에서 어떻게 적용하고 발전시켜나가야 할 것인가를 고민해야 한다. 사실 바울 시대 이후의 교회사를 보면 그런 성찰과 노력이 가져온 변천과 발전의 과정이었다고 볼 수 있다. 리처드 니버는 그러한 교회사의 여정을 분석하면서 다섯 가지 유형을 찾아내고 있다. '문화에 대항하는 그리스도', '문화를 지키는 그리스도', '문화 위에 서 있는 그리스도', '문화와 역설적 관계에 있는 그리스도', '문화를 변혁시키는 그리스도'.[61]

그렇다면 21세기를 살아가고 있는 한국 교회는 기존의 정치·경제체제와 어떤 관계를 설정해야겠는가? 이 점에서 영국의 대표적인 기독교 사회윤리 학자였던 프레스턴의 제시는 매우 설득력이 있어 보인다. 그는 다른 유형들의 유효성을 어느 정도 인정하면서도 '문화를 변혁시키는 그리스도' 유형이 현대와 같이 사회변동이 급격한 시대에는 가장 적절하다고 판단한다.[62] 이 유형의 요지는 교회는 자신 안에 머물러 있지 않고 사회 속으로 깊이 스며들어가 형편과 은사에 따라 다양한 층위에서 적극적으로 변혁을 추구한다는 점이다. 여기엔 교회가 스스로 온전한 공동체의 모습을 회복하는 것만으로는 사회에 대한 사명을 다한 것이 아니라는 전제가 깔려 있다.

공동체 운동에 대한 성찰

그러나 소위 공동체주의자라 불릴 수 있는 일련의 신학자들과 철학자들 가운데는 "교회론이 곧 기독교인의 유일한 사회이론이다"라고 주장하는 이들이 있다.[63] 이러한 입장에 의하면 기독교 정치·경제의 핵심은 본질적으로 자유주의 성격을 띤 사회를 보다 정의로운 사회로 개혁하는 데 있지 않고 교회가 참된 공동체의 모습을 회복하는 데 있다. 왜냐하면 현대 자유주의 사회는 본질적으로 기독교 정의가 실현될 수 없는 세속적 이성에 기초한 사회이기 때문이다. 이러한 세계에서 교회가 세상의 빛이 되는 유일한 길은 기독교 최고의 덕인 사랑에서 비롯되는 새로운 차원의 자유와 평등이 보장되는, 전적으로 새로운 공동체를 만들어 그 영역을 펼쳐가는 것이다.[64]

영국에서 이러한 입장의 가장 강력한 논자로 부상하고 있는 밀뱅크는 아우구스티누스의 《하나님의 도성》에서 이러한 시도의 본격적 출발점을 찾는다.[65] 19세기의 기독교 사회주의를 그 연결선상에서 보고,[66] 남미의 '바닥공동체'에서 그 비전의 실현가능성을 찾는다.[67] 이 입장에서 볼 때 교회는 삶의 모든 영역을 포괄하는 생활공동체여야 한다. 공동체 안에서 생산, 교환, 분배 활동이 이뤄짐은 물론이거니와 세속적 문화나 법 그리고 강제력에 의존하지 않는 목회적 정치가 실현되어야 한다. 법과 폭력에 의존하는 국가권력은 인간의 죄로 말미암아 어쩔 수 없이 인정할 수밖에는 없지만 그것이 비극적 요소를 갖고 있음을 인식해야 한다. 그런 점에서 자본주의 사회의 기본적 틀을 유지하면서 이를 좀 더 정의롭게 개혁하려는 시도는 그리스도인의 신앙과는 아무런 관련이 없다. 자본주의와는 전혀 다른 체제로의 변혁을 추구한다 할지라도 그것이 철저히 기독교 사랑에 기초하지 않는 한 마찬가지이다. 이런 입장을 한국의 상황에 적용해본다면 요즘 다양한 형태로 시도되고 있는 기독교 생활공동체 운동만이 기독교적 정체성을 지닌 사회운동이라고 볼 수 있다.

이상의 논지에는 두 가지 중대한 문제가 있다. 첫째, 소위 공동체주의자들의 입장이 그리스도의 가르침, 그리고 신약 전체의 흐름과 맥락을 충분히 반영하고 있는가 하는 점이다. 이들의 문제점은 앞서 살펴본 바와 같이 이미 신약성경에서 일반 사회 속에서의 교회의 존재양식에 변화가 있었다는 점을 간과한다는 점이다. 그리고 자신들이 선호하는 특정 모델을 유일한 교회의 모습이라고 배타적으로 규정한다.

교회는 하나님나라라는 유토피아를 추구하는 과정에서 다양한 사회현실에 직면하게 된다. 자신이 처한 역사적 환경 속에서 하나님나라와 그 정의에 가장 가까이 갈 수 있는 최선의 길을 끊임없이 찾게 된다. 그 과정에서 교회는 그때그때 다양한 존재양식을 띠게 된다. 그러나 공동체주의자들은 절대적인 유토피아에 지나치게 집착하는 나머지 교회의 이런 역동적이면서 현실적인 과제를 폄하하거나 간과한다. 이런 측면에서 라인홀드 니버나 에밀 브루너 같은 기독교 현실주의자들에게 일정한 장점이 있는 게 사실이다.[68]

둘째로, 밀뱅크를 비롯한 공동체주의적 입장은 신앙공동체의 영역이 일반 사회로 확대될수록 공동체의 정치·경제적 구조와 관련하여 자칫 원론적이고 추상적인 제의만 하는 수준에 머물기 쉽다는 점이다. 밀뱅크의 경우 그 요지는 다음과 같다. 모든 재화와 용역의 가치는 자유경쟁에 기초한 수요와 공급의 원리에 따라 정해져선 안 된다. 먼저 공동선에 대한 합의를 이끌어내고 그 공동선에 기여하는 정도에 따라 각각의 가치를 매겨야 한다. 그에 따라 등가교환이 이루어져야 한다. 사회적 역할들 역시 공동선에 기여하는 정도에 따라 그 사회적 위치와 무게가 결정되어야 한다. 기본적으로 필요한 것들을 구성원들에게 분배하고 재정을 공급하기 위해선 일정한 중앙조직이 필요하다. 그러나 전적인 계획경제는 금물이다. 이는 강제적인 중앙권력을 강화시킴으로 각 개인의 창의성을 자유롭게 발전시켜나가는 것을 방해할 뿐 아니라 공동체에 대한 선호의 발전을 저해한다.

이러한 원칙들은 작은 생활공동체에서 실현될 수 있는 방법이다. 그러나 과연 이런 작은 공동체를 어떻게 모든 사회를 포괄하는 공동체로 발전시킬 것인가 하는 것은 전혀 별개의 문제일 뿐 아니라, 이것이 가능하다고 해도 과연 과학문명이 고도로 발전되어가고 있는 현대 사회의 대안이 될 수 있는가 하는 큰 벽에 부딪히게 된다.

물론 이런 공동체운동의 소중한 역할을 결코 부정하는 것이 아니다. 프레스턴은 이런 공동체를 '급진적 기독공동체'라 부르면서 그 가치를 다음과 같이 평가한다.

> [급진적 기독공동체들은] 이미 존재하고 있는 하나님나라를 좀 더 충분히 실현해나가기 위해 애쓴다. 종말에 완성될 하나님나라를 미리 보여주는 일종의 표지판인 셈이다. 그런 의미에서 나는 그 공동체들이 정말 다양한 기독교적 증거들 중 하나로 자리 잡고 있다고 본다.[69]

공동체 운동은 사회운동과 통합되어야 한다

급진적 기독공동체 운동은 분명 좋은 운동이지만 사회에 영향력을 미칠 수 있는 교회의 유일한 존재방식이 될 수는 없다. 만일 그런 공동체를 유일한 존재양식으로 생각하고 그 길만이 사회의 문제를 해결할 수 있는 유일한 길이라고 믿으면서 다원화된 사회에서 일어나는 일들에서 손을 뗀다면 과연 어떤 결과가 벌어질까? 조금이라도 사회구조와 제도를 실질적으로 변화시키면 더 많은 사람들의 생명을 건져내고 사회적 약자들의 복지를 증진시킬 수 있을 텐데 그 책임을 유기하는 것이 된다. 불가능한 것을 추구하다가 가능한 것까지 놓치는 결과를 낳게 된다.[70]

이와 관련해서 커크는 균형 잡힌 제안을 한다. 그는 교회의 정의로운 사회적 실천은 두 가지 헌신을 포괄해야 한다고 말한다. 첫째, 교회 자체를 진정한 생활공동체로 창조해나가는 헌신이다. 이 공동체에서는 세상의 재화를 사적으로 그리고 집중적으로 소유하고 있는 이들에게 복음을 자신의 입맛에 맞게 해석할 수 있는 권리를 더 이상 허용해선 안 된다. 즉, 복음과 기득권층의 이데올로기를 동일시함으로써 인간, 특히 사회적 약자를 소외시키는 현실이 이 공동체에서는 모두 사라져야 한다. 둘째, 불의한 정치·경제구조하에서 억압과 착취를 당하는 사람들을 위한 정의구현 투쟁에 헌신해야 한다. 이러한 통합적 실천을 통해서 교회는 비로소 하나님의 말씀을 바르게 성찰할 수 있는 능력을 회복할 수 있을 것이다. 예언자적 통찰력을 갖추게 될 것이다. 그러한 통찰력은 교회로 하여금 사회현실 속에서 자신을 갱신해나가도록 도전할 수 있을 것이다.[71]

맘몬과의 싸움엔 구조적 차원이 있다

개인 차원에서 맘몬과의 싸움에서 근원적으로 승리했다고 우리의 싸움이 끝나는 것이 아니다. 맘몬은 자본주의 사회의 배후세력이다. 그 구조 속에 진지를 구축하고 자본주의를 방어하고 확대해나가기 위해 총력을 기울인다. 그래서 자본주의 사회에선 실로 다양한 경제 문제가 발생하게 된다. 그 문제들 역시 믿음 문제이다. 이 점을 인식하지 못하면 교회는 맘몬에 둘러싸여 언제 어떤 공격을 받을지 모른다.

하여 이 장에선 경제 문제가 교회와 그리스도인이 철저하게 다루어야 할 문제임을 분명히 확인하기 위해 네 가지를 이야기했다. 첫째, 경제 문제는 언제나 구조적 차원을 지니고 있기 때문에 교회는 개인윤리 차원을 넘어 사회윤리적 차원에서 발생하는 경제 문제를 믿음 문제로 이해해야 한다. 둘째, 정교분리 원칙은 원래 교회의 예언자적 정치참여를 금하는 것이 아니었음을 기억해야 한다. 셋째, 기독교 신앙이 제시하는 세계관은 통합적이어서 경제 문제까지 신앙 안에 담아낸다. 넷째, 하나님나라의 복음은 총체적 신학을 제시하여 경제 문제가 믿음 문제임을 분명히 증언한다. 이제 이런 확신에 근거해서 그리스도인들이 경제 영역에서 수행해야 할 정의로운 경제적 실천의 내용은 무엇인지 생각해보자.

7장

어떻게
실천할 것인가

이제 경제 문제가 믿음 문제라는 사실이 확실해졌다. 그렇다면 확신을 실천에 옮겨야 한다. 앞서 3장에서 실천이 동반되는 산 믿음의 중요성을 강조한 바 있다. 맘몬에 대한 승리는 실천을 통해서 비로소 확보된다. 그럼에도 한국 교회에서는 실천을 강조하면 종종 의혹 어린 눈총을 받는다. 행위구원을 주장하는 것은 아닌지 율법주의를 조장하는 건 아닌지 검증하려는 태세다. 행위구원과 율법주의를 경계하는 것까지는 좋은데 산 믿음의 증거로 실천을 이야기하는 것까지 도매금으로 그 범주에 넣어버리려는 것은 참으로 위험한 처사다. 한국 교회는 이제 예수쟁이는 말만 잘한다느니, 천국에 가보니 줄에 목사들 혀만 걸려 있다더라 하는 말은 그만 들어야 한다.

실천과 관련해 한국 교회가 오해하는 또 하나는 실천은 믿음으로부터 자동적으로 흘러나온다는 안이한 생각이다. 복음만 잘 전해 믿게 하면 됐지 이렇게 저렇게 살아라, 말할 필요가 없다는 이야기다. 참 이상한 주장이다. 그렇다면 성경엔 왜 그렇게도 실천에 관한 명령이 많을까? 구약은 그렇다 쳐도, 믿음을 그토록 강조한 사도 바울마저 서신서들에서 실천에 관한 이야기를 그렇게도 많이 한 까닭은 무엇일까? 조금만 생각해봐도 믿음과 실천의 관계가 그렇게 자동적인 관계가 아님을 알 수 있다.

어린이가 자라는 과정만 생각해도 된다. 신생아는 살아 움직이는 생명을 갖고 태어난다. 그에겐 부모로부터 물려받은 DNA도 이미 내장되어 있다. 그렇다고 자동적으로 자라는 건 아니다. 부모의 노력과 스스로의 노력이 합해서 무럭무럭 자란다. 걷기 시작하는 걸 보면 얼마나 신기하고 기특한지! 이미 걸을 수 있도록 유전자 체제가 들어 있지만 아이들은 걸어보려고 또 얼마나 노력하는가? 그러다 어느 날 걷게 된다. 도덕적 성장도 마찬가지다. 부모와 선생님들의 가르침을 들으며 자신이 노력하는 가운데 도덕적인 존재로 자라간다.

신앙세계도 마찬가지다. 바울 자신도 모든 사람을 그리스도 안에서 온전한 사람으로 세우는 일을 위하여 자기 안에서 '능력으로 작용하는 그분의 활력을 따라 수고하며 애쓰고' 있다고 고백한다(골 1:28-29). 하나님은 우리에게 윤리적 실천을 할 수 있도록 성령을 부어주셔서 능력으로 작동하는 활력을 불어넣어주신다. 그러면 우리는 그 활력을 열심히 활용해 수고하고 애써야 한다. 그렇게 하도록 수시로 격려와 도전을 받아야 한다. 하나님은 그리스도인을 버튼만 한 번 누르면 그다음엔 모든 것이 자동적으로 작동되는 존재로 만드신 것이 아니다. 나태하고 교만하면 넘어지기도 하고, 겸손하게 주님의 능력을 힘입어 치열하게 노력하면 믿음과 실천이 동시에 멋지게 성장할 수 있는 존재로 만드셨다.

그러므로 이 장에서는 그리스도인이 경제 영역에서 어떤 실천에 힘써야 하는가를 말하고자 한다. 이 역시 책 한 권으로도 다 담아내기 어려운 방대한 주제다. 여기에서는 일단 대략적인 윤곽을 잡아보는 것으로 만족하고자 한다. 우선 그리스도인의 경제적 실천의 핵심가치인 정의와 공의에 대하여 간략하게 설명한 후 실천의 세 가지 범주를 다루고자 한다. 첫째는 청지기 경제활동, 둘째는 나눔의 삶, 셋째는 정의로운 경제제도의 추구이다.

핵심가치

성경은 자본주의 사회를 염두에 두고 쓰인 책이 아니다. 그래서 성경에서 바로 자본주의 사회에서의 상세한 실천지침을 구체적으로 찾으려는 것은 헛된 일일 뿐 아니라 옳은 일도 아니다. 성경에서 가장 확실하게 발견할 수 있는 것은 큰 틀에서의 핵심적 가치이다. 그건 "다만 공의(미쉬파트)가 물처럼 흐르게 하고, 정의(체다카)가 마르지 않는 강처럼 흐르게 하여라" 하는 하나님의 말씀에 잘 담겨 있다(암 5:24). 이 말씀은 신약시대에도 유효한 말씀이다. 왜냐하면 디모데후서 3장 16절은 다음과 같이 말하고 있기 때문이다.

> 모든 성경은 하나님의 영감으로 된 것으로서 교훈과 책망과 바르게 함과 의로 교육하기에 유익합니다.

여기서 '모든 성경'은 이 서신이 기록될 당시의 구약성경을 의미함이 명약관화하다. 그러니까 이 구절의 뜻은 구약성경이 신약시대의 그리스도인들에게 의, 즉 정의가 무엇인지를 가르치는 데 유익하다는 것이다. 한글 번역성경에서 '미쉬파트'와 '체다카'는 각각 '정의', '공의', '의', '공도', '공평' 등으로 다양하게 번역된다. 맥락에 따라 다르게 번역되기도 하고 서로 바뀌기도 한다. 여기선 편의상 '미쉬파트'는 '정의'로 '체다카'는 '공의'로 번역하기로 한다.

정의와 공의

'정의', 즉 '미쉬파트'라는 단어는 구약성경에서 200번 이상 등장하는데, '공의' 즉 '체다카'보다 법정 용어의 성격을 갖고 있다. 가장 기본적인 뜻은 법정에서 사람들을 공평하게 대하는 것이다.

> 이 법(미쉬파트)은 이스라엘 사람에게는 말할 것도 없고, 함께 사는 외국 사람에게도 같이 적용된다. 나는 주 너희의 하나님이다(레 24:22).

정의란 인종이나 사회적 지위에 관계없이 동일한 기준으로 재판하는 것을 의미한다. 그래서 '정의'는 소송의 전 과정과 최종결과(선고와 집행), 판례법 등을 표현하는 데 사용된다. 그리고 한 걸음 더 나아가 정의는 공동체에 속한 한 사람의 법적 권리를 의미한다. 그래서 예레미야는 이스라엘의 지도자들을 책망하면서 다음과 같이 말한다.

> 그들은 피둥피둥 살이 찌고, 살에서 윤기가 돈다. 악한 짓은 어느 것 하나 못하는 것이 없고, 자기들의 잇속만 채운다. 고아의 억울한 사정을 올바르게 재판하지도 않고, 가난한 사람들의 권리(미쉬파트)를 지켜주는 공정한 판결도 하지 않는다(렘 5:28).

그래서 '미쉬파트'라는 단어가 사용될 때마다 거의 어김없이 당시 대표적인 사회적 약자들이었던 특정한 부류의 사람들이 함께 등장한다. 그들은 과부, 고아, 나그네(이주노동자), 가난한 사람들이다. 즉, 이들의 '미쉬파트'라는 표현엔 이들을 억압하고 착취하는 자들에 맞서 이들의 권리를 변호해야 한다는 당위가 담겨 있다. 미쉬파트는 단순히 평가의 기준이나 원리를 제시하는 것이 아니라 우리에게 구체적인 행동을 촉구한다.

'공의', 즉 '체다카'는 '바른 관계의 삶'을 가리킨다. 그 어근을 살펴보면 '바름', 즉 '의당 그래야 할 바를 온전히 이루고 있는 것'을 의미한다. '체다카'란 알렉 모티어가 이사야서를 주석하면서 잘 설명했듯이 '사람이 하나님과 바른 관계를 맺고 그에 따라 삶에서 맺어지는 모든 관계들을 바르게 하는 데 헌신하는 것'을 의미한다. 그래서 체다카는 기본적으로 사회적 성격을 띨 수밖에 없다. 흔히 공의 혹은 의를 성적 순결, 충실한 기도와 성경공부 같은 개인의 사적 윤리 차원에 국한해서 이해한다. 그러나 성경에서 공의 혹은 의는 일상적인 삶 속에서 갖게 되는 모든 사회적 관계를 공평, 너그러움, 형평에 따라 맺어나가는 것이다.

사회정의

그래서 자연스럽게 정의(미쉬파트)와 공의(체다카)는 한 쌍으로 등장한다. 이렇게 서로 약간 구별되는 의미를 갖고 있는 두 개의 단어를 사용해서 한 개의 복합적인 사상을 표현하는 수사법을 중언법hendiadys이라고 한다. 크리스토퍼 라이트에 의하면 정의(미쉬파트)란 모든 사회적 관계가 공의(체다카)에 부합되도록 해당 상황에서 행해야 할 바이다. 하여 라이트는 정의와 공의를 아우르는 가장 가까운 단어로 '사회정의'를 든다. 그러나 라이트가 경계한 것처럼 성경적 정의와 공의는 사회정의에 대한 현대적 이해와는 달리 단지 '머릿속으로 곰곰이 생각해보는 개념들이 아니라 우리가 실제로 행하는 구체적인 일들'이라는 점을 항상 마음에 새겨야 한다.[1]

그래서 정의와 공의에 따라 구약 율법은 사회적 약자들의 권리를 다양하게 보호하고 있다. 임금체불 금지, 전당 잡은 옷 해지기 전 돌려주기, 7년 단위의 빚 탕감, 사회적 약자들의 식량에 대한 권리, 안식년 노예해방, 희년 토지 재분배 등을 들 수 있다. 이 모든 것은 정의롭고 공의로우신 하나님의 성품에서 자연스럽게 흘러나오는 것이다.

주님은 정의(체다카)와 공의(미쉬파트)를 사랑하시는 분, 주님의 한결같은 사랑이 온 땅에 가득하구나(시 33:5).

주님께서 다스리시니, 온 땅아, 뛸 듯이 기뻐하여라. 많은 섬들아, 즐거워하여라. 구름과 흑암이 그를 둘러쌌다. 정의(체다카)와 공평(미쉬파트)이 그 왕좌의 기초다(시 97:1-2).

그런데 왜 하나님은 정의와 공의가 세워지는 것을 흐르는 물에 비유했을까? 물은 높은 곳에서 낮은 곳으로 끊임없이 흐른다. 은혜로운 노래꾼이자 시인인 홍순관은 〈평평한 물〉이라는 단상에서 이렇게 노래한다.

물은 서로 평평하기로 약속했습니다.
조금이라도 수평이 기울면 다 그리로 가서 살기로 했습니다.

물이 걷는 것도 달리는 것도 다 평평해지려고 가는 길입니다.
흐르는 것도 떨어지는 것도 머무는 것도 평평하기 위해서지요.
평평하여질 때 물은 비로소 그 길을 멈춥니다.
그러나 언제나 떠날 준비를 하고서지요. 조금이라도
평평함이 깨어지면 곧 떠나고 맙니다.

물은 평편平便하려고 평평平平합니다.[2]

'정의와 공의' 그리고 '물과 강'의 공통점은 평등을 향해 쉴 새

없이 움직인다는 점이다. 사회적 약자의 권리를 지켜주는 것은 사회적 강자와 사회적 약자 사이의 불평등을 해소해 양자 간의 평등을 회복하기 위한 노력이다. 예수님 안에서 그러한 하나님의 정의가 완벽하게 성취되었다. 즉, 하나님과 인간의 관계, 그리고 인간과 인간의 사회적 관계가 바르게 회복되었다. 인간과 인간의 사회적 관계가 바르게 되었다는 것은 그들 사이에 모든 차별대우가 사라졌다는 것을 의미한다. 그래서 바울은 그 정의로운 상태를 이렇게 선언한다.

> 유대 사람도 그리스 사람도 없으며, 종도 자유인도 없으며, 남자와 여자가 없습니다. 여러분 모두가 그리스도 예수 안에서 하나이기 때문입니다(갈 3:28).

그리스도 안에서 모든 사람은 평등한 존재가 되었다. 그러므로 그리스도인은 어떤 사람도 인종, 빈부나 사회적 지위를 기준으로 차별대우를 하면 안 된다. 그건 단순히 인격적인 존중을 의미하는, 내면적인 혹은 영적인 일이 아니다. 존재의 모든 면을 포괄하는 총체적인 존중을 의미한다. 그 총체적 의미는 야고보서 2장 8절에서 잘 말씀한 것처럼 "네 이웃을 네 몸같이 사랑하라" 하신 하나님의 황금률, 즉 최고의 법에 잘 드러나 있다.

이는 한마디로 이야기하면 삶의 모든 면에서 내가 나에게 주고 싶은 최선의 것을 다른 사람에게도 주라는 뜻이다. 예컨대 자신이 좋은 교육환경을 누리고 싶다면 다른 사람도 나와 똑같이 누리게 하라는 명령이다. 내가 좋은 집에서 편안하게 살고 싶다면 다른 사람도 그와 같이 똑같이 누리게 하라는 명령이다. 물론 취향이나 은사에 따라 받고 싶은 교육의 내용이나 살고 싶은 집의 디자인은 달라질 수 있다. 그러나 복지의 질적 수준은 같아야 한다는 말이다. 내 몸을 사랑하듯이 이웃을 사랑하고자 할 때 사회적 복지의 질적 수준이 다른 것을 그냥 두고 볼 수 있을까? 불가능한 일이다. 그래서 바울은 고린도 교회 성도들에게 예루살렘 교회 성도들을 경제적으로 돕는 것은 평등을 실현하는 것이라고 말한다.

> 나는, 다른 사람들을 편안하게 하고, 그 대신에 여러분을 괴롭게 하려는 것이 아니라, **평형**을 이루려고 하는 것입니다. 지금 여러분의 넉넉한 살림이 그들의 궁핍을 채워주면, 그들의 살림이 넉넉해질 때에, 그들이 여러분의 궁핍을 채워줄 수도 있을 것입니다. 이렇게 하여 **평형**이 이루어지는 것입니다. 이것은, 성경에 기록하기를 '많이 거둔 사람도 남지 아니하고, 적게 거둔 사람도 모자라지 아니하였다' 한 것과 같습니다(고후 8:13-15).

'평형'으로 번역된 '이소테스'란 헬라어는 '동일', '공평', '평등equality'이란 뜻을 갖고 있다. 바울은 하나님께서 모든 그리스도인들이 경제적으로 평등한 삶을 살아가기를 원하시기 때문에 그리스도인에겐 이웃의 필요를 채워줘야 할 의무가 있음을 분명히 하고 있다. 그런가 하면 똑같은 행위를 바울은 정의란 관점에서 설명한다.

> 이것은 성경에 기록한바 '그가 가난한 사람들에게 아낌없이 뿌려주셨으니, 그의 **의**가 영원히 있다' 한 것과 같습니다. 심는 사람에게 심을 씨와 먹을 양식을 공급하여주시는 하나님께서, 여러분에게도 씨를 마련하여주시고, 그것을 여러 갑절로 늘려주시고, 여러분의 의의 열매를 증가시켜주실 것입니다. 하나님께서 여러분을 모든 일에 부요하게 하시므로, 여러분이 후하게 헌금을 하게 될 것입니다. 우리가 여러분의 헌금을 전달하면, 많은 사람이 하나님께 감사를 드리게 될 것입니다(고후 9:9-11).

9절은 시편 112편 9절을 인용한 것인데 '의'는 히브리어로 '체다카'이고 헬라어로는 '디카이오쉬네'로 되어 있다. 10절의 '의' 역시 '디카이오쉬네'이다. 이렇게 볼 때 바울은 가난한 사람들을 돌보는 것을 정의로 이해함으로써 구약에서 예수님으로 이어지는 전통을 그대로 이어받고 있음을 알 수 있다. 또한 평등과 정의가 결국 같은 것을 요청하고 있음을 보여준다.[3]

그런데 우리는 흔히 정의가 요청하는 평등을 이야기할 때 일정한 한계를 두기를 좋아한다. 음식, 옷, 주거, 그리고 교육 같은 기본적 필요를 누구나 채울 수 있게 하는 것, 모든 사람이 똑같이 공정한 기회를 갖도록 노력하는 것에 머문다. 그 이상의 평등을 추구하는 것은 정의와 관계없다고 생각한다. 즉, 상대적 빈곤을 해결하는 것은 정의의 요구사항이 아니라 시혜의 문제라고 여긴다. 그러나 이는 하나님의 최고법을 어기는 것이다. 자기 몸을 사랑하듯이 이웃을 사랑하라는 것은 시혜를 요청하는 것이 아니라 정의로운 행동을 요청하는 것이기 때문이다. 진정한 그리스도인이라면 빈부격차의 해소, 상대적 빈곤의 해소를 정의가 요구하는 것으로 받아들여야 한다.

현대 사회에서의 적용

물론 우리가 살고 있는 현실 사회는 불완전하기 때문에 정의와 평등을 이상적으로 실현하기는 어렵다. 그래서 그리스도인들은 하나님의 말씀에 대한 충실성과 세상에서의 현실성 사이에서 정의와 평등의 한계를 그을 수밖에 없다. 이 점에서 존 롤스의 정의론은 좋은 도움을 준다. 그의 정의론을 기독교적 관점에서 발전시켜나간다면 모든 인간의 자유와 평등, 그리고 공동체성을 기본적으로 받아들이는 사회에서 정의가 요청할 수 있는 평등의 한계점에 대하여 지혜를 얻을 수 있다.

이 글의 지면상 롤스의 정의론을 기독교인의 관점에서 발전시켜나가는 과정을 여기서 다 소개할 수는 없기 때문에 그 결과만 간단히 제시하고자 한다.[4]

1. 시민의 기본적 필요에 대한 모든 구성원의 권리는 존중되어야 한다.

2. 민주적 참여를 확보하기 위해 평등한 기본권과 자유를 충분히 보장하는 제도를 확립해야 한다.
3. 사회적 지위와 직책을 얻는 데 균등한 기회를 가질 수 있는 권리가 보장되어야 한다. 그와 아울러 본인이 속해 있는 기관 내의 경제적 결정과정에 참여할 수 있는 균등한 권리가 보장되어야 한다.
4. 사회의 모든 조직체의 구조가 공공협력을 유도해낼 수 있는 방향으로 형성되어야 한다.[5]
5. 사회적·경제적 불균등은 다음의 조건하에서만 정당화될 수 있다. 첫째, 그 불균등이 가장 불리한 입장에 있는 계층에게 최대의 유익을 줄 수 있어야 하고 이는 정당한 저축의 원칙과 양립할 수 있어야 한다. 둘째, 그 불균등은 가장 불리한 입장에 있는 계층의 자기 존중을 심각히 해칠 수 있는 수준을 넘어가서는 안 된다.

이상의 정의론에 입각하여 보면 정의가 요구하는 모든 시민의 경제적 평등에는 여섯 단계 혹은 차원이 있다. 첫째, 기본적인 필요에 대한 평등한 권리가 있다. 이는 앞서 간단히 설명한 성경적 정의에 잘 합치한다. 둘째, 사회적 지위와 직책을 얻는 데 균등한 기회를 가질 수 있는 권리가 있다. 구약의 안식년에 빚을 탕감해주는 것(신 15:1-3), 특히 희년에 땅을 원래의 소유자에게 돌려주는 것(레 25:8-13) 등은 가난한 부모 밑에서 태어난 세대에게도 공평한 기회를 제공해주는 좋은 제도라고 볼 수 있다. 셋째, 경제활동을 하는 조직 내에서 경제적 결정과정에 민주적으로 참여할 수 있는 평등한 권리가 있다. 넷째, 경제활동을 통해 특정 계층의 이익이 아니라 사회구성원 모두의 이익이 고르게 충족될 수 있도록 사회구조와 제도를 형성해갈 권리가 있다. 다섯째, 가장 불리한 계층의 이익을 최대화한다는 조건하에서만 경제적 불평등을 용인할 수 있는 권리가 있다. 하나님의 관심은 언제나 그 사회의 가장 가난한 사람들에게로 향한다(마 25:31-46; 렘 22:16). 그러므로 프레스턴이 주장한 것처럼 "기독인의 입장에서 볼 때, 증거를 들어 스스로를 정당화해야 할 책임은 불평등에 있다."[6] 여섯째, 가장 불리한 계층의 자기 존중감을 유지하기 위해 경제적 불평등의 심화에 일정한 제한을 가할 수 있는 권리가 있다. 절대적 소득액이 증가한다고 해도 불평등이 지나치게 심화되면 하나님이 각자에게 부여하신 건강한 자기 존중감을 잃어버릴 수밖에 없기 때문이다.

이제 정의와 공의라는 핵심가치를 실현하기 위해 그리스도인들은 어떤 경제적 실천을 해야 할지 생각해보자.

청지기

앞서 언급한 바와 같이 창조 시 사람은 하나님으로부터 자연을 잘 돌보면서 창의적인 경제활동을 함으로써 건강하고 풍성한 문화를 만들어가야 할 사명을 부여받았다(창 1:27-28). 예수님께서 새롭게 시작하신 하나님나라는 바로 그런 문화사명이 회복된 나라이다. 그러므로 경제 영역에서 하나님나라의 정의를 추구하는 사람은 우선적으로 자신과 공동체가 함께 누릴 수 있도록 부를 창출하는 경제활동을 활발히 해야 한다. 모든 사람이 더불어 향유할 수 있는 아름답고 풍성한 문화를 발전시켜나가야 한다. 그런 개인과 공동체의 모습이 바로 하나님나라의 정의가 실현됨으로 성취되는 샬롬의 중요한 조건이기도 하다.[7]

정체성

그리스도인이 경제활동을 할 때 마음에 반드시 새겨야 할 점은 청지기라는 자기 정체성에 대한 인식이다. 하나님께서 우리에게 문화사명을 주심으로써 하나님, 인간, 그리고 땅으로 대변되는 물질세계 사이에 하나의 관계가 성립되었는데 그것이 바로 청지기 직분이다. 청지기 사상의 핵심은 하나님이 모든 물질세계의 주인이며 인간은 그 세계를 하나님으로부터 받아 잘 돌보고 다스릴 책임이 있다는 점이다. 하나님은 이 점을 수시로 이스라엘 백성들에게 상기시키신다(출 19:5; 레 25:23; 신 10:14; 욥 41:11; 시 8:6-8; 24:1; 눅 12:42; 고전 10:26).

청지기는 자연과 물질세계를 단지 인간의 무한한 욕망을 충족시키기 위한 수단으로 보지 않는다. 자연계를 '정복하고 다스리라'는 하나님의 일반적 명령(창 1:28-30)은 그 첫걸음인 에덴동산을 다스리며 지키라(창 2:15)는 명령에 비추어서 해석해야 그 진의가 잘 드러난다. 창세기 1장 28절의 '다스리다(라다)'는 '통치하다', '지배하다'라는 뜻을 갖고 있다. 창세기 2장 15절의 '다스리다(아바드)'는 뜻은 '일하다', '섬기다', '노동하다', '봉사하다', '경작하다'이다. '지키다(쇄마르)'는 '보호하다', '관찰하다', '책임지다' 등의 뜻을 지니고 있다. 그러므로 전체 문맥상 광폭한 군림이나 억압적 지배를 말하지 않는다. 이는 에덴동산을 다스리고 지키기 위한 아담의 첫 행위가 각종 들짐승과 새의 이름을 지어준 것이었다는 점에서도 잘 드러난다. 여기엔 동물들과 관계를 맺고자 하는 마음과 그들에 대한 존중의 의미가 담겨 있다. 하나님께서 맡기신 사명은 자연계에 대한 광폭한 정복자의 사명이 아니라 섬세한 청지기의 사명이다.

그런 점에서 서구사회가 경제적 진보를 절대화하여 과학기술과 산업을 발전시키면서 자연생태계를 파괴해온 것은 청지기 정신을 상실했다는 것을 방증한다. 그 책임은 성경과 기독교 자체에 있는 것이 아니라 청지기 사명을 저버리고 자신의 이익을 위해 자연 위에 군림하는 자세를 취한 그리스도인과 교회에 있다. 진정한 청지기는 자연을 존중하고 돌본다.[8] 경제활동을 하면서 자기 이익만을 추구하지 않고 하나님의 뜻에 따라 이웃과 공동체를 섬기는 삶을 살아간다.

경제활동의 목적

청지기로서의 정체성을 잘 유지하려면 경제활동의 목적을 바로잡아야 한다. 단순히 자신의 생계수단이나 성공을 위한 발판으로 삼아서는 안 된다.

첫째, 자아성취(전 2:24; 3:22)를 위해 경제활동을 해야 한다. 이는 하나님께서 인간을 창조하실 때 우리에게 주신 하나님의 형상의 일부라고 할 수 있다. 하나님은 만물을 섬세하게 그리고 단계적으로 창조하시고는, 창조의 열매를 보시고 기뻐하셨다. 그것이 바로 창조적이고 아름다운 자아성취의 모델이다. 경제활동이란 단순히 먹고살기 위한 것이어선 안 되고 자신 안에 있는 창조성, 가능성을 실현해나가는 기쁨이 있어야 하는 것이다.

둘째, 이웃을 섬기는 마음으로 경제활동을 해야 한다. 이를 루터가 잘 말해주고 있다.

> '내 물건을 될 수 있는 대로 비싸게 팔든지 아니면 기분 내키는 대로 팔아야겠다'는 생각을 해서는 안 된다. '정당하고 적절한 가격에 팔아야지'라고 생각해야 한다. … 판다는 것은 이웃을 위해서 하는 행위이기 때문에 이웃에게 해나 상처를 입혀서는 안 된다는 법과 양심에 의해 제약되어야 한다.[9]

그러므로 그리스도인은 경제활동을 할 때 이웃에게 피해를 끼치는 일이 없도록, 정직함을 견지해야 한다. 구약에서도 공평한 저울을 쓸 것을 명함으로 정직한 경제활동의 중요성을 강조했다(레 19:36; 잠 20:23; 겔 45:10; 암 8:5; 미 6:11). 우리 시대에 적용하자면, 이것은 탈세를 해서는 안 되며 불로소득을 꾀하지 말고, 뇌물을 사용하는 등의 불공정한 방법을 사용해서는 안 된다는 요구로 받아들일 수 있다. 만일 고용주라면 노사의 평등한 관계를 잘 유지하고(엡 6:9), 권력을 남용하지 않으며(골 4:1), 임금체불을 원칙적으로 방지해야 한다(약 5:4).

셋째, 하나님을 섬기는 마음으로 경제활동을 해야 한다. 전문적인 목회자만이 소명을 받은 자가 아니라 일반 직업을 가지고 활동하는 모든 이들 또한 거룩한 제사장의 직분을 수행하는 것이기 때문이다(벧전 2:9). 그러므로 모든 일을 할 때 하나님을 섬기듯 성실하게 감당해야 하며 게으름은 금물이다(엡 6:5-7; 살후 3:6-8; 딤전 5:8, 13). 존 스토트는 이와 관련해서 재미있는 이야기를 들려준다.

> 시골길을 걸어 내려가다가 많은 사람이 일하고 있는 채석장에 이르게 된 한 사람(기계화 시대 이전의)에 대한 이야기가 있다. 그는 몇 사람에게 무엇을 하고 있느냐고 물었다. 첫 번째 사람은 버럭 화를 내며 대답했다. "보면 모르시오? 돌을 쪼아내고 있소." 두 번째 사람은 쳐다보지도 않고 대답했다. "난 한 주일에 100파운드[16여만 원]를 벌고 있소." 하지만 세 번째 사람에게 똑같은 질문을 했을 때, 그는 멈춰서 들고 있던 정을 내려놓고는 똑바로 서서 가슴을 쭉 펴고 말했다. "내가 하는 일이 무엇인지 알고 싶다면 말해드리죠. 나는 지금 성당을 짓고 있답니다."[10]

이 이야기가 잘 보여주는 것처럼 진정한 경제활동의 행복은 자신의 활동의 궁극적 목적이 하나님을 섬기는 데 있다는 것을 발견하는 데 있다. 스토트는 충성스러운 경제활동의 성격을 다음과 같이 한마디로 잘 정리해준다.

> 일은 다른 사람을 섬기는 일에 에너지(육체적 혹은 정신적, 혹은 둘 다)를 소비하는 것이다. 그것은 일하는 사람에게는 성취를, 공동체에는 유익을, 하나님께는 영광을 가져온다.[11]

문제는 자본주의 사회는 이렇게 건강하고 의미 있는 경제활동을 웬만해선 허락하지 않는다는 데 있다. 그래서 곧 살펴보겠지만 그리스도인의 정의로운 경제적 실천은 정의로운 경제제도의 추구를 포함하지 않을 수 없게 된다.

성공을 어떻게 봐야 하나

앞서 설명한 청지기다운 경제활동을 수행하려면 성공에 대한 바른 관점을 확립해야 한다. 왜냐하면 적지 않은 그리스도인들이 성공과 관련하여 잘못된 승리주의적 관점을 선호하고 있기 때문이다.

승리주의는 앞서 3장에서도 다루었지만 보완 내지는 강조 차원에서 다시 한 번 살펴보고자 한다. 승리주의란 그리스도께서 약속하신 궁극적 승리를 왜곡한 정신과 삶의 방식이다. 즉, 그리스도께서 부활하심으로 말미암아 승리자가 되셔서 현실 세상을 이미 통치하고 계시기 때문에, 그의 제자들은 세상의 모든 영역을 정복할 수 있을 뿐 아니라 반드시 정복하여 그리스도가 왕이신 것을 보여주어야 한다고 주장한다. 따라서 그리스도인들은 사회의 각 영역에서 세속적 의미에서도 반드시 성공해야만 비로소 효과적으로 하나님나라를 펼쳐갈 수 있다고 확신한다. 이들은 세속적 성공을 그리스도인의 사명이요 본분이라고 생각한다.[12]

그러나 이는 왜곡이다. 물론 주님은 요셉, 모세, 다윗, 다니엘, 느헤미야, 그리고 바울같이 세상에서 반듯하게 성공한 사람을 통해서도 역사하신다. 그러나 주님은 기드온, 아모스, 예수님의 어머니 마리아, 베드로와 요한을 비롯해 평범하고 학문이 없는 열두 제자들, 두 렙돈이 생활비 전부인 과부, 극한 가난 속에서 풍성하게 연보한 마케도니아 성도들처럼 평범하거나 미천한 사람을 통해서도 얼마든지 위대하게 역사하신다. 예수님께서 광야의 시험에서 분명히 보여주신 것처럼 하나님나라는 경제적 풍요나 마법 그리고 정치권력으로 펼쳐지는 것이 아니기 때문이다. 사도행전의 역사가 증명해준 것처럼 하나님나라는 하나님의 말씀의 권능, 하나님에 대한 신뢰, 오직 하나님만 섬기는 순수한 신앙을 통해 뻗어나간다.[13]

부활하신 주님은 자신을 따르는 이들에게 성공을 보장하시거나 요구하지 않으신다. 주님은 본질적으로 세속적 지위가 아니라 사람의 신앙과 인품, 그리고 영적 은사를 사용하신다. 이를 놓치면 그리스도인들은 성공에 집착하게 되고 성공에 집착하면 기존 질서를 하나님나라의 관점에서 변혁시켜나가라는 주님의 급진적 명령에 순종할 수 없게 된다. 성공의 사다리를 타고 올라가는 과정에서 자신도 모르는 사이에 기존질서에 포획되어버리기 때문이다.

진정한 성공은 세속적 차원에서 어떤 자리에 있든지 예수 그리스도를 믿어 모든 영역에서 그의 성품과 삶을 닮아가는 데 있다. 주요 특징은 사랑에서 우러나오는 부지런함(골 3:23-24)과 충실함(고전 4:2)이다.[14] 그러므로 모든 그리스도인들이 선한 사회적 영향력을 행사하기 위해 반드시 사회경제적 성공을 추구해야 할 책임이나 의무는 없다. 그리고 높은 자리에서 크고 선한 영향력을 행사했다고 해서, 낮은 자리에서 작지만 위대한 사랑을 보여주는 사람보다 더 믿음이 좋거나 탁월한 사람도 아니다. 《믿음은 행동이 증명한다》라는 책으로 잘 알려진 미국의 셰인 클레어본이 초대교회 공동체를 꿈꾸며 5명의 동료들과 함께 세운 심플웨이 공동체의 현관 위에는 다음과 같은 매우 뜻깊은 문구가 걸려 있다. "오늘 위대한 사랑으로 작은 일을 행하지 않았다면 손님을 맞지 말라."[15]

우리는 사도 바울의 놀라운 선포에 귀를 기울여야 한다.

> 유대 사람은 기적을 요구하고, 그리스 사람은 지혜를 찾으나, 우리는 십자가에 달리신 그리스도를 전합니다. 그리스도가 십자가에 달리셨다는 것은 유대 사람에게는 거리낌이고, 이방 사람에게는 어리석은 일입니다. 그러나 부르심을 받은 사람에게는, 유대 사람에게나 그리스 사람에게나, 이 그리스도는 하나님의 능력이요, 하나님의 지혜입니다. 하나님의 어리석음이 사람의 지혜보다 더 지혜롭고, 하나님의 약함이 사람의 강함보다 더 강합니다(고전 1:22-25).

바울은 당대의 시대적 흐름을 간파하고 있었다. 유대인이든 그리스인이든 세상을 구원하려면 강함이 필요하다고 믿었다. 유대인은 놀라운 일을 해낼 수 있는 초월적 능력, 그리스인은 사람들을 압도할 수 있는 철학적 성찰의 능력을 흠모했다. 그러나 바울은 세상을 구원하는 것은 강함이 아니라 약함이라고 선언한다. 그 선언이 유대인들에게는 걸려 넘어지게 만드는 것이요 그리스인들에겐 웃음거리라는 것을 잘 알았다. 그러나 조금도 흔들림 없이 약함이 인류와 세상을 구원한다고 선언한다. 그 약함은 십자가에 처형당한 그리스도를 의미한다. 그는 하나님의 약함이 사람의 강함보다 더 강하다는 것을 굳게 믿었다.

십자가에 못 박히신 예수가 진정으로 세상을 구원하는 그리스도가 될 수 있는 이유는 세 가지로 들 수 있다. 첫째, 그는 위대한 스승으로 아름다운 희생의 모범이 되셨기 때문이다. 둘째, 피를 흘려 죄인을 용서하시고 새사람을 만들어주셨기 때문이다. 여기까지는 우리가 모두 동의하는 바다. 그러나 본문의 맥락을 볼 때, 바울이 더 강조하고 싶었던 것은 세 번째 이유다. 즉, 세상을 구원하는 것은 강함이 아니라 약함이기 때문이다. 예수님은 죽으심의 약함으로 강함 속에 내포되어 있는 죄와 죽음의 권세에 맞서 저항하셨고 마침내 무력화시킨 것이다.[16]

최근 《은혜로운 기독교》라는 책을 읽고 은혜 받은 대목이 있다.

> 동방정교신학의 어떤 부류에선 하나님께서 세상을 창조하시기 위해 자발적으로 뒤로 물러나셨다고 제안한다. 이는 세상

이 존재할 공간을 마련하기 위함이었다고 말이다. 이는 마치 이미 제법 많은 사람들이 탄 엘리베이터에서 다른 사람이 더 탈 수 있도록 뒤로 물러서는 것과 흡사하다.[17]

하나님은 바로 그런 분이시다. 예수님은 우리가 숨 쉬고 살 수 있는 공간을 마련하시기 위해 죽음으로 자리를 비우셨다. 그래서 우리는 십자가에 돌아가신 예수님을 바라볼 때마다 놀라운 평안과 안식과 자유를 얻게 된다. 우리 자신이 있는 모습 그대로 용납되는 놀라운 기쁨을 맛보게 된다. 거기에 위대한 하나님의 능력이 있다.

하나님의 약함을 생각할 때마다 생각나는 나의 경험이 있다. 나의 대학 시절 그러니까 지금부터 약 40년 전의 채플시간 이야기다. 고 김수환 추기경이 강사였다. 그는 바다를 항해하던 배 한 척에 대한 이야기를 해주었다. 풍랑을 만나 파선된 배에서 딱 두 사람이 살아남았다. 한 사람은 조지 버나드 쇼라는 영국의 위대한 극작가고 한 사람은 무명의 정신지체 장애인이다. 그리고 나뭇조각이 하나 있었는데 한 사람만 붙들고 떠 있을 수 있을 만큼 작았다. 김수환 추기경은 말을 멈추고 청중을 향해 물었다. "여러분은 이 두 사람 중 누가 살아남아야 한다고 생각합니까?" 잠시 후 한 학생이 대답했다. "조지 버나드 쇼입니다!" 추기경은 잠깐 생각하는 듯하더니 다시 청중에게 물었다. "여러분도 그렇게 생각하나요?" 그러자 많은 학생들이 "예" 하고 대답했다. 그런데 그 순간 어느 여학생 하나가 손을 들더니 당돌하게 말했다. "저는 그렇게 생각하지 않는데요.” 추기경은 흥미롭다는 듯이 물었다. “왜 그렇게 생각하지요?” 학생은 이렇게 대답했다. “조지 버나드 쇼가 살아남아서 인류에 영향을 미치는 것보다는 그 정신지체자를 위해 죽음으로써 미칠 영향력이 더 클 거라고 생각합니다.” 장내가 일순간 조용해졌다. 나는 그 순간의 감동을 지금도 잊을 수가 없다. 내 인생의 좌표가 된 사건이다.

물론 이런 이야기에도 오해의 소지는 있다. 일단 강해져야 약해질 수도 있는 것 아니냐고 반문할 수도 있겠다. 그러나 요점은 그게 아니다. 만일 그랬더라면 예수님은 처음부터 갈릴리에서 제자들을 택하지는 않으셨을 것이다. 베드로에게 무슨 강함이 있는가? 그의 인간적인 약함에 하나님의 약함이 더해졌을 때 그는 세상의 강함을 이기고도 남았다. 진정한 성공은 세상적인 강함이나 약함과 관계가 없다. 진정한 성공의 핵심은 하나님의 약함을 아는 데 있다.

하지만 주님의 부르심을 받아 특정한 사회경제적 지위를 얻기 위해 노력할 수도 있다. 이때 자신의 탐욕을 주님의 부르심이나 거룩한 비전으로 둔갑시키지 않기 위해 자신을 잘 성찰하고 점검해야 한다. 스스로에게 다음과 같이 물어야 한다. 첫째, 하나님나라는 근본적으로 부와 권력으로 유지되거나 확장되는 것이 아니라는 관점이 확고한가. 즉, 하나님은 가난한 사람, 실패한 사람도 하나님나라의 역군이요 주인공으로 사용하실 수 있다는 것을 믿는가. 둘째, 성공에 이르는 사다리를 제공하는 자본주의 사회가 정의롭지 못하다는 인식을 갖고 있는가. 셋째, 성공에 이르는 과정에서 심각한 양심의 고통을 겪을 때, 기꺼이 실패의 길을 택할 용기가 있는가. 넷째, 성공한 후에, 성공에 이르는 과정에서 개인적으로 아무리 깨끗했더라도 구조적으로 깨끗하지 못하고 불완전한 점이 있었다는 것을 겸허히 인정할 수 있는가. 다섯째, 성공했더라도 자신의 사명과 위치에 걸맞은 기본적 필요로 만족하는 소박한 삶을 살면서 나눌 수 있는가. 마지막으로 자신의 부와 자리를 걸고 좀 더 정의로운 체제를 추구할 수 있는가. 이 질문들에 긍정적으로 대답할 수 있을 때 비로소 비전이 탐욕의 산물이 아니라 하나님의 부르심의 결과임을 알 수 있을 것이다.

나눔

충성스럽게 경제활동을 하다 보면 소득이 생기기 마련이다. 정의로운 경제실천의 두 번째 단계는 이 소득으로 가난한 이들과 함께 나누는 삶을 사는 것이다. 성경을 보면 이러한 나눔에 대한 이야기로 가득하다. 앞서 살펴본 마리아의 찬가에서도 잘 나타난 것처럼 예수님이 이 땅에 오신 중요한 목적 중 하나는 주리는 자를 좋은 것으로 배불리시는 것이다(눅 1:53). 예수님은 배고픈 무리를 종종 풍성하게 먹이시는 공생애 사역을 통해 이를 충분히 입증하셨다. 그리고 그것이 바로 정의로운 삶이라는 사실을 매우 심각한 최후심판의 예를 들어가면서 강조하셨다(마 25:31-46). 지극히 작은 자, 즉 주리고, 목마르고, 나그네 되고, 헐벗고, 병들고, 옥에 갇힌 자를 돌보는 자가 바로 예수님을 돌본 자로서 영원한 생명을 얻게 될 의인이요, 이들을 돌아보지 않는 자는 예수님을 돌아보지 않는 자로서 영벌을 받을 불의한 자라는 것이다. 이는 다시 강조하지만 행위구원을 말하는 것이 아니고, 무엇이 구원받을 만한 살아 있는 믿음인가를 분별할 수 있도록 객관적인 기준을 제시해주고 있는 것이다.

예루살렘 초대교회 성도들은 이 예수님의 마음과 교훈을 잘 받들었다. 자기 소유를 자기 것이라고 주장하는 이들이 한 사람도 없었다. 가난한 사람의 필요가 생기면 즉각적으로 그리고 자발적으로 재산을 팔아 그들의 필요를 채워주었다. 그래서 그들 가운데는 가난한 사람들이 없었고 이를 바라보면서 많은 사람들이 감동을 받고 예수님을 믿게 되었다(행 2:44–45, 47; 4:32, 34–37). 바울도 가난한 사람들을 위해 헌금을 드리는 것이 바로 예수님의 은혜에 동참하는 것이요 그것이 바로 정의로운 삶이라는 것을 강조하였다(갈 2:10; 고후 8:3, 14; 9:9). 그러므로 그리스도인은 자신을 위해선 최대한 검소한 삶을 살고 다른 사람을 위해 될 수 있는 한 많은 것을 나누는 삶을 살아야 한다.

이런 삶을 진정성 있게 살려면 넘어야 할 장벽들이 있다. 하나는 자본주의가 금과옥조로 여기는 사유재산권 개념이다. 다른 하나는 앞에서 논의한 바와 같이 자기 몫의 부를 정당화하기 위한 나눔이다.

자본주의 사회 정신에 익숙한 사람들은 나눔을 강조하면 사유재산권에 대한 침해라고 반발하는 경우가 많다. 특히 국가의 사회복지 차원에서 나눔을 확대하고자 할 때 반발은 더 거세진다. 그리스도인들도 거기에 동조하는 경우가 적지 않다. 이는 사유재산권에 대한 성경의 가르침을 외면하는 데서 생기는 현상이다. 크리스토퍼 라이트는 청지기 사상의 관점에서 사유재산권을 재조명해준다.

> 구약에 근거해서 살펴보면 개인 소유의 재산 자체가 신성하다고 말할 수 없다. 신성한 것은 오직 하나님을 향한, 그리고 인간을 향한 관계이다. 재산이란 바로 이 관계에 따라 기능하는 것이고 또 그 관계가 어떤 관계인지를 보여줄 뿐이다.[18]

청지기가 기억해야 할 것은 사유재산의 신성함이 아니라 자신과 하나님의 관계, 그리고 자신과 이웃의 관계의 신성함이다. 그러므로 청지기 사상은 우리가 그동안 신성시해왔던 사유재산권 개념을 상대화함으로써 새로운 빛을 던져준다.

우리는 흔히 '도적질하지 말라'는 제8계명을 자본주의 사회가 강력히 보호하는 사유재산권을 정당화해주는 계명으로 이해하는 경우가 많다. 즉, 자유시장경제하에서 합법적으로 획득한 재산이라면 얼마든지 축적하고 일부 상속세를 제외하고 자녀에게 물려줄 수 있는 배타적 권리가 있으므로, 그걸 침해하는 것이 도적질이라는 것이다.

그러나 도적질하지 말라는 명령 자체는 구체적 내용이 담겨 있지 않은 형식적인 규범이다. 중미의 경제학자이며 신학자인 프란츠 힌켈라메르트가 잘 밝힌 것처럼 특정 사회에서 무엇이 과연 도적질로 규정되는가는 그 사회가 인간의 삶과 권리, 그리고 사회에 대하여 어떤 이상과 비전을 가지고 있는가에 따라 달라지기 때문이다.[19] 하나님은 청지기 사상을 잘 반영하는 이스라엘 사회의 모습, 그리고 그 구성원의 건강한 삶과 권리에 대한 이상과 비전을 다양한 법규에 담아내셨다. 가장 중요한 원칙은 앞서 언급한 바와 같이 가난한 자들의 권리를 다양하게 보호하는 정의실현이다(렘 5:28–29).

첫째, 임금체불 금지(레 19:13; 신 24:14, 15) 둘째, 금융과 관련해서 가난한 자에 대한 무이자 대여(출 22:25; 레 25:35–37; 신 15:7–11; 23:19), 전당 잡은 옷을 해 지기 전에 돌려주어 침구로 사용토록 하기(출 22:26, 27), 7년 단위의 빚 탕감(신 15:1–3) 등을 담고 있다. 셋째, 음식과 관련해서는 매해 가난한 사람을 위해 곡물과 포도의 일부 남겨두기(레 19:9, 10; 23:22; 신 24:19–22), 3년마다 레위인과 사회적 약자의 음식 장만을 위해 십일조 드리기를 명한다. 또한 7년마다 돌아오는 개인적 휴경의 해(출 23:11)엔 땅에서 나는 것들을 가난한 사람들과 짐승들의 몫으로 내어주어야 한다. 넷째, 노예생활 6년 후에는 후한 독립자금과 함께 자유를 줄 것을 명하고(출 21:1–6; 신 15:12–18), 마지막으로, 매 50년마다 원래의 땅을 되찾는 희년을 선포할 것을 규정하고 있다(레 25:10). 여기서도 가장 두드러지는 것은 희년에 토지를 돌려받을 권리와 매 7년마다 빚을 탕감받고 종에서 자유인으로 돌아갈 수 있는 권리라고 볼 수 있다.[20] 이것을 종합하면 모든 인간은 자신의 삶을 실현하는 데 필요한 기본적인 재화, 즉 땅과 일정한 소득을 향유할 권리가 있으며 사회는 이를 보장해주어야 할 책임이 있다는 것이다.

이렇게 볼 때, 로욜라 대학교의 구약학 교수인 로버트 누즈도 잘 지적한 것처럼, 성경은 사적 소유권의 절대성이나 부를 무한대로 축적할 수 있는 배타적 권리를 보장하는 것이 아니라 각 개인에게 공동체의 일원으로 살아가는 데 필요한 물질에 대한 권리를 보호하고 있다.[21] 즉, 누구든지 기본적인 필요를 충족시킬 권리가 있다는 포용적인 개념이다. 이러한 하나님의 마음이 신명기 10장 16-20절에 잘 표현되어 있다.

> 너희의 하나님 여호와는 … 고아와 과부를 위하여 정의를 행하시며 나그네를 사랑하여 그에게 떡과 옷을 주시나니 너희는 나그네를 사랑하라 전에 너희도 애굽 땅에서 나그네 되었음이니라. 네 하나님 여호와를 경외하여 그를 섬기며 그에게 의지하고 그의 이름으로 맹세하라(신 10:17-20, 개역개정).

그러므로 개인의 사유재산권 보호도 이러한 기본적인 전제하에서 이해되어야 한다. 이제 요점을 명확히 하기 위해 한 가지 질문을 던지고 싶다. 위의 법들에 의해 유지되는 이스라엘 사회에서 희년이 왔다. 그런데 어떤 부자가 가만히 생각해보니 자신이 땀 흘려 노력한 결과로 확보한 땅을 원주인에게 돌려주는 것이 억울하게 느껴졌다. 그래서 안 돌려주었다. 그러면 '도적질하지 말라'는 제8계명을 어긴 것일까 아닐까? 분명히 어긴 것이다.

그러므로 우리는 가난한 사람과 나눌 때, 내 것을 다른 사람에게 베푼다고 생각해선 안 된다. 오히려 가난한 사람이 마땅히 누릴 권리가 있는 것을 돌려주는 것이라고 생각해야 한다. 이렇게 말하면 당장 나오는 게 도덕적 해이에 대한 우려다. 가난한 사람이 가난한 것은 자신이 뭔가 경제활동을 잘못했거나 무능했기 때문 아닌가 하고 반문한다. 물론 그런 경우도 있을 것이다. 그러나 하나님은 인간의 사회적 현실을 잘 아신다. 빈부격차의 주요인은 개인적 요인보다는 구조적 요인이 훨씬 크다는 것을 알고 계신다. 게다가 가난한 사람의 인격을 존중하신다. 소위 도움을 받을 자격이 있는 가난한 사람과 도움 받을 자격이 없는 가난한 사람을 구별하려다 보면 가난한 사람들의 존엄성에 깊은 상처를 줄 수 있다. 하나님은 수학적 정의를 기계적으로 실현하시는 것보다 가난한 사람의 인격을 더 중요하게 여기신다. 도덕적 해이의 문제는 인격적 설득과 영적 감화를 통해서 해결해가길 원하신다.

넉넉한 내 몫에 집착하지 않는 나눔

앞서 여러 번 강조했지만 나눔이라고 다 아름답고 건강한 나눔이 아니다. 나눔은 교묘하게 내 몫으로 누리는 부를 정당화하기 위한 수단으로 전락할 수 있다. 3장에서 다룬 것처럼 이런 함정에 빠지기 쉬운 관점이 바로 깨끗한 부자론이다. 이와 관련해 진정한 나눔에 대한 김규항의 관점에 주목할 필요가 있다.

> 진정한 나눔은 적선이나 자선이 아니라 적선과 자선이 없는 세상을 만드는 일이다. 나눔은 '불쌍한 사람'과 그 불쌍한 사람을 돕는 '훌륭한 사람'으로 역할을 나누어 벌이는 우스꽝스러운 쇼가 아니라, 누구든지 제 능력과 개성에 맞추어 정직하게 일하는 것만으로 사람으로서 최소한의 품위와 자존심을 유지하며 살아가는 사회를 만들어가는 노력이다.[22]

깨끗한 부자란 말하자면 '불쌍한 사람'과 '훌륭한 사람'이 출연하는 드라마에서 언제나 '훌륭한 사람'의 배역을 맡아 주인공 노릇하는 사람이라 할 수 있다. 인간의 욕망을 자극하기에 충분히 매력적인 존재다. 그러나 하나님의 관점에서 찬찬히 들여다보면 그는 우스꽝스러운 쇼에서 우스꽝스러운 주인공 역할을 하는 불쌍한 사람이다. 그러므로 다시 강조하지만 소득의 일정한 부분, 예컨대 21.5퍼센트를 이웃 몫으로 떼어놓는 것을 이상적인 목표나 기준으로 설정해선 안 된다. 진정한 나눔, 즉 복음적 가난으로 나아가기 위한 일종의 징검다리로 간주해야 한다.

진정한 나눔의 목표는 자신에게 주어진 소명을 감당하는 데 꼭 필요한 것만 남겨놓고 나머지는 다 나누는 것이다. 우리는 예수님의 다음 말씀을 잘 새겨들어야 한다.

> 너희는 먼저 하나님의 나라와 하나님의 의를 구하여라. 그리

하면 이 모든 것을 너희에게 더하여 주실 것이다(마 6:33).

이 말씀의 문맥을 보면(마 6:25-32) '이 모든 것'이란 매일 먹고 마시고 입는 것뿐이다. 심지어 여기엔 '자는 곳'조차도 포함되어 있지 않다. 혹시 예수님 자신이 '머리 둘 곳도 없이' 사셔서 그런가, 하는 생각이 스쳐지나갈 정도다(눅 9:58). 물론 본문을 너무 문자적으로 해석하는 것은 위험하지만 '이 모든 것'이 최소한의 기본적 필요이지 넘치는 풍요가 아니란 것만큼은 분명하다. 우리는 우리 자신을 위해 예수님이 약속하신 것으로 만족하는 법을 배워야 한다.

물론 '이 모든 것', 즉 기본적 필요에 대하여서 지나치게 율법적이어선 안 된다. 사람의 형편과 처지, 소명에 따라 기본적 필요의 경제적 수준이 다를 수 있기 때문이다. 수년 전 대전의 한 대학교 신학과 박사과정 학생들에게 기독교 경제윤리를 가르친 적이 있었다. 그중 한 학생이 수업이 끝나면 자기 자동차로 기차역까지 태워주었다. 그는 좀 더 젊은 시절에 막노동도 많이 하고 노동운동 현장에서도 열심히 뛰었던 괜찮은 사람이다. 그런데 함께 차를 타고 기차역으로 가던 어느 날 그가 어렵게 말을 꺼냈다. "교수님, 죄송합니다. 제가 너무 좋은 자동차를 타고 다녀서요." 내 기억으로 하얀색 신형 SM5였다. 당황스러웠다. "아니, 왜요?" 하고 물었더니 자기가 그 차를 타고 다니게 된 배경을 설명하는 것이었다.

제가 영어 학원을 운영하는 원장이잖아요. 부모들이 자기 아이들을 위해 학원을 선택할 때, 원장이 어떻게 사는가 보더라고요. 원장이 성공한 사람처럼 보이면 신뢰를 하는 거예요. 그래서 할 수 없이 이 차를 타고 다닙니다.

마음이 짠했다. 그렇게 고민하는 그의 모습이 사랑스러웠다. 그래서 "아닙니다. 잘했어요. SM5는 원장께 기본적 필요에 해당하는 것 같아요" 하고 위로와 격려의 말을 건넸다.

기본적 필요로 만족하며 사는 삶이 말처럼 쉬운 것은 아니다. 방금 언급한 경우처럼 지나치게 예민해져서 정서적으로 힘들 때도 있고, 때론 욕망을 필요로 착각할 위험성도 상존한다.[23] 그리고 은연중 다른 사람과 비교하는 습관이 생길 수도 있다. '저 사람도 나처럼 복음적 가난을 이야기하는 사람인데 왜 저렇게 잘 살지? 괜히 나 혼자 손해 보는 건 아닌가?' 피해의식이 들기도 한다. 그에 대한 정죄의식도 생긴다. 그래서 건강하게 복음적 가난을 즐기며 살려면 풍성한 영성이 필요하다. 매일 주님의 얼굴을 보는 기쁨이 넘쳐야 한다. 쓸데없이 다른 사람과 비교하지 않고 오직 주님과 나 사이의 아름다운 비밀을 간직하고 사는 믿음의 신비가 있어야 한다. 다른 사람에겐 복음적 가난의 정신만 알려줄 뿐, 그 구체적 적용은 그와 주님을 신뢰하고 맡겨야 한다. 문제가 있다 싶으면 하나님께 대신 기도해줄 일이다. 혹 주님께서 그 사람에게 가서 진실한 사랑으로 권면하라고 내게 말씀하시는 것이 분명해지면 겸허하게 순종할 일이다.

그런데 아직도 깨끗한 부와 복음적 가난 사이에 어떤 것을 선택해야 할지 어려움을 느낀다면 한번 질문을 던져보자. 둘 중 어느 것이 예수님의 마음을 더 기쁘게 할까? 예수님은 가난한 자를 정말 깊이 사랑하신다. 그렇다면 이 질문에 대한 대답은 둘 중 어느 것이 가난한 자를 위한 것인가를 생각하면 쉽게 나온다. 사실 깨끗한 부자가 되는 것도 쉬운 일은 아니다. 하지만 한번 결심하고 나면 부자가 될수록 유리한 게 깨끗한 부자의 삶이다. 그러나 깨끗한 부자의 삶은 현재 가난한 사람에겐 불가능한 것이다. 34.5퍼센트를 떼고 나면 생존 자체가 불가능할 수도 있기 때문이다. 복음적 가난은 어떤가? 가난한 사람들에겐 위로다. 일단 자기 필요를 우선적으로 채울 수 있기 때문이다. 그러나 부자에겐 심히 부담스러운 것이다. 아무리 돈이 많아도 넉넉히 누리는 삶을 살 수 없기 때문이다. 예수님은 복음적 가난을 더 좋아하실 것이 분명하다.

친밀한 신앙공동체의 중요성

나눔의 삶을 살아가는 데 친밀한 신앙공동체는 결정적으로 중요하다. 두 가지 면에서 그렇다. 하나는 기본적 필요로 만족하며 살아가고자 하는 사람에겐 신앙공동체가 현실적으로 절실하게 필요하기 때문이다. 왜냐하면 그런 사람은 자본주의 사회에서 외계인 취급받을 가능성이 매우 높기 때문이다. 정서적으로 무척 힘들 수 있고 자본주의 사회에서 낙오자가 될 가능성도 없지 않다. 신앙공동체란 바로 그렇게 용감하게 십자가의 길을 걸어가는 사람들의 쉼터요, 안식처요, 때론 생활터전이 되어야 한다.

둘째로, 나아가 그리스도인들이 나눔 정신을 반영하는 사회구조를 만들어가기 원한다면 교회가 먼저 모델을 만들어 보여줄 필요가 있기 때문이다. 세상이 그리스도인들을 향해 "당신들이나 잘하세요" 하면 이야기는 끝난 것이다. 교회가 먼저 친밀한 나눔의 공동체를 만들어 보여줄 때 그리스도인은 세속사회에서 건강한 권위를 가질 수 있다. 예루살렘 초대교회가 바로 이 두 가지 역할을 잘 감당한 친밀한 신앙공동체였다. 부디 한국 교회가 개교회성장주의의 유혹에서 벗어나 친밀한 신앙공동체를 만들어가는 데 힘을 다할 수 있게 되길 진심으로 기도한다.

이제 한 걸음 더 나아가 그리스도인은 세상 속으로 스며들어 보다 정의로운 경제제도를 추구하는 실천을 해야 한다.

정의로운 제도 만들기

나눔의 삶이 사회봉사social service라면 보다 정의로운 대안경제체제를 추구하는 일은 사회운동social action이라고 볼 수 있다. 전자가 인격적인 관계를 바탕으로 한 활동이라면 후자는 사회제도와 구조의 변화를 도모하는 정치적인 운동이다. 이 둘이 병행되어야 함을 선지자들은 늘 강조했다. 예컨대 이사야는 이렇게 말한다.

내가 기뻐하는 금식은 흉악의 결박을 풀어주며 멍에의 줄을 끌러주며 압제당하는 자를 자유하게 하며 모든 멍에를 꺾는 것이 아니겠느냐. 또 주린 자에게 네 양식을 나누어주며 유리하는 빈민을 집에 들이며 헐벗은 자를 보면 입히며 또 네 골육을 피하여 스스로 숨지 아니하는 것이 아니겠느냐(사 58:6-7, 개역개정).

흉악의 결박을 풀어주며, 멍에의 줄을 끌러주며 압제당하는 자를 자유롭게 하며 모든 멍에를 꺾는 것은 사회운동, 즉 정치적 행동을 의미한다. 반면에 주린 자에게 양식을 나누어주며 유리하는 빈민, 즉 노숙자를 집으로 초청하며 헐벗은 자에게 옷을 주는 활동은 사회봉사에 해당한다.

사회운동을 해야 하는 이유는 첫째, 사회봉사로만 가난한 사람들을 돕는 데는 한계가 있기 때문이다. 예컨대 부익부빈익빈을 강화시키는 제도와 구조는 가만 놔둔 채 가난한 사람에게 구제의 손길을 뻗친다면 그것은 구멍 뚫린 항아리에 물을 붓는 것과 흡사하다. 제도와 구조를 정의롭게 바꾸어나갈 때 비로소 우리는 효과적으로 가난한 이웃을 섬길 수 있는 것이다. 둘째, 사회운동을 통해 경제제도가 정의로워질수록 부의 창출과 축적은 비록 완전할 수는 없겠지만 상대적 차원에서 그만큼 더 도덕적 정당성을 획득할 수 있기 때문이다.

강박관념에서 벗어나라

대안경제체제를 추구해야 할 당위성을 생각할 때 그리스도인이 극복해야 할 논리가 있다. 그것은 마치 자본주의 경제체제를 하나님이 부여하신 제도인 것처럼 용인하는 것이다. 이러한 경향성은 1장에서 간략하게 살펴본 것처럼 자본주의 국가인 미국의 도움을 받아 사회주의 국가인 북한과 전쟁을 치렀다는 역사적 사실에 그 뿌리를 두고 있다. 한국 그리스도인은 과거의 트라우마를 치료받고 자본주의에 대하여 좀 더 냉정한 시각을 가질 필요가 있다.

자본주의 정신과 개신교 윤리에 관한 베버의 명제에 대해서도 세밀하게 분석할 필요가 있다. 그는 결코 자본주의 정신은 '종교개혁의 어떤 영향의 결과가 아니면 형성될 수 없었다거나, 경제체제로서의 자본주의는 종교개혁이 창조해냈다는 식의 어리석고 공론적인 명제'를 주장하려 하지 않았다. 다만 개신교(사실은 17세기 영국 청교도) 윤리가 자본주의의 발전을 위해 필요했던 정신이 형성되고 확산되는 데 일정한 역할을 한 것을 입증하려고 했을 뿐이다.[24]

이제 그리스도인은 자본주의를 반대하는 것은 곧 반기독교적이라는 오래된 강박관념에서 과감히 벗어나야 한다. 자본주의는 역사적 발전 과정에서 인간 스스로 만들어낸 제도에 불과하다. 그러므로 그리스도인은 사회과학적 분석도구를 통해 자본주의 성격을 바르게 이해하고 하나님나라의 관점에서 평가하는 역량을 키워나가야 한다.

1장에서 설명한 것처럼 총체적 효율성의 면에서 자본주의는 막강한 힘을 갖고 있다. 그러나 문제는 마르크스 경제학이나 진보적 경제학이 잘 보여준 것처럼 총체적 부가 축적되는 과정 자체가 정의롭지 못한 부분이 많을 뿐 아니라 그렇게 축적된 부마저 스스로 공평하게 분배되지 않는다는 데 있다. 그러므로 그리스도인은 자본주의를 극복하기 위해 보다 정의로운 대안경제체제를 모색할 필요가 있다.

그러나 대안경제체제를 구상하는 것은 실로 방대하고 어려운 과제이다. 자본주의 체제를 그렇게 섬세하게 분석한 마르크스도 새로운 체제에 대하여는 중요한 방향 제시만 했을 뿐이다. 중세 봉건사회에서 자본주의 사회가 탄생할 때도 그러했듯이 새로운 대안체제는 세밀하고 완벽한 청사진이 먼저 나오고 그에 따라 차근차근 세워져가는 것이 아니다. 새로운 시도가 강한 저항에도 불구하고 여기저기서 꿈틀대다가 어느 날 그것이 신비롭게 하나의 거대한 흐름으로 분출될 때 비로소 그 모습을 구체적으로 드러내게 된다. 자본주의를 대체하는 대안경제체제도 그런 과정을 통해서 실현되어갈 것이다. 그렇다 쳐도 대안경제체제의 세밀한 청사진이 아닌 대략적 얼개를 만드는 일조차도 간단한 과제가 아니다. 그러므로 여기서는 그야말로 얼개의 희미한 밑그림을 아주 간략하게 그려보는 정도로 만족하고자 한다.

밑그림을 아무리 간략하게 그려본다 할지라도 몇 가지 유의할 점이 있다. 첫째, 매우 훌륭한 대안경제체제라도 그것이 타락한 현실 세상을 전제로 한 것이기에 하나님나라의 정신과 가치를 완벽하게 담아낼 수 없다는 점을 인식해야 한다. 그러나 그렇다고 해서 그리스도인의 입장에서는 모든 체제가 부족한 건 마찬가지니 중립적 태도를 취하겠다는 것도 책임 있는 행동은 아니다. 왜냐하면 체제 간에 상대적 차이가 있는 경우 책임 있는 그리스도인이라면 그중 하나님나라의 정신과 가치에 조금이라도 더 근접한 것을 지지해야 하기 때문이다.

그리고 신실한 그리스도인들이 서로 다른 대안경제체제를 제시할 때 그 차이가 가치판단이나 이념의 차이에서가 아니라 실현 가능성에 대한 현실적 판단의 차이에서 비롯된 것이라면 상호 존중하고 협력해야 한다. 그 차이 때문에 서로의 신앙적 정체성에 의혹을 제기하거나 비판하는 것은 적절치 않다. 아르헨티나의 혁명가였던 체 게바라의 짤막한 말 한마디를 마음에 새겨두면 좋을 것이다. "우리 모두 리얼리스트(현실주의자)가 되자. 그러나 가슴속에 불가능한 꿈을 가지자."

그리스도인들은 불가능한 꿈을 꾸는 데서는 하나가 되어야 한다고 믿는다. 그 꿈은 궁극적으로 하나님나라의 온전한 실현에 대한 꿈이기 때문이다. 그러나 리얼리스트가 되고자 할 때 서로 판단과 견해에서 차이가 있을 수 있다. 사회 현실에 대한 진단, 그리고 대중들의 정치적 의식과 의지에 대한 현실적 판단이 다를 수 있기 때문이다. 그렇게 다를 때 서로를 필요로 한다는 점을 잊지 않았으면 좋겠다. 조금 더 급진적으로 치고 나가는 사람이 있어야 조금 더 보수적인 사람도 대중적 설득력을 가질 수 있고 지나치게 뒤로 물러서지 않을 수 있다. 급진적인 사람의 경우에도 자신의 입장이 관철되지 않을지라도 지나치게 절망하지 않을 수 있다.

인류 역사상 사회과학적 관점에서 제시된 가장 멋진 유토피아는 마르크스의 사회주의와 공산주의를 들 수 있을 것이다. 사회주의 사회는 노동의 열매를 자본에 착취당하지 않고 자신이 누리는 사회이다. 공산주의 사회는 한 걸음 더 나아가 능력에 따라 일하고 필요에 따라 누리는 사회이다. 후자는 그야말로 꿈같은 세상이다. 아마도 이는 새 하늘 새 땅에서나 이룩될 수 있을 것이다.

오늘날 사회주의를 여전히 역사적으로 실현가능한 체제로 보는 이들은 민주적 참여계획경제를 꿈꾼다.[25] 이들은 구소련과 동유럽의 체제를 진정한 사회주의로 보지 않고 일종의 국가자본주의로 간주한다. 그들의 몰락은 특정한 종류의 계획경제, 소위 '관리명령체제'의 실패이지 마르크스적 의미의 사회주의나 계획경제의 실패가 아니라고 본다. 이들은 마르크스가 자본주의 시장경제를 지양하기 위해 대안으로 제시한 사회주의 경제는 '아래로부터의 사회주의'로서 '노동자의 자기해방'과 '자유로운 생산자들의 연합'에 기초한 민주적 참여계획경제라고 이해하기 때문이다. 민주적 참여계획경제란 인간의 경제활동, 즉 생산, 분배, 소비의 과정이 시장이나 국가에 의해 외적으로 강제되지 않고 인간 자신의 자율적 의지에 의해 조율되는 경제를 의미한다. 이런 경제하에선 자본주의 시장경제와는 정반대로 인간이 생산과정을 지배한다.

물론 민주적 참여계획경제에도 다양한 모델들이 있다. 그럼에도 그들이 공통적으로 추구하는 바를 대략 두 가지로 요약할 수 있다. 첫째, 자본의 사적 소유와 시장 메커니즘을 결정적으로 소멸시키고 온 국민이 민주적 방식을 통해 가격을 결정하고 생산과 소비의 균형을 맞춘다. 노동자들의 자주관리와 시장 메커니즘은 장기적으로 공존할 수 없다고 보기 때문이다.

이들은 21세기의 의회민주주의, 즉 대의민주주의는 일종의 귀족정 또는 과두제라고 평가한다. 이들에게 민주주의란 '노동빈민*proles*'과 동의어인 '민중*demos*'의 자율적 통치를 가리키는 고대 용어다. 진정한 민주주의의 특징은 직접민주주의의 확대와 추첨제의 도입에 있다. 민중은 추첨으로 선출된 공직자로 구성된 평의회에 정부의 일상적 업무를 위임한다. 이 평의회에는 입법권이 없으며 오직 민중들에 의해 결정된 정책을 집행할 뿐이다. 이들은 정보통신과 인터넷 기술의 발전으로 이러한 민주주의의 실행이 가능하다고 본다.

각 재화의 가격 결정과 생산과 소비의 균형을 맞추는 민주적 방식은 모델에 따라 조금씩 다르다. 여기선 참여경제를 의미하는 파레콘parecon 모델만 간략하게 설명하기로 한다. 우선 계획촉진위원회가 모든 재화·자원·노동·자본소득의 기회비용, 즉 지시가격에 대한 추정치를 제시한다. 이에 근거해 동, 구(군), 시(도) 등의 각급별 소비자 평의회는 품목별 소비계획서를 제출한다. 기업을 소유하는 노동자 평의회 역시 개별 작업장, 산업 등 각 수준별로 생산 품목 및 이를 위한 투입품목을 포함한 생산계획서를 제출한다. 계획촉진위원회는 소비계획서와 생산계획서를 품목별로 비교하여 수요가 초과된 품목의 지시가격은 올리고 공급이 초과된 품목의 지시가격은 내린다. 소비자 평의회와 노동자 평의회는 새로운 지시가격을 토대로 수정된 소비계획서와 생산계획서를 다시 제출한다. 이 과정을 초과수요와 초과공급이 제로로 수렴할 때까지 반복한다. 물론 이 과정의 대부분은 인터넷과 컴퓨터 계산을 통해 자동적으로 이루어진다.

둘째, 노동과정 참여와 상관없이 모든 사회구성원은 기본적인 인간다운 삶을 영위하는 데 필요한 재화와 서비스를 기본소득으로 보장받으며 그 이상의 재화와 서비스는 각자의 노동시간이 기재된 노동증서에 따라 분배를 받는다. 기본소득에 해당하는 재화와 서비스는 기본적 의식주, 보건, 교육, 물 등을 포함한다. 여기엔 '필요에 따른 분배'라는 발전된 공산주의 단계의 분배원리가 적용된다. 그 나머지 재화와 서비스는 노동성과가 아닌 노동시간에 따라 분배된다. 이는 생산과정의 사회적 성격을 감안할 때 노동성과가 해당 노동자 개인으로부터만 기인되었다고 볼 수 없기 때문이다.

단 각자의 노동시간을 계산할 때 노동의 강도와 숙련도를 어느 정도 감안해야 할 필요가 있다. 숙련노동의 시간을 계산할 때는 숙련노동을 생산하는 데 소요된 교육·훈련시간을 고려하면 된다. 이런 계산은 한 생산물에 체화된 노동시간을 좀 더 정확하게 측정하고 그에 따라 생산과 소비의 균형을 맞추기 위함이지 숙련도에 따라 보수의 차등을 두기 위해서가 아니다. 왜냐하면 숙련노동은 주로 교육·훈련에 의해 터득되는 것이고 참여계획경제에선 그 비용이 공적으로 부담되기 때문이다.

필자는 좀 더 온건한 공동체민주주의 체제를 제안한다.[26] 여기서 '공동체'는 경제 영역을 지배하는 가치를 의미하고 '민주주의'는 정치경제 영역을 포괄하는 제도를 의미한다. 두 단어를 조합한 데는 중요한 의미가 담겨 있다. 소위 자본주의 자유시장경제를 표방하는 자유민주주의엔 깊은 한계가 있기 때문이다. 자본주의 자유시장경제에서는 경쟁에 의한 승자독식의 원리가 작동하기 때문에 시간의 흐름에 따라 불평등을 향해 나아갈 수밖에 없다. 반면에 민주주의는 기본적으로 모든 사회구성원의 평등을 지향한다. 자본주의 시장경제가 낳는 경제적 불평등은 민주주의의 평등한 운영을 실질적으로 위협한다. 이는 1997년 IMF 관리체제 이후 우리 사회에서 갈수록 더 강하게 나타나고 있는 현상이다. 고 노무현 대통령이 공적으로 시인했듯 '권력은 시장으로 넘어갔다'. 시장 권력이 행정부, 사법부, 입법부 심지어는 언론까지 장악했다고 해도 과언이 아니다. 이런 상황에서 국민의 뜻이 진정으로 관철되는 민주주의를 기대하기는 거의 불가능하다고 봐야 한다.

그러므로 경제 자체가 공동체란 가치에 의해 일정하게 통제되어야 할 필요가 있다. 사실 바로 이런 정신이 현재 대한민국 헌법 제119조 2항에도 일정하게 반영되어 있다.

> 국가는 균형 있는 국민경제의 성장 및 안정과 적정한 소득의 분배를 유지하고, 시장의 지배와 경제력의 남용을 방지하며,

경제주체 간의 조화를 통한 경제의 민주화를 위하여 경제에 관한 규제와 조정을 할 수 있다.

다만 '할 수 있다'라고만 되어 있어 아무런 강제력이 없다는 것이 문제이다. 필자가 제시하는 공동체민주주의는 바로 이 헌법정신이 실제로 실현되도록 설계된 정치경제체제이다.

공동체민주주의의 기본적 틀은 두 가지로 요약할 수 있다. 첫째, 생산활동을 하는 과정에서 자본이 노동을 고용하여 억압하고 착취하지 못하도록 오히려 노동이 자본을 고용하는 제도를 정비한다. 이를 위해선 두 가지가 필요하다. 한편으론 노동에게 자본을 시장이자율에 따라 공급하는 지주회사가 필요하다. 다른 한편으론 지주회사로부터 시장이자율에 따라 자본을 공급받되 생산활동을 주도적으로 하면서 이윤을 획득할 수 있는 노동자조합회사가 필요하다. 그 운영은 최근 들어 확산되고 있는 협동조합 모델, 즉 노동자 자신에 의한 민주적 운영방식을 따른다.

지주회사와 노동자조합회사는 시장에서 공급자와 수요자가 되어 적절한 시장이자율을 형성한다. 이자율이 적절하기 위해선 자본이 특정 지주회사에 집중되지 않도록 규제하고 조정하는 것이 중요하다. 이런 상황에서 이윤은 노동자의 몫이다. 지주회사에 자본을 투자한 사람들은 기본적으로 시장에서 형성된 이자율에 따라 이자를 가져간다. 다만 지주회사의 활성화를 위해 지주회사는 일정하게 주식회사의 성격을 띠도록 한다. 그러나 지주회사를 특정한 자본가가 지배하지 못하도록 노동자조합회사와 정부가 지주회사의 주주로 참여할 필요가 있다.

둘째, 시장이나 국가가 경제운영을 독점하지 않고 시장, 국가, 그리고 시민사회가 공동선을 위해 함께 협력할 수 있도록 공공협력체제를 구축해나간다.[27] 우선 각 경제주체들이 민주적인 절차를 거쳐 암시적 계획을 세워 시장의 조정기능을 보완할 필요가 있다. 암시적 계획이란 경제주체들이 정보를 교환하면서 서로 자문을 구하고 토론하는 민주적이고 분산된 과정을 통해 잠정적으로 세우는 포괄적 경제계획을 의미한다. 이는 시장의 불확실성을 최소화하여 저투자나 과잉투자를 해소하는 데 목적이 있다. 또한 환경오염처럼 시장 밖으로 흘러넘치는 부정적 효과들을 미연에 방지하기 위해 노력한다.

이러한 암시적 계획이 성공적으로 작동하려면 참여자들의 공공협력 정신을 유도해내는 구조 확립이 필요하다. 이를 위해선 우선 각 경제주체들에서 공공협력을 관장하는 책임자들의 지속성을 유지해야 한다. 공공협력에 참여하는 경제주체들을 대표하는 단체의 수가 지나치게 많거나 너무 적지 않도록 조절해야 한다. 각 경제주체들의 투명성을 제고하고 이들에 대한 사회적 감시를 강화해야 한다. 마지막으로 경제주체들 간의 각급 토론회를 장려하여 사회적으로 근접해지도록 노력해야 한다.

과도기적 운동들

이상의 획기적인 대안경제체제를 구축해나가는 과정에서 현실적으로 추진할 수 있는 과도기적 운동들에 적극적으로 참여하는 것도 중요하다. 첫째, 착한 소비자 운동을 함께 만들어갈 필요가 있다. 그 핵심은 소비자의 힘을 빌려 신자유주의 광폭한 흐름에 일정한 제재와 압박을 가하는 데 있다. 그렇게 해서 노동이 정당한 대우를 받는 새로운 경제체제를 구축해가기 위한 기반을 다지는 것이다. 예컨대 노동자의 수고에 정당한 대가를 지불하고 유통과정에 지나친 마진을 붙이지 않는 기업이 제공하는 상품을 적극적으로 구매하는 운동을 벌이는 것이다. 그러한 소비자 운동이 공정거래, 대안여행, 착한 공연 등으로 확산되어갈 조짐이 보이는 것은 매우 다행스러운 일이다. 이러한 운동들은 장기적 차원에서 경제체제를 변혁시켜갈 수 있는 구체적 잠재력을 갖고 있기 때문에 정치적 성격을 지니고 있다고 말할 수 있다.

둘째, 다양한 사회적 기업 혹은 사회적 책임을 강조하는 기업, 그리고 협동조합형 기업들을 활성화하는 운동을 벌여야 한다. 그래서 기업들이 사회적 약자와 환경을 돌아보는 분위기를 조성해나가야 한다. 이미 그런 움직임들이 곳곳에서 활발하게 일어나고 있는 것 역시 희망적 조짐으로 보인다.[28] 셋째, 소액대부를 통해 저소득층의 경제적 자립을 돕는 운동도 현재의 위기를 극복해나가는 데 중요한 역할을 감당할 수 있을 것이다. 물론 장하준 교수가 잘 지적한 것처럼 이러한 운동에 한계가 있는 것은 사실이지만[29] 강자만을 위한 신자유주의적 금융자본에 대해 나름대로 대안적 기능을 수행한다는 점에서 의미가 있다.

넷째, 작금의 금융위기가 재발되지 않도록 외부 금융충격을 완화할 시스템 구축을 요구하는 정책운동을 펼쳐야 한다. 예컨대 급격한 외화유출입을 완화시킬 수 있는 방안, 1일 환율변동 폭을 일정한 범위로 묶어두는 조치를 일정 기간 시행하는 방식의 도입, 현행 외국환거래법에서 허용하는 재정부 장관의 권한을 최대화하여 외환유출입의 안정화 조치를 시행할 수 있게 하는 방안 등을 검토하고 그런 정책이 도입되도록 정치적 압박을 가해야 한다.

다섯째, 중소기업과 자영업의 생존기반 확보를 가능케 하는 정책이 도입되도록 다양한 노력을 기울여야 한다. 예컨대 정부가 지금처럼 후선에 머물러 있을 것이 아니라, 직접 특별기금 관리기구 같은 것을 만들어 훨씬 광범위하고 포괄적인 구제금융과 공적자금을 직접적으로 자영업과 중소기업에 지원해주는 강도 높은 조치를 취하도록 여론을 조성하고 다양한 시민운동을 펼쳐가야 한다. 그리고 중소 하청기업들이 대기업에 착취당하지 않도록 법적으로 보호해주는 구조를 확보해나가야 할 것이다.

여섯째, 고용을 통한 구매력 창출과 내수 진작이 이루어지도록 다양한 운동을 추진해야 한다. 노동시장의 유연성이라는 그럴듯한 미명하에 해고와 비정규직의 양산을 가져오는 소위 친기업환경의 조성은 사회적 양극화의 주범 중 하나이다. 이는 사회적 문제를 가져올 뿐 아니라 장기적으로는 기업과 자본에게도 위기를 가져올 가능성이 매우 높다. 오히려 단기적으로 기업과 자본에게 일정한 압박이 된다고 해도 고용을 유지하거나 확대해나감으로써 구매력을 창출하여 내수를 진작해가는 것이 건전한 경제발전에 도움이 될 것이다.

일곱째, 정부가 사회복지의 확충을 통해 사회적 약자를 보호하도록 요구해야 한다. 이를 경제적 비효율성의 잣대로만 평가하려는 것은 매우 편협한 태도이다. 기득권층의 동의를 민주적으로 얻어내고 공동체적 국민성을 향상시켜나갈 수 있다면, 북구 복지국가에서 볼 수 있는 것처럼 사회복지정책은 경제적 효율성과 얼마든지 나란히 갈 수 있는 것이다.[30]

자본주의 사회에서 예수 그리스도의 제자답게 정의로운 경제 실천의 길을 걸어간다는 것은 실로 지난한 과제이다. 거센 물결을 거슬러 올라가는 것이요, 문익환 목사의 시 〈잠꼬대 아닌 잠꼬대〉에 나오는 대목처럼 '맨발로 바위를 걷어차 무너뜨리고 그 속에 묻히는 일'이나 다름없는 일일 수 있다. 그러나 모든 사람이 길이 없다고 할 때, 스스로 길이 되길 결심하는 사람들이 없었다면 역사는 한 걸음도 앞으로 나아갈 수 없었을 것이다. 더구나 우리 그리스도인은 부활 신앙으로 사는 자들이요, 그렇기에 어린양이 가자고 하는 대로 과감히 따라가는 사람들이다. 세상의 눈으로는 어리석게 보일지 모르지만 하나님나라의 관점에서는 소중한 이 길을 우리 모두가 힘차게 걸어갈 수 있기를 진심으로 바란다.

몇 달 전 어느 교회에 설교하러 갔다가 전태일의 생애를 다룬 만화영화를 구상 중이라는 한 청년을 만나게 되었다. 설교 중 전태일을 언급했는데 그게 그 청년에게 호기심과 궁금증을 일으킨 것 같았다. 전태일을 어떻게 이해하는 것이 좋겠느냐며 나에게 대략 다섯 개의 질문을 보내왔다. 마침 나는 그즈음에 뒤늦게나마 《전태일 평전》을 꼼꼼하게 읽고 있던 참이었다.[1] 그래서 그 질문들은 나에게 전태일을 더 깊게 생각해볼 수 있는 기회가 되었다.

그런데 이 책의 원고를 다 쓰고 나니 마음에 전태일이 자꾸 떠올랐다. 그의 정신으로 남은 생을 살 수 있으면 참 좋겠다는 생각이 들었다. 감히 겁도 없이…. 그래도 그에게 자꾸 끌리는 걸 어쩔 수 없었다. 그야말로 맘몬과 맞서 이긴 사람이란 확신 때문이다. 그가 두려움과 연약함 속에서 하나님을 붙들고 의지하고 사랑한 사람이었다는 것이 그렇게 위로가 될 수 없었다. 그는 약해도 너무나 약한 자신의 죽음으로 자본의 강함을 무력화시킨 장본인이다. 오늘 한국의 민중신학, 노동운동, 사회참여적 복음주의 신학, 그리고 역사적인 민주화 운동은 다 그의 피에서 에너지를 공급받았다. 그리고 그의 생명은 끝없이 흐르는 강물처럼 우리 한국사에 흐를 것이다.

하여 여기서는 그 청년과 글로 주고받은 대화들을 되새기면서 전태일을 통해 배운 점을 나눔으로써 책을 마무리하고자 한다. 그는 우선 전태일이 어떻게 가난한 이웃을 위해 자기 몸을 불사를 정도로 맑은 영혼을 가질 수 있었는지 궁금해 했다. 전태일의 글에서 힌트를 얻을 수 있었다.

> 나는 언제부터인지 모르지만 감정에는 약한 편입니다. 조금만 불쌍한 사람을 보아도 마음이 언짢아 그날 기분은 우울한 편입니다. 내 자신이 너무 그런 환경을 속속들이 알고 있기 때문인 것 같습니다.[2]

그에겐 언제부터인가 어려움 당한 사람의 고통에 깊이 공감하는 마음이 싹텄다. 다른 사람과 자기를 하나로 인식하는 사상이 꿈틀거리기 시작한 것이다. 그래서 모자를 쓰고 삽질하는 뚱뚱한 중년 남자를 "얼마나 위로해야 할 나의 전체의 일부냐!"라고 절규하고,[3] 유서에서도 "나를 아는 모든 나여. 나를 모르는 모든 나여"라고 부른다.[4] 이는 넬슨 만델라가 가슴에 품었던 아프리카의 전통적인 우분투Ubuntu 사상과 매우 흡사하다. 고통당하는 사람들의 아픔을 공감하는 능력을 회복하는 것, 그것이야말로 자본주의 사회를 살아가는 그리스도인에게 가장 먼저 요청되는 바가 아닌가 싶다.

그 청년은 전태일이 너무 비현실적으로 비쳐져 사람들이 그를 자신과는 상관없는 사람으로 생각해버리면 어떻게 하나 우려했다. 그러나 그건 전태일에 대한 오해에서 비롯된 것이란 생각이 들었다. 그는 어떤 점에서 죽음을 앞둔 예수님을 닮았다. 예수님조차도 막상 십자가를 코앞에 놓고 너무 슬퍼서 죽을 지경이셨다. 그러한 자신의 속내를 베드로, 야고보 그리고 요한에게 털어놓으셨다(막 14:33-34). 《전태일 평전》을 읽다 보면 그런 순간들이 많았을 거란 생각이 든다.

물론 전태일에겐 보통 사람에게서는 찾기 힘든 탁월한 면모가 있었던 것이 사실이다. 그는 "죽음 자체를 두려워하기 전에 [비인간의] 삶 그 자체에 환멸을 느낀다"고 고백하기도 했다.[5] 그러나 그가 결코 초인은 아니었다. 그는 처음부터 죽음을 생각한 건 아니었다. 처음엔 자기가 재단사가 되어서 불쌍한 어린 여공들을 직접 도와보겠다는 '온정주의'에서 시작한다. 그러곤 봉제공장 사장과 관련 공무원들에게 호소해서 어린 여공들을 살려보겠다는 '진정陳情주의'로 나아간다. 소용이 없으니 아예 자기가 모범업체를 차려서 도와보겠다는 '모범주의'를 선택한다. 이 대목에서는 정말 목이 멘다. 그는 사업계획서에서 자금을 구할 방법으로 두 가지를 구상한다. 하나는 자금을 구할 수 있는 인맥이 하나도 없으니 한쪽 눈을 사회에 바쳐 사회로부터 자금주를 소개받겠다는 것이다. 다른 하나는 3-5년 만에 사업이 자리 잡으면 빌린 자금 전액을 자금주에게 돌려주고 자기는 주主사업에 일생을 바치겠다는 것이다.[6] 거기에도 희망이 없자 그는 마침내 '적극투쟁주의'로 나아간다.

결국 마지막 단계에서 죽음을 결단하기에 이른다. 삼각산과 남대문을 오가는 4개월 동안 그는 깊이 고민했다. 결단이 선 순간 그는 이렇게 고백한다. "이 결단을 두고 얼마나 오랜 시간을 망설이고 괴로워했던가?" 아마 그 기간은 4개월보다 더 길었는지도 모른다. 그는 그보다 훨씬 전에도 "몇 사람 죽으면 되지 않겠나?"라는 말을 종종 했다. 사실 혼자 죽을 마음은 애초에 없었던 건 아닐까? 그는 자기 혼자 죽는 것을 싫어했고 두려워했던 것이 분명하다. 그는 죽음 앞에서 고뇌한 사람이다.

게다가 그는 "완전에 가까운 결단을 내렸다"고 말한다. 그의 마음 깊은 곳 어디엔가 불완전한 구석이 여전히 남겨져 있음을 시사해주는 대목이다. 그는 죽음을 결단하며 자신만만한 모습을 보인 것이 아니다. 그는 막판에 뒷걸음칠지도 모른다는 가능성을 여전히 남겨놓고 있다. 죽지 않고 문제가 해결될 수 있다면 얼마나 좋을까 생각하며 그 길을 찾고 싶었는지도 모른다. 이는 그가 기도원에 내려오자마자 분신을 시도하지 않은 데서도 나타난다. 그는 자기가 죽지 않고서도 문제를 해결할 수 있는 길을 모색했다.

화상을 입고 죽어가면서 그가 "선생님! 물 주시오!", "배가 고프다"고 한 말들에서 연약한 인간의 모습을 발견한다. 예수님께서 십자가에서 힘겹게 하신 말씀이 생각난다. "내가 목마르다"라는 말씀. 전태일의 연약한 면모는 나에게 그리고 우리들 모두에게 위로가 된다. 진정한 힘과 용기는 나에게서 나오는 것이 아니라 하늘에서 비롯되는 것임을 보여주기 때문이다.

그 청년은 크리스천으로서의 전태일의 삶을 어떻게 보는 것이 좋을지 물었다. 이는 참 중요한 질문이다. 적지 않은 그리스도인들은 그가 분신자살했다는 점 때문에 그를 크리스천으로 인정하길 싫어하거나 부담스러워하기 때문이다. 평전은 신앙인으로서의 그의 모습을 상세히 보여주지 않는다. 다만 어머니가 먼저 신앙을 가졌다는 점, 어머니에게서 신앙을 배웠다고 짐작할 만하다는 점, 주主사업에 평생을 바칠 의지가 있었다는 점, 기도원에서 성경 원리를 놓고 어느 목사와 토론하다 다투었다는 점, 결단의 글 끝자락에서 "하나님, 긍휼과 자비를 베풀어주시옵소서!"(자신이 스스로 죽음의 길을 택해도 용서해달라는 뜻, 자기 목숨을 드릴 테니 고통당하는 이들을 도와달라는 뜻이 담겨 있을 것 같다) 하고 기도한 대목, 죽어가면서 어머니에게 "불쌍한 근로자들을 위해 죽어가는 나에게 반드시 하나님의 은총이 있을 것입니다"라고 말한 대목,[7] 유서에서 "잠시 다니러 간다네, 잠시 쉬러 간다네" 하고 말한 대목[8] 등에서 그의 진실했던 신앙의 증거를 엿볼 수 있다.

그가 분신자살했다는 한 가지 사실 때문에 이 모든 증거를 덮어두는 것은 올바르지 않다. 더구나 그의 죽음은 가난한 이웃에 대한 진실한 사랑의 표현이요, 억압적 시대에 대한 처절한 항거였기에 자살이라는 말로 담아내는 것은 예의가 아니라고 생각한다.

그 청년은 전태일 이야기에 등장하는 자본가와 권력자, 무관심한 이웃들을 타도할 대상으로 그려서는 안 되지 않나 고민 중이라고 말했다. 나는 그의 고민에 전적으로 공감할 수 있었다. 평전을 읽으면서 분노의 대상을 애정 어린 눈길로 바라보는 전태일을 만날 수 있었기 때문이다. 특히 온정주의, 진정주의, 모범주의 단계에서 그는 기업주와 근로감독관 그리고 자본가들을 기본적으로 존중하고 믿었다. 그리고 분신할 때도 그의 가장 근원적인 동기는 자본과 권력에 대한 분노라기보다는 고통당하는 자들에 대한 애정이었다.

마지막으로 그는 전태일 영화를 보고 나서 그가 어떤 사람으로 마음에 남았으면 좋겠느냐고 물었다. 그 질문을 생각하면서 나는 전태일이 '길이 끝난 곳에서 스스로 길이 되어 희망을 보여준 사람'으로 사람들의 마음에 깊이 새겨졌으면 하는 소망이 생겼다. 전태일은 "많은 사람들의 공통된 약점은 희망함이 적다는 것이다"라고 토로했다.[9] 오늘 우리 시대 수많은 사람들의 폐부를 찌르는 진단이다. 그는 꺼져가는 희망의 불씨를 다시 살려내기 위해 죽음의 길을 끝까지 걸어갔다. 그는 죽어서도 "내 생애에 다 못 굴린 덩이를, 덩이를, 목적지까지 굴리려 하네. 이 순간 이후의 세계에서 또다시 추방당한다 하더라도 굴리는 데, 굴리는 데, 도울 수만 있다면, 이룰 수만 있다면…" 하는 열망으로 유서를 맺는다. 그는 진정한 자유와 승리가 무엇인지를 온몸으로 보여주었다. 그로 말미암아 전 지구적 자본의 거대한 동맹세력 앞에서 두려워 숨죽이고 있는 우리 모두의 가슴에 희망과 용기의 불꽃이 훨훨 타오를 수 있길 진심으로 바란다.

주

1장 자본주의란 무엇인가

1. Dietrich Bonhoeffer, *The Cost of Discipleship*(SCM Press, 1948/1986), p.42(필자의 번역). 우리말 번역본은 디트리히 본회퍼, 손규태 · 이신건 역, 《나를 따르라》(대한기독교서회, 2010).

2. 쟈크 엘룰, 쟈크엘룰번역위원회 역, 《뒤틀려진 기독교》(대장간, 1990/1998), 36쪽. 엘륄은 자본주의 체제뿐 아니라 봉건세계와 사회주의에 의해서도 기독교의 본질이 뒤틀려왔다는 점을 지적한다. 옳은 관찰이다. 그런데 엘륄은 한 걸음 더 나아가 기독교의 관점에서 보자면 자본주의와 사회주의 사이의 차이는 무의미하다고 주장한다[쟈크 엘룰, 양명수 역, 《하나님이냐 돈이냐》(대장간, 1991/1996), 30쪽]. 이런 관점의 맹점에 대하여는 나중에 6-7장에서 다루기로 한다.

3. 아나톨 칼레츠키, 위선주 역, 《자본주의 4.0》(컬처앤스토리, 2011).

4. 김덕한, "[자본주의 4.0] 곳간 비우는 '정부 복지(자본주의 2.0)' 한계… 시장이 주도해야 지속가능", 〈조선비즈〉 인터넷판(2011. 8. 2.) http://biz.chosun.com/site/data/html_dir/2011/08/02/2011080200131.html.

5. 본 글과는 달리 '수출중심의 국가주도자본주의' 대신 '신중상주의'라는 표현(해석을 포함한)을 쓰고 있지만 이 과정에 대한 좀 더 자세한 설명을 보려면 백종국, 《한국 자본주의의 선택》(한길사, 2009), 81-362쪽을 보라.

6. 한국 사회에 자본주의 3.0, 즉 신자유주의가 어떻게 시작되고 형성되었는지 자세히 살펴보려면 지주형, 《한국 신자유주의 기원과 형성》(책세상, 2011)을 보라.

7. 정열, "이건희 고강도 비판… 이익공유제 어디로 가나", 〈연합뉴스〉 인터넷판(2011. 3. 10.) http://www.yonhapnews.co.kr/bulletin/2011/03/10/0200000000AKR20110310221400003.HTML(2013. 9. 29 검색).

8. 엘마 알트파터, 염정용 역, 《자본주의의 종말》(동녘, 2007), 47–48쪽. 2012년 대선 과정에서 여야 정치권과 전문가들이 '경제민주화'와 '복지'라는 개념을 자기들에게 유리하게 정의하고 선점하기 위해 일대 전쟁을 벌인 것도 이와 같은 맥락에서 이해할 수 있다.

9. 이 점은 아래에서 다시 살펴볼 것이다.

10. Rt. Hon. John Smith & others, ed. Christopher Bryant, *Reclaiming the Ground*(Hodder & Stoughton, 1993).

11. http://labourcounts.com/constitution.htm(2013. 9. 29. 검색).

12. 테리 이글턴, 황정아 역, 《왜 마르크스가 옳았는가》(길, 2012).

13. 테리 이글턴, 강주헌 역, 《신을 옹호하다》(모멘토, 2010).

14. 이글턴, 《왜 마르크스가 옳았는가》, 9쪽.

15. 본문에서 직접 언급하지 않고 있지만 이는 2007년 미국 금융위기에서 비롯된 자본주의의 위기를 말한다.

16. 이글턴, 《왜 마르크스가 옳았는가》, 8쪽.

17. 앞의 책, 18쪽.

18. 앞의 책, 20–21쪽.

19. 알트파터, 앞의 책, 64–65쪽.

20. Michael Novak, *The Spirit of Democratic Capitalism*(The IEA Health and Welfare Unit, 1991), pp.419, 432. 번역본은 마이클 노박, 이화수 역, 《민주자본주의의 정신》(인간사랑, 1990).

21. 강수돌, 《경영과 노동》(한울아카데미, 1997), 39쪽.

22. "전 세계 심금 울린 잡스의 한마디", 〈서울경제〉 인터넷판(2011. 10. 6.) http://economy.hankooki.com/lpage/worldecono/201110/e2011100613553369760.htm(2013. 9. 11. 검색).

23. http://ko.wikipedia.org/wiki/%EC%8A%A4%ED%8B%B0%EB%B8%8C_%EC%9E%A1%EC%8A%A4(2013. 9. 11. 검색).

24. 강수돌, 《경영과 노동》, 38–48쪽.

25. "연쇄자살 파문 '애플 하청' 노동 착취·인권유린 여전", 〈한겨레〉 인터넷판(2011. 5. 1.) http://www.hani.co.kr/arti/international/china/475817.html(2013. 9. 11. 검색). "애플, 중국 하청공장에서 또 노동 착취 '시끌'", 〈한겨레〉 인터넷판

(2013. 7. 30.) http://www.hani.co.kr/arti/international/china/597739.html (2013. 9. 11. 검색).

26. F. A. Hayek, *Law, Legislation and Liberty. Vol. 2: The Mirage of Social Justice*(Routledge & Kegan Paul Ltd, 1976), p..131. 번역본은 프리드리히 하이에크, 민경국 역, 《법, 입법 그리고 자유 II: 사회정의의 환상》(자유기업센터, 1997), 261쪽. 하이에크는 기존의 자본축적을 정당한 것으로 간주하자는 의도로 다음과 같이 논리를 전개한다. "이는 현재의 지위가 과거의 불의한 행동이나 제도에 의해 결정된 경우 이를 바로잡는 것이 정의가 요구하는 바라는 주장을 부정하려는 것이 아니다. 하지만 문제는 그런 불의가 분명하지 않거나 최근에 발생한 것이 아니라면, 바로잡는 것이 일반적으로 실행불가능하다는 데 있다. 대체로는 기존의 위치를 우연에 기인한 것으로 인정하고, 단지 앞으로 특정한 개인들이나 집단들에게 이익을 주기 위한 모든 조치들을 삼가는 것이 더 바람직하다 할 것이다"(필자의 번역).

27. Richard Bauckham, *The Bible in Politics: How to Read the Bible Politically* (SPCK, 1989), p.7.

28. 하이에크는 시장 혹은 경제 대신 '카탈락시katallaxie'라는 새로운 단어를 사용한다. 이는 '교환하다', '공동체 안으로 받아들이다', '원수를 친구로 만들다'는 뜻을 지닌 그리스어 '카탈라테인*katallattein*' 혹은 '카탈라세인*katallassein*'으로부터 만들어낸 조어이다. 하이에크가 굳이 조어를 사용한 목적은 '경제'라는 단어의 헬라어 어원인 '오이코노미아*oikonomia*(가정관리)'엔 시장에서 경제 활동하는 주체들이 공유된 목표들을 지니고 있다는 함의를 갖고 있다고 보았기 때문이다. 그는 그런 것 없이 개인들이 순수하게 서로 교환하는 경제를 긍정적으로 묘사하기 위해 조어를 만들었다. 프리드리히 하이에크, 민경국 역, 《법, 입법 그리고 자유 II: 사회정의의 환상》(자유기업센터, 1997), 221-222쪽.

29. 지승호 인터뷰, 《김수행, 자본론으로 한국경제를 말하다》(시대의 창, 2009), 18-21쪽. 알트파터, 앞의 책, 67쪽.

30. 정태인 · 이수연, 《정태인의 협동경제학》(레디앙, 2013), 37-47쪽.

31. http://www.margaretthatcher.org/document/106689(2013. 9. 11. 검색). 대처의 슬로건으로 대중들에게 잘 알려진 이 문장은 대처의 의중을 정확하고 간결하게 전달하기 위해 약간 편집된 것이다. 정확한 표현은 다음과 같다. "그런 것[사회]은

존재하지 않는다. 다만 개인적인 남녀들 그리고 가정들이 존재할 뿐이다. … 사회라는 건 존재하지 않는다. 다만 남자들과 여자들 그리고 사람들로 짜인 살아 움직이는 태피스트리가 있을 뿐이다."

32. "생활고 세 모녀 안타까운 죽음… 집세 · 공과금 남기고 동반자살", 〈경향신문〉 인터넷판(2014. 2. 27) http://news.khan.co.kr/kh_news/khan_art_view.html?artid=201402272141485&code=940202(2014. 3. 17. 검색).

33. Adam Smith, edited by E. Cannan, *The Inquiry into the Nature and Cause of the Wealth of Nations*(Methuen & Co. LTD, 1904/1950), vol. 1, p.421. 번역본은 애덤 스미스, 유인호 역, 《국부론》(동서문화사, 2008).

34. Paul A. Samuelson and William D. Nordhaus, *Economics*(McGraw-Hill, 1989), pp.750, 751.

35. John Atherton, *Christianity and the Market: Christian Social Thought for Our Times*(SPCK, 1992), pp.225-228. 자본주의 경제학의 창시자라 할 수 있는 애덤 스미스는 자유시장을 '가장 적게 해를 끼치는 경제제도the least harmful economic system'라고 간주했다.

36. 대표적인 책으로 하이에크, 《법, 입법 그리고 자유 II》, 노박, 《민주자본주의의 정신》을 들 수 있다.

37. 존 케네스 갤브레이스, 장상환 감수, 이해준 역, 《갤브레이스에게 듣는 경제의 진실》(지식의 날개, 2007). 21-29쪽.

38. 앞의 책, 28쪽.

39. Ronald H. Preston, *Religion and the Ambiguities of Capitalism*(SCM, 1991), p.51.

40. 조셉 추나라, 차승일 역, 《마르크스, 자본주의의 비밀을 밝히다》(책갈피, 2010), 37-40쪽.

41. 앞의 책, 46-47쪽.

42. 리오 휴버먼, 김영배 역, 《휴버먼의 자본론》(어바웃어북, 2011), 34쪽.

43. 추나라, 앞의 책, 46-51, 95-97, 176-179쪽.

44. 앞의 책, 106-118쪽.

45. 앞의 책, 119-132쪽.

46. G. A. Cohen, "The Labour Theory of Value and the Concept of

Exploitation", in M. Cohen, T. Nagel and T. Scanlon (eds.), *Marx, Justice and History*(Princeton University Press, 1980), p.153. 또한 같은 저자의 "More on Exploitation and the Labour Theory of Value", *Inquiry*, vol.26, no.3(September 1983), pp.309-331을 참조하라.

47. 강원돈, "노동문제와 환경문제의 해결을 위한 경제윤리적 접근", 〈기독교사상〉 473호(1998. 6.), 131, 132쪽.

48. A. Buchanan, *Marx and Justice: The Radical Critique of Liberalism*(Rowman and Littlefield, 1982), p.43.

49. J. Roemer, "Property Relations vs. Surplus Value", *Philosophy and Public Affairs*, vol.11(Fall 1982), p.285. 여기서 S′는 사회 전체를 의미하는 N에서 S를 제외한 사회 구성원을 말한다. 또한 같은 저자의 *A General Theory of Exploitation and Class*(Harvard University Press, 1982)를 참조하라.

50. Franz J. Hinkelammert, *The Ideological Weapons of Death: A Theological Critique of Capitalism*(Orbis Book, 1986), pp.244-246. 번역본은 프란츠 힌켈라메르트, 김항섭 역, 《물신》(다산글방, 1999). 특히 힌켈라메르트는 효율이라는 이름하에 경제활동의 진정한 의미인 생명이 위협당하는 것에 245쪽에서 다음과 같이 항거한다. "형식적 합리성의 원칙—즉, 효율과 생산—이 본질이 된다. 이 본질에 의거해 인간의 생명은 재생산될 수도 있고, 그러지 못할 수도 있는 것이다. 생산은 우선 최대한 효율적이어야만 한다. 그리고 그다음에야 누가 그리고 얼마나 많은 사람이 그 생산된 것을 가지고 살 수 있는지 결정될 것이다. 여기서 '효율성'이란 모든 사람을 살 수 있게 한다는 사실로 증명되는 게 아니다. 단지 누가 살 수 있으며, 누가 살 수 없는지를 결정할 뿐이다. '효율성'은 물신物神, fetish이 된다. 모든 사람이 살아야 한다는 요구(경제에서 진정한 효율성은 이 요구를 성취하는 데 있다)는 '효율성'이라는 이름하에 억압당하고 만다. '효율성'이란 곧 생명을 살려내는 실질적 효율성을 포기하는 것을 의미한다"(필자 번역).

51. Max Weber, *The Protestant Ethics and the Spirit of Capitalism*(Unwin Hyman, 1930/1989), p.53(필자의 번역). 번역본은 막스 베버, 박성수 역, 《프로테스탄티즘의 윤리와 자본주의 정신》(문예출판사, 2010).

52. 카를 마르크스, 강신준 역, 《자본 I-1》(길, 2010), 206쪽.

53. 앞의 책, 206쪽. 당시에 '황금'은 돈으로 사용되었다.

54. R. H. Tawney, *Religion and the Rise of Capitalism*(Penguin Books, 1926/1990), pp.227–251. 번역본은 R. H. 토니, 김종철 역, 《종교와 자본주의의 발흥》(한길사, 1990).

55. 물론, 나중에 다시 살펴보겠지만, 특정 프로테스탄티즘의 윤리도 일정하게 역할을 한 것은 사실이다. 그러나 그렇다고 해서 이것이 오늘의 그리스도인들이 자본주의의 기본정신을 무비판적으로 수용해야 할 절대적 근거는 되지 못한다.

56. 번역본은 애덤 스미스, 박세일 · 민경국 역, 《도덕감정론》(비봉출판사, 2009).

57. 카를 마르크스 · 프리드리히 엥겔스, 권화현 역, 《공산당 선언》(펭귄클래식코리아, 2010), 234쪽.

58. 허경회, 《새로운 밀레니엄은 없다》(오롬시스템, 1999), 360–361쪽.

59. 테리 이글턴, 강주헌 역, 《신을 옹호하다》(모멘토, 2010), 58쪽. 반면에 이글턴은 곧 이어지는 문장에서 마르크스와 니체는 '대체로 좋은 방향으로 무신론적'이라고 평가한다. 내가 부연하자면 자본주의는 언어상으로는 기독교와 친화적인 양하지만 그 본질적 내용에서는 무신론적이기 때문에 나쁜 방향으로 무신론적이다. 그러나 마르크스나 니체는 언어적으로는 무신론적으로 보이지만 본질적 내용에서는 타락한 기독교회보다 하나님에게 오히려 가까운 면이 있기 때문에 대체로 좋은 방향으로 무신론적이라고 볼 수 있는 것이다.

60. 앞의 책, 58쪽. 번역을 필자가 약간 수정했음.

61. 이것이 바로 하이에크의 《법, 입법 그리고 자유 II》가 저술된 목적이다. 특히 서문인 5–9쪽을 읽어보라.

62. Karl Marx, *The Marx–Engels Reader*, ed. R. Tucker(Norton & CO, 1972), p.12. J. Andrew Kirk, *Loosing The Chains: Religion as Opium and Liberation* (Hodder & Stoughton, 1992), pp.36–37에서 재인용함.

63. Kirk, *Loosing The Chains*, pp.436–440, 447–450.

64. 선우정, "[동서남북] 젊은 프런티어가 개척하는 미래", 〈조선일보〉 인터넷판(2011. 10. 18.) http://news.chosun.com/site/data/html_dir/2011/10/18/2011101802502.html(2013. 9. 13. 검색).

65. Bob Goudzwaard, *Globalization and the Kingdom of God*(Baker Books, 2001), pp.30–32.

66. 마르크스, 《공산당 선언》, 247–248쪽.

67. 장하준, 김희정 · 안세민 역, 《그들이 말하지 않는 23가지》(부키, 2010), 184-197쪽이 이를 잘 증명해준다.

68. "'종북좌파' 급 프란치스코 교황 권고문", 〈프레시안〉(2013. 11. 29.) http://www.pressian.com/news/article.html?no=111394(2014. 4. 10. 검색).

69. Samuelson, *Economics*, p.751.

70. 본 장을 읽고 여전히 이런 입장에 동의하기 어려운 분들도 있을 거라고 생각한다. 한편으론 필자의 역량 부족이 원인이라고 생각하고, 다른 한편으론 본 책의 성격상 경제문제에 대한 기독교적 분석을 본격적으로 시도할 수 없는 한계 때문이라고도 여겨진다. 하나님나라의 경제윤리를 보다 본격적으로 다룰 필자의 다음 책을 참조해줄 것을 감히 부탁드리며 양해를 구하는 바이다.

2장 자본주의, 교회에 잠입하다

1. "[김진의 시시각각] 2100억 교회와 세종시", 〈중앙일보〉 인터넷판(2010. 1. 10.) http://article.joins.com/news/article/article.asp?total_id=3961279&cloc=(2013. 9. 13. 검색).

2. 스카이 제서니, 이대은 역, 《하나님을 팝니다?》(죠이선교회, 2011), 16-18쪽.

3. 이 영화가 고흐의 생애 순간순간을 역사적으로 얼마나 정확하게 묘사하고 있는지는 알지 못하지만 그의 생애의 흐름에 잘 맞는다고 생각해 그대로 옮긴다.

4. 제서니, 《하나님을 팝니다?》, 17쪽에서 재인용.

5. 이 그림과 그 의미 역시, 《하나님을 팝니다?》를 통해 처음 접하고 알게 되었다.

6. 앞의 책, 18쪽에서 재인용.

7. 주재용, "한국민중과 개신교사", NCC 신학연구위원회 편, 《민중과 한국신학》(한국신학연구소, 1982/1986), 219-227쪽. Kim, Yong-Bock, "Korean Christianity as a Messianic Movement of the People", CTC-CCA ed., *Minjung Theology* (Orbis, 1983), pp.80-119.

8. Byung-Mu Ahn, "Korean Church's Understanding of Jesus: A Historical View", *International Review of Mission*, vol.vxxiv, no.293(1985), p.87. 민경배, 《한국기독교회사》(대한기독교출판사, 1980), 337쪽.

9. Ken Wells, "Between the Devil and the Deep: Non Political Nationalism and Passive Collaboration in Korea during the 1920's", *Papers on Far Eastern*

History, vol.37(March 1988), p.124.

10. 김진호, 《시민 K, 교회를 나가다》(현암사, 2012), 49-55쪽.

11. 앞의 책, 56-60쪽.

12. 앞의 책, 107-129쪽.

13. 앞의 책, 71-81, 100-106쪽.

14. 반도헌, "정치 위에 종교 있나", 〈시사저널〉 인터넷판(2011. 3. 9.) http://www.sisapress.com/news/articleView.html?idxno=54611(2013. 9. 16. 검색). 물론 이들 중엔 명목상의 기독인들도 없지 않을 것이다. 그렇다 해도 그들이 자기 종교를 굳이 기독교라고 밝힌 것은 기독교가 한국 사회에서 발휘할 수 있는 정치적 영향력이 그만큼 크다는 점을 입증한다는 점에는 변함이 없다.

15. 프랜시스 후쿠야마, 이상훈 역, 《역사의 종말》(한마음사, 1997).

3장 뒤틀린 신앙

1. 맘몬의 정체에 대하여는 5장에서 자세히 살펴볼 것이다.

2. 짐 월리스, 정성묵 역, 《하나님의 정치: 기독교와 정치에 관한 새로운 비전》(청림출판, 2008), 276-279쪽.

3. 김세윤, 고든 피, 월터 카이저, 더글라스 무 외, 김형원 역, 《탐욕의 복음을 버려라》(새물결플러스, 2011), 29쪽.

4. 필립 워거만, 임성빈 역, 《기독교 윤리학의 역사》(한국장로교출판사, 2000), 110쪽.

5. 제서니, 앞의 책, 173쪽.

6. 앞의 책, 173-174쪽.

7. 김성호 선임기자, "종교인구 줄고 기복성향 심화: 한국인 종교 생활 · 의식 조사", 〈서울신문〉 인터넷판(2013. 2. 1.) http://www.seoul.co.kr/news/newsView.php?id=20130201023010. 한국기독교목회자협의회는 글로벌리서치에 의뢰한 '한국인의 종교생활과 의식조사' 결과를 2013년 1월 31일 발표했다.

8. 그 대표적인 예로 김홍도, "축복을 구하는 것은 잘못인가?"(2002년 6월 2일 금란교회 주일예배 설교)를 들 수 있다. 박득훈, "감춘다고 감춰지나…: 기복신앙의 대가(大家), 김홍도 목사를 비판하다", 〈뉴스앤조이〉 인터넷판(2002. 8. 27.) http://www.newsnjoy.or.kr/news/articleView.html?idxno=3666(2013. 9. 16. 검색).

9. 아래에 이어지는 비판적 성찰은 기복신앙적 요소만을 집중적으로 다룬 것임을 명심해주기 바란다. 이는 각 주창자들의 가르침에는 마음에 새길 만한 좋은 점도 들어 있다는 점을 인정한다는 것을 의미한다.

10. http://yfgc.fgtv.com/y1/03.asp에서 〈오중복음과 삼중축복〉 PDF자료를 다운받을 수 있다.

11. 〈오중복음과 삼중축복〉, 18–20쪽.

12. 조용기, "우리는 이 두 가지를 항상 잊지 말자", 여의도순복음교회 2010년 2월 7일 주일설교. http://davidcho.fgtv.com/C2/C2_1.asp?shType=1&code=2010&mm=02에서 날짜로 검색하면 인용된 설교 동영상을 시청할 수 있다.

13. 바버라 에런라이크, 전미영 역, 《긍정의 배신》(부키, 2011).

14. 프리드리히 하이에크, 민경국 역, 《법, 입법 그리고 자유 II》(자유기업센터, 1997), 161, 162쪽.

15. 앞의 책, 155–156, 234–235, 241, 253쪽.

16. 앞의 책, 253–254쪽. 전 9:11의 번역은 민경국의 번역을 그대로 따랐다.

17. 〈오중복음과 삼중축복〉, 17쪽.

18. 한 렙돈은 당시 최소 단위의 동전으로 대략 한 데나리온(하루 품삯)의 128분의 1에 해당한다.

19. 크레이그 블롬버그, 박규태 역, 《가난하게도 마옵시고 부하게도 마옵소서》(IVP, 2012), 359쪽(번역을 약간 수정함).

20. 블롬버그는 앞의 책 359쪽의 이어지는 문장에서 그리스도인에게 약속된 물질적 번영이 지니고 있는 '이미 그러나 아직'의 측면을 잘 설명한다. 그는 구약시대의 약속이 모두 영적으로 이해되어야 한다는 뜻이 아니라는 것을 분명히 한다. 주님이 오시면 구속된 땅과 우주에서 물질적 번영까지 누리게 되겠지만 그 전까지는 각 그리스도인에게 어느 수준의 물질적 번영이 주어질지 아무도 예견할 수 없다는 것이다. 다만 서로 나누는 신앙공동체 안에서 필요한 것들을 충분히 누리게 될 것이라는 약속이 있을 뿐이라고 말한다.

21. 〈오중복음과 삼중축복〉, 29쪽.

22. 엘룰, 《뒤틀려진 기독교》, 305–306쪽.

23. 톰 라이트, 양혜원 역, 《마침내 드러난 하나님나라》(IVP, 2009), 211–212쪽.

24. 브루스 윌킨슨, 《야베스의 기도》(디모데, 2001).

25. 후속타로 같은 저자의 《학령전 어린이를 위한 야베스의 기도》(2002), 《청소년을 위한 야베스의 기도》(2002), 《야베스의 기도 그 후》(2005), 그리고 그의 부인이 쓴 《여성을 위한 야베스의 기도》(2002)가 같은 출판사에 의해 번역 출판되었다.

26. 윌킨슨, 《야베스의 기도》, 36쪽.

27. 앞의 책, 35쪽.

28. 블롬버그, 《가난하게도 마옵시고 부하게도 마옵소서》, 79–80, 84–85, 87쪽.

29. 앞의 책, 38–40쪽.

30. 김동호, 《깨끗한 부자》(규장, 2001). 김영봉, 《바늘귀를 통과한 부자》(IVP, 2003)는 신청부론에 대한 상세한 비판적 성찰을 담고 있다.

31. 김영봉, "청부론은 다만 시작일 뿐입니다: 김동호 목사에게 보내는 공개서한", 《기독교사상》 통권 제535호(2003년 7월), 22–42쪽. 청부론의 비판에 대한 김동호 목사의 반론에 대한 재반론으로서 흠잡기 어려울 정도로 좋은 내용을 담고 있다. 하지만 불행하게도 김동호 목사는 이에 귀를 기울이지 않고 있는 것으로 보인다.

32. 21.5퍼센트란 정사각형 면적을 100으로 잡고 그 안에 원을 꽉 차게 그려놓은 후, 정사각형에서 원의 면적을 뺀 네 귀퉁이의 면적을 합해서 나온 값이다. 이는 밭 작물을 수확할 때 나그네, 고아 그리고 과부를 위해 밭모퉁이 것은 남겨놓으라는 말씀에서 힌트를 얻어 적용한 것이다(레 19:9–10; 23:22).

33. 김동호, 《깨끗한 부자》, 195쪽.

34. 앞의 책, 204쪽. 책의 마지막 결론임.

35. 앞의 책, 167쪽.

36. 이상원, "청부론과 청빈론을 넘어서", 2004년 연차대회(제5차 한국기독교윤리학회/제4차 한국복음주의 윤리학회), 2004년 5월 2일(미발간), 33쪽.

37. 앞의 책, 37쪽.

38. 김영봉, 《바늘귀를 통과한 부자》, 1쪽.

39 조엘 오스틴, 정성묵 역, 《긍정의 힘》(두란노, 2005). 이 책 이후에도 미국에서는 끊임없이 그의 책들이 쏟아져 나오고 있고 한국에서는 《잘되는 나》(두란노, 2007), 《최고의 삶》(긍정의 힘, 2010), 《행복의 힘》(생각연구소, 2012) 등으로 번역 출판되었다. 그러나 기복신앙의 관점에서 보자면 특별히 새로울 것이 없기 때문에 《긍정의 힘》만 제대로 이해하면 그가 제시하는 신앙의 기복적 성격을 잘 파악할 수 있다.

40. 오스틴, 《긍정의 힘》, 앞날개.

41. 짐 윌리스, 정모세 역, 《회심》(IVP, 2008), 36쪽.

42. 앞의 책, 42쪽.

43. 앞의 책, 39쪽.

44. 앞의 책, 246쪽.

45. 앞의 책, 279쪽.

46. 2007년 8월 23일 미국 시사주간지 《타임》이 테레사 수녀가 동료 신부 등과 주고받은 서한을 중심으로 구성된 《마더 데레사, 나의 빛이 되어라》라는 책을 소개한 것이 화제가 되었다. 테레사 수녀는 노벨평화상 수상 3개월 전인 1979년 9월 자신의 영적 동료인 마이클 반 데어 피트 신부에게 보낸 편지에서 "신은 당신을 매우 특별히 사랑합니다. 그러나 저에게는 침묵과 공허함이 너무 커서 보려 해도 보이지 않고, 들으려 해도 들리지 않고, 입을 움직여도 말이 나오지 않습니다. 당신이 저를 위해 기도해주시길 바랍니다"라고 고백했다. 나는 이렇게 고통스러운 고백이 그의 신앙의 부재를 나타내는 것이 아니라 그 반대로 그의 신앙의 깊이를 보여준다고 생각한다. 타락한 세상에서 나눔의 영성을 온몸으로 실천하면서 고통당하는 사람과 진정으로 함께하는 사람은 종종 예수님이 십자가에서 경험한 것처럼 하나님의 침묵을 겪게 될 수밖에 없기 때문이다.

47. 오스틴, 《긍정의 힘》, 18–21쪽.

48. 앞의 책, 34쪽.

49. 필자의 번역.

50. Dietrich Bonhoeffer, *The Cost of Discipleship*(SCM, 1948), pp.40–41(필자의 번역).

51. 앞의 책, p.35(필자의 번역).

52. 앞의 책, p.44(필자의 번역).

53. http://www.youtube.com/watch?v=pffxaQkbEhA에서 동영상으로 볼 수 있다(2013. 9. 20. 검색).

54. 박상규, "조용기 목사의 참회 '그 동안 사회악에 침묵'", 〈오마이뉴스〉(2005. 4. 8.) http://www.ohmynews.com/NWS_Web/View/at_pg.aspx?CNTN_CD=A0000247783(2013. 9. 21. 검색).

55. R. C. Sproul, *The Heart of Reformed Theology*(Hodder & Stoughton, 1997), pp.60–62.

56. Bonhoeffer, *The Cost of Discipleship*, pp.35–47.

57. 종교개혁의 배경이 되었던, 수도원과 교회의 역설적 관계에 관련해서 필립 워거먼, 임성빈 역, 《기독교윤리학의 역사》(한국장로교출판사, 2000), 120–124쪽을 보라.

58. Alister E. McGrath, *Reformation Thought: An Introduction*(Blackwell, 1993), pp.97–101. 번역본은 앨리스터 맥그래스, 최재건 역, 《종교개혁사상》(기독교문서선교회, 2006).

59. 적지 않은 이들이 마 25:31–46을 해석하면서 '내 형제자매 가운데 지극히 보잘것없는 사람 하나(40절)'와 '이 사람들 가운데서 지극히 보잘것없는 사람 하나(45절)'를 예수님을 따르는 제자에 국한시키는 경향이 있다. 그러나 모든 민족에 대한 보편적 심판이 이 이야기의 배경이라는 점, 이웃사랑의 진정한 핵심은 그가 나와 같은 신앙이 있든지 없든지 고통당하는 사람이라면 내가 그의 이웃이 되어주는 데 있다는 예수님의 가르침에 비추어볼 때(눅 10:25–37) 지나치게 좁은 해석이라고 여겨진다.

60. Mike Fearon, "Tell Everybody about Him", *Today*(August 1990), p.21. 로날드 사이더, 이영길 역, 《물 한 모금, 생명의 떡》(IVP, 1999), 199쪽에서 재인용.

61. 정통실천이란 신앙의 정통성을 보여주는 실천을 의미한다.

62. Bonhoeffer, *The Cost of Discipleship*, p.54(필자의 번역).

63. 임태수, 《제2종교개혁을 지향하는 민중신학》(대한기독교서회, 2002), 231쪽.

64. Bonhoeffer, *The Cost of Discipleship*, pp.43–44.

65. 임태수, 《제2종교개혁을 지향하는 민중신학》, 241–251쪽. 주요 한글 성경을 보면 합 2:4하와 롬 1:17하에 '오직'이라는 단어가 있지만 히브리어와 헬라어 원문과 라틴어, 영어, 독일어 성경에는 없다.

4장 교회의 부패

1. 필자의 관점과 모든 면에서 일치하지는 않지만 추천할 만한 책들을 소개한다. 단 아래의 각론에서 소개될 책들은 여기서 제외한다. 강영안 외 20인 저, 《한국교회, 개혁의 길을 묻다》(새물결플러스, 2013), 박영돈, 《일그러진 한국 교회의 얼굴》(IVP, 2013), 김두식, 《교회 속의 세상, 세상 속의 교회》(홍성사, 2010), 백종국, 《바벨론에 사로 잡힌 교회》(뉴스앤조이, 2010), 김선주, 《한국 교회의 일곱 가지 죄악》(삼인,

2009), 한완상, 《예수 없는 예수 교회》(김영사, 2008), 《한국 교회여, 낮은 곳에 서라》(포이에마, 2009), 교회개혁실천연대 엮음, 《교회가 바로 서야 나라가 바로 선다》(미출간).

2. 개교회성장주의에 대한 본격적인 성찰을 위해선 신광은, 《메가처치 논박》(정연, 2009)을 참조하라. 양희송, 《다시, 프로테스탄트》(복 있는 사람, 2013), 111-130쪽도 성장주의의 폐해에 대한 의미 있는 성찰을 담고 있다. 김진호, 《시민 K, 교회를 나가다》(현암사, 2012), 61-109쪽은 한국 교회에 성장주의가 뿌리내리는 과정을 욕망의 사회학이라는 관점에서 설명하고 있다.

3. 노치준, "한국 교회의 개교회주의", 이원규 편저, 《한국 교회와 사회》(나단, 1996), 40쪽.

4. 윌리엄 채드윅, 전의우 역, 《양도둑질》(규장문화사, 2002).

5. 1998년 한국교회 미래를 준비하는 모임(한미준)이 한국갤럽에 의뢰한 조사결과에 의하면 응답자중 76퍼센트가 한국 교회는 "참 진리를 추구하기보다는 교세 확장에 더 관심이 있다"고 대답했다. 또 2003년 한국신학대학교 신학연구소가 현대리서치에 의뢰한 조사결과에 의하면 응답자 중 68.9퍼센트가 한국 교회는 '자기 교파주의 · 자기 교회 중심적'이라고 답했다. 이런 평가는 지금도 크게 변하지 않았을 것이라는 것이 나의 생각이다.

6. 김경재, "한국 기독교의 나갈 길: 신학, 영성수련의 측면에서", 〈새길 이야기〉(2005년 봄), 98쪽.

7. 김성회, "릭 워렌 목사, '메가처치가 교인들 요구 더 잘 채운다'", 〈뉴스앤조이〉 인터넷판(2009. 11. 25.) http://www.newsnjoy.or.kr/news/articleView.html?idxno=28972(2013. 9. 22. 검색).

8. 옥한흠 인터뷰, "나의 교회론과 제자훈련은 엇박자가 된 것 같다", 〈디사이플〉 Vol.130(2009. 11.). http://www.disciplen.com/disciple/article_view.asp?darcid=1748&page=&p_no=1&s_no=1&thd_code=1101(2013. 9. 22. 검색). 김은실, "홍정길 목사 '나의 목회는 실패'", 〈뉴스앤조이〉 인터넷판(2013. 9. 16.) http://www.newsnjoy.or.kr/news/articleView.html?idxno=195142(2013. 9. 22. 검색).

9. "서경석 '도대체 이랜드가 무엇을 잘못했는가?': 기독교사회책임 공동대표 서경석 목사, 이랜드 사측 옹호하고 나서", 〈뉴스파워〉(2007. 7. 24.) http://www.newspower.co.kr/sub_read.html?uid=9469§ion=sc4§ion2=(2013. 9. 22.

검색). 강경민, "이랜드는 악덕기업인가: 자사에 맞게 법 적용한 것뿐… 이랜드도 이윤추구기업", 〈뉴스앤조이〉(2007. 8. 2.) http://www.newsnjoy.or.kr/news/articleView.html?idxno=21879(2013. 9. 22. 검색). 김승욱, "이랜드 사태, 어떻게 볼 것인가?", 〈온전한 지성〉(2007. 9. 10.), 16–19쪽.

10. 이랜드의 문제점에 대한 좀 더 자세한 분석을 위해선 〈복음과상황〉 제204호(2007. 10), 26–46쪽을 참조하라. 김선욱, "이랜드 사태를 가까이 지켜보면서"(26–29쪽), 이진오, "이랜드 성공신화의 빛과 그림자"(30–37쪽), 김근주, "경건, 노동자, 문자주의"(38–41쪽), 임왕성, "기독교 기업, 신자유주의의 대항마"(42–46쪽).

11. 장기동, "교회와 국가의 관계에 비추어 본 한국의 국가 조찬 기도회", 석사학위논문 (관동대학교, 1999년). 이 논문은 국가조찬기도회 설교 유형을 정권친화적 · 중도적 · 예언자적 설교로 나누고 있다. 주서택 엮음, 《하나님을 주로 삼는 민족: 김준곤 목사 국가조찬기도회 메시지》(순출판사, 1998).

12. 김지방, 《정치교회》(교양인, 2007)는 보수교회가 2000년대에 접어들면서 권력을 탐하는 정치 참여를 얼마나 적극적으로 수행해왔는가를 자세히 기록하고 있다.

13. 이에 대한 좀 더 자세한 분석을 위해서는 이진구, "한국 개신교와 친미반공 이데올로기", 〈아웃사이더〉 12호(2003년 4월), 18–31쪽; 김진호, "한국 기독교, 지금이 성찰의 기회다", 〈아웃사이더〉 12호(2003년 4월), 34–43쪽; 이창익, "악마주의 정치학과 종교적 파시즘", 〈아웃사이더〉 12호(2003년 4월), 50–61쪽을 참조하라.

14. 자세한 내용을 위해서는 박득훈, "정치권복음화 운동의 기독교정당 창당 가능성과 한계"(미발간 논문)를 참조하라. 이 논문은 2004년 3월 4일 '기독교정당 창당 어떻게 볼 것인가' 라는 주제로 열린 제10회 공정포럼(공의정치실천연대 주최)에서 발표된 것이다. 관련 기사는 양정지건, "기독교정당, 정말 필요한가?", 〈뉴스앤조이〉(2004. 3. 6) http://www.newsnjoy.or.kr/news/articleView.html?idxno=7195(2013. 9. 23. 검색).

15. 박득훈, "선진화와 중도통합, 기독교NGO 목표로 정당한가", 〈뉴스앤조이〉(2004. 12. 1.) http://www.newsnjoy.or.kr/news/articleView.html?idxno=10025(2013. 9. 23. 검색).

16. 김지방, 《정치교회》, 317쪽.

17. 카를 마르크스, 강신준 역, 《자본 I-1》(길, 2010), 47–48쪽(필자가 번역을 약간 수정함). 영국 국교(성공회)의 39개 신조는 영국 국교의 근간이 되는 신학적 선언서

이다.

5장 구원 없이 맘몬을 이길 수 없다

1. 박홍립, 《경제학원론》(박영사, 1984), 318쪽. 박철수, 《돈과 신앙》(예찬사, 2001), 21쪽에서 재인용함.

2. 박철수, 《돈과 신앙》, 21-22쪽.

3. 정화열, 박현모 역, 《몸의 정치》(민음사, 1999), 240쪽. 민종기, "영-육 이원론의 생명윤리적 함의에 대한 연구", 한국개혁신학회, 제11차 정기학술심포지엄(2001), 3쪽에서 재인용함.

4. H. Richard Niebuhr, *Christ and Culture*(Harper Torchbooks, 1951), pp.45-82. 번역본은 리처드 니버, 김재준 역, 《그리스도와 문화》(대한기독교서회, 1996).

5. 앞의 책, p.52.

6. Dan Runyon, "St. Francis of Assisi on the joy of poverty and the value of dung", *Church History*, Vol.VI, No.2, pp.14, 15. 이상규, "성경에 나타난 부요의 양면성: 하나님의 축복인가? 물질의 우상성인가?", 〈통합연구〉, Vol.4, No.2(1991년 6월), 127쪽에서 재인용함.

7. 아우구스티누스는 정치를 단지 강압적인 폭력이 작동하는 죄의 영역으로만 본 반면, 아퀴나스는 여기에 인간의 삶을 위해 사람들이 인위적으로 그리고 합의하에 세워놓은 편리한 틀이라는 긍정적 의미를 더했다. John Milbank, *Theology and Social Theory: Beyond Secular Reason*(Blackwell, 1990), pp.406-407.

8. Milbank, *Theology and Social Theory*, pp.407-408.

9. 이상규, "성경에 나타난 부요의 양면성", 126쪽.

10. 김영봉, 《바늘귀를 통과한 부자》(IVP, 2003), 80-81쪽.

11. 앞의 책, 26쪽.

12. 앞의 책, 53-54쪽.

13. 앞의 책, 76쪽.

14. 앞의 책, 76쪽.

15. 앞의 책, 56-58쪽.

16. 앞의 책, 81쪽.

17. 이 점은 아래에서 조금 더 자세히 다룰 것이다. 여기서 말하고 싶은 점은 금욕

적인 삶에 대칭되는 삶은 타락한 세상에서 볼 수 있는 무절제한 향락이 아니라 하나님이 주신 몸과 물질의 세계를 온전히 그리고 아름답게 향유하는 삶이라는 점이다.

18. 앞의 책, 82–83쪽.

19. 앞의 책, 56쪽.

20. Jim Wallis, *The Soul of Poltics*(Harcourt & Brace, 1995), p.151.

21. Bob Goudzwaard, *Globalization and the Kingdom of God*(Baker Books, 2001), p.33.

22. 리처드 포스터, 김영호 역, 《돈, 섹스, 권력》(두란노, 1995), 27–61쪽.

23. 데이비드 램, 최정숙 역, 《내겐 여전히 불편한 하나님》(IVP, 2013), 137–140쪽.

24. 자세한 설명을 위해선 이필찬, 《요한계시록 어떻게 읽을 것인가》(성서유니온선교회, 2011), 229–256쪽을 보라.

25. 엘룰, 《하나님이냐 돈이냐》, 59–60쪽.

26. 마 25:18(알구리온), 막 12:41(칼코스), 행 8:18(크레마).

27. 엘룰, 《하나님이냐 돈이냐》, 97쪽.

28. 포스터, 《돈, 섹스, 권력》, 33–40쪽.

29. 앞의 책, 34쪽.

30. Shakespeare, *Timon of Athens* 중에서(필자의 번역). Karl Marx, *Economic & Philosophic Manuscripts of 1844*. 원문은 다음 웹사이트를 보라. http://www.marxists.org/archive/marx/works/1844/manuscripts/power.htm(2013. 9. 26. 검색).

31. Marx, *Economic & Philosophic*. 조셉 추나라, 차승일 역, 《마르크스, 자본주의의 비밀을 밝히다》(책갈피, 2010), 28쪽에서 재인용. 원문은 다음 웹사이트를 보라. http://www.marxists.org/archive/marx/works/1844/manuscripts/power.htm (2013. 9. 26. 검색).

32. 테리 이글턴, 황정아 역, 《왜 마르크스가 옳았는가》(길, 2012), 117–118쪽.

33. 엘룰, 《하나님이냐 돈이냐》, 61쪽.

34. 강신주, 《상처받지 않을 권리》(프로네시스, 2009), 54쪽.

35. 앞의 책, 48–51쪽.

36. 김찬호, 《돈의 인문학》(문학과지성사, 2011), 4–7쪽.

37. Friedrich Nietzsche, *The Dawn of Day*, trans J. M. Kennedy(Allen and Unwin, 1911), pp.209–210. Timothy Keller, *Counterfeit Gods*(Dutton, 2009), p.51에서 재인용함. 후자의 번역본은 티머시 켈러, 이미정 역, 《거짓 신들의 세상》(베가북스, 2012).

38. 카를 마르크스, 강신준 역, 《자본 I-1》(길, 2010), 207쪽.

39. J. Andrew Kirk, *Loosing the Chains: Religion as opium and liberation*(Hodder & Stoughton, 1992), pp.32–50.

40. 이상규, "성경에 나타난 부요의 양면성", 110–111쪽. 박철수, 《돈과 신앙》, 95–97쪽.

41. Conrad Boerma, *Rich Man, Poor Man and the Bible*(SCM, 1979), pp.10–13. 번역본은 꼰라트 부르마, 김철영 역, 《부자와 가난한 자》(성지출판사, 1998).

42. 블롬버그, 《가난하게도 마옵시고 부하게도 마옵소서》, 43, 359쪽. 3장에서도 언급했듯이 블롬버그는 자기 백성을 향한 부에 대한 하나님의 약속이 신약에서 사라진 가장 근원적 이유를 바로 이 점에서 찾는다.

43. 엘룰, 위의 책, 52–54쪽.

44. José P. Miranda, *Communism in the Bible*(SCM, 1982), pp.22–56.

45. Thomas D. Hanks, *God So Loved the Third World: The Bible, the Reformation, and Liberation Theologies*(Orbis Books, 1984), pp.3–60.

46. 앞의 책, pp.38, 39, 59, 60.

47. 이시백 외, 《나에게 돈이란 무엇일까?》(철수와 영희, 2012).

48. 앞의 책, 190–201쪽.

49. 앞의 책, 191쪽.

50. 앞의 책, 196쪽.

51. 앞의 책, 201쪽.

52. 하워드 진, 유강은 역, 《달리는 기차 위에 중립은 없다》(이후, 2002), 22쪽. 권기봉, "결국 내겐 절망할 권리가 없다", 〈오마이뉴스〉(2002. 12. 1.)에서 재인용. http://www.ohmynews.com/NWS_Web/View/at_pg.aspx?CNTN_CD=A0000096564&CMPT_CD=SNS0(2013. 9. 28. 검색).

53. Timothy Keller, *The Reason for God*(Riverhead Books, 2008), p.251(필자의 번역). 번역본은 티머시 켈러, 권기대 역, 《살아 있는 신》(베가북스, 2010).

6장 경제 문제는 믿음 문제다

1. 아르투르 리히, 강원돈 역, 《경제윤리 1》(한국신학연구소, 1993), 44-53쪽.

2. 앞의 책, 54-61쪽.

3. 1장에서 이미 언급했지만 다시 간략하게 정리하자면 신자유주의 자유시장경제는 1970년대 후반을 기점으로 영국과 미국을 중심으로 형성되어 지난 40여 년 동안 전 지구적으로 세력을 확산해온 자본주의 경제체제를 의미한다. 주요 특징으로 자유경쟁시장의 효율적 조절능력에 대한 절대적 확신, 자본 특히 금융자본의 이윤 극대화 추구, 네 가지 정책수단(무역자유화, 민영화, 탈규제, 노동의 유연성)을 들 수 있다.

4. 리히, 《경제윤리 1》, 55쪽.

5. 조지 소로스, 이건 역, 《이기는 패러다임》(북돋움, 2010).

6. George Soros and Jeff Madrick, "International Crisis: An Interview", *The New York Review of Books*(14 January 1999), p.38. Bob Goudzwaard, *Globalization and the Kingdom of God*(Baker Books, 2001), p.24에서 재참조함.

7. 즉, 모든 것을 시장의 자유경쟁에 맡겨두면 결국 수요와 공급이 균형을 이루는 지점에서 가격이 결정되고 그에 따라 자원이 배분되면 가장 효율적이 된다는 이론을 의미한다.

8. 페터 울리히, 이혁배 역, 《신자유주의 시대의 경제윤리》(바이북스, 2010), 73쪽.

9. A. A. Lipscomb & A. E. Bergh, eds., *The Writings of Thomas Jefferson*, Vol.16(1907), p.281(필자의 번역). Philip Wogaman, *Christian Perspective on Politics*(SCM Press, 1998), p.193에서 재인용.

10. Wogaman, *Christian Perspective on Politics*, p.194.

11. *The Complete Works of Francis A. Schaeffer: A Christian Worldview*, Vol.5, Book 4, "A Christian Manifesto"(Crossway Books, 1982), pp.433-436. Cf. Wogaman, *Christian Prespective on Politics*, pp.193-195, 199, 433-436. 미국에서도 정교분리의 원칙이 교회의 정치 참여를 법적으로 금지한 것처럼 이해되는 경우가 있는데, 미국 대법원이 이러한 해석을 일축한 적이 있다. "특정 신앙의 신봉자나 개교회는 … 법적 · 헌법적 입장을 강력하게 지지하는 것을 포함해서 공적인 쟁점에 대해 자주 강한 입장을 취한다. 물론 세속적인 단체와 시민 각자가 가진 만큼 교회도 그런 권리를 가지고 있다"(Walz v. Tax Commission of the City of

New York, 379 U.S. 670, 90 S. Ct. 1409 (1970); Wogaman, *Christian Prespective on Politics*, p.199에서 재인용). 정교분리 원칙에 대한 바른 이해에 대한 좀 더 자세한 설명을 보려면 김형원, 《정치하는 그리스도인》(SFC, 2012), 114-131쪽을 참조하라.

12. John Milbank, *Theology and Social Theory: Beyond Secular Reason* (Blackwell, 1990), p.407.

13. 앞의 책, pp.9-143.

14. 앞의 책, p.9.

15. 폴 마샬, 진웅희 역, 《정의로운 정치: 기독교 정치사상과 현실 정치》(IVP, 1997), 176-191쪽.

16. Stanley Hauerwas, *After Christendom?: How the Church is to behave if freedom, justice, and a Christian nation are bad ideas*(Abingdon Press, 1991), p.92.

17. 알버트 월터스 · 마이클 고힌, 양성만 · 홍병룡 역, 《창조 · 타락 · 구속》(IVP, 2007). 필자는 월터스가 창조 · 타락 · 구속 이야기를 통해 물질세계와 영적 세계를 통합적으로 아우르는 세계관을 제시한 것에 적극 동의한다. 하지만 각론에선 동의하기 어려운 부분들이 있다. 특히 창조 당시 주어진 구조와 질서를 너무 고정적으로 생각하는 데다가 그를 파악할 수 있는 인간과 사회의 능력에 대해 지나치게 긍정적이다. 하여 그리스도인의 실천은 점진적인 갱신노선을 뛰어넘어 변혁적 노선을 취해선 안 된다는 결론에 이른다. 그러나 이는 엄청난 저항과 박해, 심지어는 순교에 직면했던 예언자들의 전통과 그 전통을 완성시킨 예수님과 그의 제자들의 삶을 설명하지 못한다.

18. Abraham Kuyper, "Sphere Sovereignty," *Abraham Kuyper: A Centennial Reader*, ed. James D. Bartt(Eerdmans, 1998), p.488. 리처드 마우, 김동규 역, 《칼빈주의, 라스베가스 공항을 가다》(SFC, 2008), 124쪽에서 재인용함.

19. Calvin, *Institutes of the Christian Religion*, ed. John McNeil, trans. Ford L. Battles(The Westminster Press, 1960), p.1490.

20. 아브라함 카이퍼, 김기찬 역, 《칼빈주의 강연》(크리스찬다이제스트, 1998), 68쪽.

21. 이에 대한 좀 더 자세한 논의를 보려면 Ronald J. Sider, *Good News and Good Works: A Theology for The Whole Gospel*(Baker Books, 1993/2007), pp.196-209

를 참조하라. 번역본은 로날드 J. 사이더, 이상원 · 박현국 역, 《복음전도와 사회운동》(CLC, 2013).

22. Ronald Sider, "An Evangelical Theology of Liberation", *Christian Century* (March 19, 1980), pp.314ff. http://www.religion-online.org/showarticle.asp?title=1757에서 참조함.

23. 아래 논의의 기본적인 틀은 성령을 제외하고 존 스토트, 정옥배 역, 《현대 사회 문제와 그리스도인의 책임》(IVP, 2005), 39-56쪽을 따른 것이지만, 각 내용은 대부분 필자의 것임을 밝혀둔다.

24. 삿 5:11; 시 31:1; 35:24; 51:14; 65:5; 71:2, 15; 98:2; 143:11; 사 45:8, 21; 46:13; 51:5, 6, 8; 62:1-2; 63:1, 7. Stephen C. Mott, *Biblical Ethics and Social Change*(Oxford University Press, 1982), p.63. 번역본은 스티븐 모트, 이문장 역, 《복음과 새로운 사회》(대장간, 1992/2008).

25. Nicholas Wolterstorff, *Justice: Rights And Wrongs*(Princeton University Press, 2008), p.79: "…우리는 [과부, 고아, 이주노동자 그리고 가난한 사람들이] 다른 사회적 계급에 속한 이들보다 훨씬 더 불의에 취약할 뿐 아니라 보통 훨씬 더 불의의 실질적인 피해자가 된다는 점을 발견한다"(필자의 번역).

26. 렘 5:28-29: "…가난한 자들의 권리(히브리어로 mispat)를 옹호하지 않는다. 내가 이런 일을 보고서도 어떻게 그들을 벌하지 않겠느냐?…"(현대인의 성경).

27. James D. G. Dunn, *Romans 1-8*(Word Books, 1988), pp.40-42. Mott, *Biblical Ethics*, p.63.

28. 크리스토퍼 라이트, 김재영 역, 《현대를 위한 구약윤리》(IVP, 2006), 356-357쪽. 라이트는 '사회정의'란 단어가 관념적이고 추상적이어서 실제 행동을 나타내는 히브리어의 역동성을 제대로 담아내지 못한다는 점을 아쉬워한다. 이 주제는 7장에서 다시 다룰 것이다.

29. M. Douglas Meeks, *God the Economist: The Doctrine of God and Political Economy*(Fortress Press, 1989), p.77. "하나님의 정의는 무無에서부터 삶을 창조하고 해방시키는 하나님의 능력을 말한다"(필자의 번역). 번역본은 M. 더글라스 믹스, 홍근수 역, 《하느님의 경제학》(한울, 1998).

30. Dunn, *Romans 1-8*, p.41. 이 점은 교회사 속에서, 특히 종교개혁 이후 로마 가톨릭과 개신교 사이에 매우 예민한 논쟁의 주제가 되어왔다. 그러나 Alister E.

McGrath, *Christian Theology: An Introduction*(Blackwell, 1997), pp.437–449는 이 논쟁이 많은 부분에서 서로에 대한 오해에 기인한다는 점을 간략하게 잘 설명해준다.

31. 이 점은 아래에서 교회라는 신학적 주제를 살필 때 좀 더 자세히 설명할 것이다.

32. 이에 대한 좀 더 자세한 설명을 보려면 Wolterstorff, *Justice*, pp.82–88을 참조하라.

33. Wolterstorff, *Justice*, p.95.

34. Emil Brunner, *Justice and Social Order*(Lutterworth Press, 1945), pp.39, 232, 233(no.13).

35. 한글성경 개역개정판에선 네페쉬를 단순히 '생령'이라고 번역했다. 네페쉬는 '욕구, 목구멍, 존재, 영, 자아, 시체' 등의 다양한 뜻을 갖고 있다. 결국 번역엔 일정한 신학적 혹은 철학적 입장이 반영되지 않을 수 없다. '생령'이라는 번역엔 몸보다 영을 더 소중히 여기는 그리스 철학적 입장이 여전히 작동하고 있다고 여겨진다. 최근의 대부분의 번역은 '생령'보다는 '존재being' 혹은 '생명체creature'를 선호한다.

36. 홍순관, 《네가 걸으면 하나님도 걸어》(살림, 2008), 153쪽.

37. Hinkelammert,, *The Ideological Weapons of Death*, p.130.

38. 사이더는 인간의 육체적 필요를 무시하거나 등한시하는 접근은 '명백히 이단적'이라고까지 평가했다. Sider, *Good News*, p.142.

39. Timothy Keller, *The Reason for God: Belief in an Age of Skepticism* (Riverhead Books, 2008), pp.223–225. 번역본은 티머시 켈러, 권기대 역, 《살아 있는 신》(베가북스, 2010).

40. 존 스토트, 《현대 사회 문제와 그리스도인의 책임》, 46쪽(필자의 번역). 원문은 'a body–soul–in–community'인데 '공동체 내에 있는 육체를 가진 영혼'으로 번역되었다. 영혼이 육체를 가졌다는 것은 인간의 주체성은 영적 측면에 의해서 결정된다는 인상을 주어 적절하지 않은 번역이라고 보여 필자가 직접 번역했다.

41. Jose Miguez–Bonino, "Liberation Theology and Peace," Robin Gill, *A Text Book of Christian Ethics*(T&T Clark, 1985), p.392.

42. 로날드 사이더, 한화룡 역, 박득훈 해설, 《가난한 시대를 사는 부유한 그리스도인》(IVP, 2009), 13쪽. 사이더는 '…필요한 자원들(땅, 돈, 교육)을 접할 수 있을 만큼은 균등한 경제적 기회'로 표현한다. '균등한 기회'라는 말은 실제 사회에서 매우 왜곡되기 쉽다. 현실 사회에서 기회를 균등하게 만든다는 것은 매우 어려울 뿐 아니

라, 설사 균등하게 기회가 주어진다 해도 그 결과가 지나치게 불균등할 수 있다. 그러면 사회 구성원 중에 인간으로서 기본적으로 필요한 것을 누리지 못하는 경우가 발생한다. 필자는 그런 사회는 앞선 논의들에 비추어볼 때, 정의로운 사회라고 보기 어렵다. 이 점은 나중에 좀 더 자세히 다루게 될 것이다.

43. 이 부분은 Thomas D. Hanks, *God So Loved The Third World: The Bible, the Reformation, and Liberation Theologies*(Orbis Books, 1983), pp.97–104, 109–114와 완전히 일치하진 않지만 많은 도움을 받았음을 밝혀둔다. cf. Sharon H. Ringe, *Jesus, Liberation, and the Biblical Jubilee: Images For Ethics and Christology*(Fortress Press, 1985); Paul Hollenbach, "Liberating Jesus for Social Involvement", *Biblical Theology Bulletin* 15(1985), pp.151–157.

44. 자세한 설명은 Hanks, *God So Loved The Third World*, p.142. n.6을 보라.

45. 앞의 책, pp.99–103.

46. 레 16:29에서 '스스로 고행하는 날'(새번역)이란 말은 해가 떠서 질 때까지 먹고 마시지 않는 금식의 날이란 뜻이다.

47. 아래의 내용은 Georgy V. Pixley, *God's Kingdom*(SCM Press, 1981), pp.64–87에서 많은 도움을 받았다.

48. Mott, *Biblical Ethics*, p. 140.

49. *The Complete Works of Francis A. Shaeffer*, p.468.

50. J. Andrew Kirk, *A New World Coming: A Fresh look at the Gospel for Today* (Marshalls Morgan & Scott, 1983), pp.53, 54.

51. Sider, *Good News*, pp.52–154.

52. Kirk, *A New World*, p.132.

53. 앞의 책, pp.82–106. 또한 양용의, 《하나님나라 어떻게 이해할 것인가》(성서유니온, 2005), 20–27쪽을 참조하라.

54. 존 스토트, 《현대 사회 문제와 그리스도인의 책임》, 55쪽. 스토트가 Alec R. Vidler, *Essays in Liberality*(SCM, 1957), pp.95–112에서 인용한 것을 재인용함.

55. Ernst Troeltsch, *The Social Teachings of the Christian Churches*(George Allen & Unwin Ltd, 1931/1956), pp.62, 63.

56. 앞의 책, pp.80, 81.

57. 이 점은 Hinkelammert, *The Ideological Weapons of Death*, pp.147–150에서

배운 바 크다.

58. Hinkelammert, *The Ideological Weapons*, pp.151-152.

59. Richard Longenecker, *New Testament Social Ethics for Today*(Eerdmans, 1984), pp.51-69.

60. *The Complete Works of Francis A. Schaeffer*, p.469. 양낙홍, 《개혁주의 사회윤리와 한국장로교회》(개혁주의신행협회, 1994), 212-218쪽 참조.

61. 리처드 니버, 홍병룡 역, 《그리스도와 문화》(IVP, 2007). 필자의 관점에서 보면 '문화'를 '정치 및 경제'로 대체해서 이해한다고 해도 별 무리가 없다고 여겨진다.

62. R. H. Preston, *The Future of Christian Ethics*(SCM, 1987), p.45. 니버에 의하면 아우구스티누스와 칼뱅이 이 노선에 속한다고 보는데, 적절한 분류라고 볼 수 있다. 개혁주의의 사회윤리에 대해서는 양낙홍의 위 책을 참조하라.

63. Stanely Hauerwas, "What could It Mean For The Church To Be Christ's Body", *Scottish Journal of Theology*, vol.48, No.1(1995), p.6. "교회는 사회윤리를 따로 갖고 있지 않다. 이는 교회 자체가 사회윤리이기 때문이다"(필자의 번역). 앞서 언급한 밀뱅크 역시 같은 맥락의 주장을 펼친다. 교회론을 직접 다루지 않지만 신학자들에게 지대한 영향을 미친 공동체주의 철학자로 매킨타이어를 들 수 있다. Alasdair MacIntyre, *After Virtue: A Study in Moral Theory*(Duckworth, 1985/1992), 번역본은 알래스데어 매킨타이어, 이진우 역, 《덕의 상실》(문예출판사, 1997); *Whose Justice? Which Rationality?*(Duckworth, 1988); *Three Rival Versions of Moral Inquiry*(Duckworth, 1990).

64. Milbank, *Theology*, pp.416, 422.

65. 앞의 책, pp.398-408.

66. 앞의 책, pp.195-202.

67. 앞의 책, p.408. 밀뱅크는 해방신학자들, 특히 클로도비스 보프를 날카롭게 비판한다. 그러나 남미의 '바닥공동체'를 현대적 상황에서 정치적 아우구스티누스주의를 가장 가깝게 체현하고 있는 것으로 제시하면서, 정치적 아우구스티누스주의를 부정하는 해방신학을 역설적으로 비판한다.

68. Brunner, *Justice*, pp.92-101; N. Wolterstorff, *Until Justice and Peace Embrace*(Eerdmans, 1983), p.21. 한글번역본은 니콜라스 월터스토프, 홍병룡 역, 《정의와 평화가 입맞출 때까지》(IVP, 2007). 월터스토프에 의하면 "원래 칼빈주의자들은 현

실주의자였기 때문에 천상에 적절한 정치를 타락한 땅에서부터 실현해야 한다고 주장하지 않았다." "그들은 사회개혁을 위해 최선을 다하다 실패한 사람들에게 다음과 같은 말로 위로했다. '서로 주장하는 바가 충돌하는 타락한 사회일지라도 (종종) 최선의 것이 있다. 바로 그 최선의 것이 할 수 있는 바른 것이다"(필자의 번역). 그러나 기독교 현실주의가 자칫 잘못하면 극단적인 반유토피아주의로 전락할 위험성이 있다는 점을 경계해야 함은 물론이다.

69. R. H. Preston, *Church and Society in the Late Twentieth Century: The Economic and Political Task*(SCM Press, 1983), p.141; *Confusions in Christian Social Ethics: Problems for Geneva and Rome*(SCM Press, 1994), pp.146, 160, 169, 170.

70. Richard H. Roberts, "Transcendental Sociology?: A Critique of John Milbank's Theology and Social Theology: Beyond Secular Reason", *Scottish Journal of Theology*, vol.46(1993), p.534. 로버츠는 밀뱅크 입장의 허점을 한마디로 잘 요약해준다. "[밀뱅크는] 기독교의 근원적 담론meta-discourse을 포스트모더니즘적 관점에서 다시 복원시켜낸 후 그것으로 세속적 이성을 이길 수 있다고 주장한다. 또한 그것으로 전지구적 역사가 안고 있는 문제들을 해결할 수 있다고 제안한다. 그러나 이는 결국에 가서 동면의 한 형태를 장려하는 꼴이 되고 말 가능성이 높다. 왜냐하면 이는 종말론적인 관점이나 정치적 관점에서 볼 때 전혀 불가능한 것을 추구하는 논리가 오히려 실천이라는 가면을 쓰고 활동하도록 허용하기 때문이다."

71. Kirk, *Liberation Theology*, p.201.

7장 어떻게 실천할 것인가

1. 크리스토퍼 라이트, 김영재 역, 《현대를 위한 구약윤리》(IVP, 2006), 353-357쪽.

2. 홍순관, 《네가 걸으면 하나님도 걸어》(살림, 2008), 149쪽.

3. Stephen Charles Mott, *Biblical Ethics and Social Change*(Oxford University Press, 1982), p.64.

4. 좀 더 자세한 성찰을 위해선 다음을 참조하라. Deuk-Hoon Park, *Christian Praxis and Economic Justice*(Peter Lang, 1999) pp.111-128, 159-216. 신원하 편저, 《기독교 윤리와 사회 정의》(한들출판사, 2000).

5. '공공협력 이론'은 Jonathan Boswell, *Community and The Economy: The*

Theory of Public Co-operation(Routledge, 1990)에서 도움을 받은 것이다.

6. Ronald H. Preston, *Religion and Persistence of Capitalism*(SCM, 1979) p.99.

7. N. Wolterstorff, *Until Justice and Peace Embrace*(Eerdmans, 1983), pp.69-72. 번역본은 니콜라스 월터스토프, 홍병룡 역, 《정의와 평화가 입맞출 때까지》(IVP, 2007).

8. 최재호, "기독교는 환경 파괴적이라는 비난에 대한 변증학적 답변", 한국복음주의윤리학회 편, 《기독교와 환경》(SFC, 2003), 9-46쪽.

9. R. H. Tawney, *Religion and the Rise of Capitalism*(Penguin Books, 1926/1990), pp.103, 104. 번역본은 R. H. 토니, 김종철 역, 《종교와 자본주의의 발흥》(한길사, 1990).

10. 존 스토트, 정옥배 역, 《현대 사회 문제와 그리스도인의 책임》(IVP, 2005), 259쪽.

11. 앞의 책, 261쪽.

12. 리처드 마우, 홍병룡 역, 《무례한 기독교》(IVP, 2004), 165-176쪽을 참조하라.

13. 존 F. 캐버너, 박세혁 역, 《소비사회를 사는 그리스도인》(IVP, 2011), 163-165쪽.

14. Kenman L. Wong & Scott B. Rae, *Business for the Common Good*(IVP, 2011), pp.131-135.

15. 존 퍼킨슨 · 셰인 클레어본, 박종금 · 신광은 역, 《세상을 바꾸는 리더십, 제자도》(정연, 2010), 122쪽.

16. Walter Brueggerman, *The Prophetic Imagination,* 2nd ed.(Fortress Press, 2001), pp.94-98. 번역본은 월터 브루그만, 김기철 역, 《예언자적 상상력》(복 있는 사람, 2009).

17. Douglas Jacobsen and Rodney J. Sawatsky, *Gracious Christianity*(Baker Academic, 2006). pp.28-29.

18. Christopher J. H. Wright, *Gods People in Gods Land: Family, Land, and Property in the Old Testament*(Eerdmans, 1990), p.141.

19. Hinkelammert, *The Ideological Weapons of Death*, pp.268-270.

20. Deuk-Hoon Park, *Christian Praxis and Economic Justice*(Peter Lang, 1999), pp.196, 197.

21. R. Gnuse, *You Shall Not Steal*(Orbis Books, 1985).

22. 김규항, 《예수전》(돌베개, 2009), 110쪽.

23. 김영봉, 《바늘귀를 통과한 부자》, 84쪽.

24. Max Weber, *The Protestant Ethic and the Spirit of Capitalism*(Unwin Hyman, 1930/1989), p.91. 번역본은 막스 베버, 김덕영 역, 《프로테스탄티즘의 윤리와 자본주의 정신》(길, 2010).

25. 민주적 참여계획경제에 대한 자세한 논의를 보려면 김수행 · 신정완 편, 《자본주의 이후의 새로운 사회》(서울대학교 출판부, 2007/2008), 319-353쪽을 보라. 이어지는 내용은 이 부분의 글을 간략하게 정리한 것이다.

26. 공동체민주주의 체제의 기본적 틀에 대하여 좀 더 자세히 보려면, 박득훈, "대안경제체제를 향하여", 270-291쪽을 참조하라.

27. 여기서 제시된 정치경제제체보다 더 온건한 체제는 기본적으로 자본주의 2.0이나 4.0의 범주에 든다고 보기 때문에 본 글에선 다루지 않았다. 그 범주에 드는 체제에 대한 설명을 보려면 앞서 언급한 칼레츠키, 《자본주의 4.0》이나, 유모토 켄지 · 사토 요시히로, 박선영 역, 《스웨덴 패러독스》(김영사, 2011), 페터 울리히, 이혁배 역, 《신자유주의 시대 경제윤리》(바이북스, 2010) 등을 참조하라.

28. 협동조합형 기업의 중요성을 강조하면서 시장경제, 사회적 경제, 공공경제 그리고 생태경제의 조화와 균형을 도모하는 책으로, 정태인 · 이수연, 《정태인의 협동의 경제학》(레디앙, 2013)을 참조하라.

29. 장하준, 김희정 · 안세민 역, 《그들이 말하지 않는 23가지》(부키, 2010), 213-219쪽.

30. 지승호 인터뷰, 《김수행, 자본론으로 한국경제를 말하다》(시대의 창, 2009), 304-312쪽을 참조하라. 앤드류 글린, 김수행 · 정상준 역, 《고삐 풀린 자본주의: 1980년 이후》(필맥, 2008), 240-279쪽.

에필로그

1. 조영래, 《전태일 평전》(아름다운 전태일, 2001).

2. 앞의 책, 37쪽.

3. 앞의 책, 191쪽.

4. 앞의 책, 308쪽.

5. 앞의 책, 242쪽. 또한 239쪽 참조.

6. 앞의 책, 222쪽.

7. 앞의 책, 304쪽.

8. 앞의 책, 309쪽.

9. 앞의 책, 284쪽.

돈에서
해방된
교회